农村土地制度改革研究

丛书主编 黄贤金 陈美球

陈美球 著

乡村振兴与土地使用制度创新

南京大学出版社

图书在版编目(CIP)数据

乡村振兴与土地使用制度创新 / 陈美球著. -- 南京：南京大学出版社，2019.9

（农村土地制度改革研究 / 黄贤金，陈美球主编）

ISBN 978-7-305-22553-6

Ⅰ. ①乡… Ⅱ. ①陈… Ⅲ. ①土地使用制度—研究—中国 Ⅳ. ①F321.1

中国版本图书馆 CIP 数据核字(2019)第 165782 号

出版发行 南京大学出版社
社　　址 南京市汉口路 22 号　　　邮　编 210093
出 版 人 金鑫荣

丛 书 名 农村土地制度改革研究
主　　编 黄贤金　陈美球
书　　名 乡村振兴与土地使用制度创新
著　　者 陈美球
责任编辑 田　甜　吴　汀　　　编辑热线 025-83593947

照　　排 南京南琳图文制作有限公司
印　　刷 江苏凤凰数码印务有限公司
开　　本 718×1000　1/16　印张 21.25　字数 300 千
版　　次 2019 年 9 月第 1 版　2019 年 9 月第 1 次印刷
ISBN 978-7-305-22553-6
定　　价 88.00 元

网址：http://www.njupco.com
官方微博：http://weibo.com/njupco
官方微信号：njupress
销售咨询热线：(025) 83594756

本书承蒙以下项目或平台资助：

江西现代农业及其优势产业可持续发展的决策支持协同创新中心

江西农业大学江西省乡村振兴战略研究院

国家自然科学基金项目“生计分化中农户农业面源污染防控行为及其调控对策研究——以江西省为例”(71473112)

江西省高校人文社科重点研究基地“江西农业大学农村土地资源利用与保护研究中心”

江西省高校哲学社会科学高水平创新团队“农户行为与农业资源利用保护创新团队”

总　序

农村土地制度改革关系到农民土地权益的实现，关系到城乡融合发展战略的实施。由此，自 2015 年以来开展了以农村土地征收、集体经营性建设用地入市、宅基地制度改革为重点的“三块地”改革试点，2016 年我国又实施了以农村土地承包制度完善为核心的农村土地所有权、承包权、经营权“三权分置”制度改革，形成了涵盖农村主要土地利用类型的农村土地制度改革内容，尤其是 2019 年 8 月通过的《中华人民共和国土地管理法》(修正案)进一步确立了农村土地制度的改革方向，创新了农村土地权益实现路径，为全面构建支撑基本现代化建设的中国农村土地制度打下了基础。

这一轮农村土地制度的全面改革，不仅是贯彻落实中共十八大关于全面深化改革战略部署的重要部分，也是建设现代化强国发展之路上的重要一站。从 20 世纪 50 年代的土地改革，到助推改革开放的农地承包经营制度创新，再到当前的农村土地制度综合改革，每一次改革都有其时代性特征，也为下一阶段的农村土地制度完善埋下了伏笔。

农村土地承载着农村的发展、农民的生活乃至城市的兴衰，是实现乡村振兴和国强民富的重要支撑。然而长期以来，受城乡二元体制的影响，农村土地配置受限、农民土地权益受损等问题日益突显，不仅制约了农村地区的发展，也影响到了健康的城乡发展，甚至国民经济和社会发展全局。正是在这样的背景下，新一轮农村土地制度改革应运而生。总体而言，此次农村土地制度改革旨在通过赋予农民应有的土地权益和激活农村低效闲置的土地，来改善农民福祉、促进乡村振兴，并逐步实现城乡融合发展的战略目标。为此，从中共十八大提出改革要求，到十八届三中全会明确改革任务，再到中共中央办公厅、国务院办公厅《关于农村土地征收、集体经营性建设用地入市、宅基地制度改革试点工作的意见》(中办发〔2014〕71 号)进一步提出具体试点部署，以及《关于完善农村土地所有权承包权经营权分置办法的意见》，国家层面对改革试点做出了全方位的设计安排。

概括来看，此次农村土地制度改革的核心内容包括四个方面：一是针对目前征地范围过宽，征地程序不完善，补偿安置难以保障被征地农民长远生计等问题，完善农村土地征收制度；二是针对目前集体建设用地权能不完整，无法实现与国有建设用地同等入市、同权同价等问题，推动集体经营性建设用地入市；三是针对目前宅基地取得和保障制度不完善，低效闲置现象普遍和自愿有偿退出机制不健全等问题，探索宅基地制度改革；四是针对农村承包地流转难，难以满足农业劳动力流动以及农业资本市场发展的需要，从而探索经营权与承包权分离的新思路。

这些年来，国家不仅全面探索了农村土地承包权制度的改革，而且还着重围绕国家的顶层设计，将 33 个市(县、区)正式列入农村集体建设用地制度改革试点，国内不少其他地区也纷纷针对各自面临的问题探究农村土地制度的改革与创新路径。改革实践固然离不开理论的指导，但其反过来也会指引理论的发展。在当前农村土地制度改革如火如荼推进的过程中，适时检视改革实践和总结吸收改革经验，不仅有助于改革的顺利推进，也将为农村土地制度及相关理论的发展完善提供重要支撑。《农村土地制度改革研究》丛书的推出，就是要及时跟踪农村土地制度改革的最新进展、研讨改革过程中遇到的关键问题，并探寻突破改革难点和困境的有效路径。

本丛书由近年来活跃在相关领域的多位中青年学者有关农村土地制度改革研究的最新成果组成。其中：

《乡村振兴与土地使用制度创新》一书主要从土地使用制度创新的视角，探讨了如何通过激活农村土地要素来集聚“钱和人”等其他要素，以促进乡村振兴战略的实现。该书选编了作者及其团队近些年在相关领域发表的29篇论文，其中既有深层次的理论思考，也有基于地方实践的经验凝练；更为可贵的是，作者在系统的理论和实证研究基础上，提出的一系列政策建议，对于完善农村土地使用制度和促进乡村振兴意义重大。

《中国农村妇女土地权益流失探析》一书主要探讨了农民土地权益保障研究和实践中极易被忽视的一个重要问题——农村妇女土地权益。作者基于对江苏、湖北、四川三省的调查，系统阐述了农村妇女土地权益流失的现状及其影响，并从多维视角探究了农村妇女土地权益流失的根源，评价了农村妇女土地维权的意识及现状；该研究不仅揭示了当前中国农村妇女土地权益保障问题的症结，也为这一难题的解决提供了若干良方。

《农民土地依恋问题与征地制度改革》一书则是改变了征地制度改革研究的传统思路，通过借鉴人文地理学中的地方依恋概念，探讨了农民的土地依恋与征地制度改革之间的深层关系；特别是定量分析了农民土地依恋对其征地受偿意愿的具体影响。作者正是抓住了中国农民与土地之间的情感联系，为完善征地制度提供了一个崭新的视角，也更全面地阐释了征地制度尤其是补偿制度的制定不仅要考虑物质属性的土地价值，也不能忽视与土地紧密相连的农民的情感诉求。

《农村建设用地再开发市场机制及地价评估》一书主要针对目前我国

村镇建设用地利用与配置低效、市场机制缺失和城乡统一土地市场建立困难等问题，系统研究提出了农村建设用地再开发市场的运行体系与调控机制。作者选择长三角和珠三角等地作为典型研究区域，在探讨农村建设用地再开发市场运行现状、凝练集体建设用地流转模式与创新经验的基础上，结合当前农村土地制度改革的最新动向，构建了集体经营性建设用地流转和宅基地退出的市场运行体系，与农村建设用地再开发基准地价评估技术体系，为农村建设用地再开发市场提供了技术基础。

《农村建设用地再开发市场决策与调控》一书，基于农村集体经营性建设用地市场制度建设需要，探索性地建立健全了相应的政策管控机制，并从市场监测与模拟、供需分析与仿真，以及决策支持系统的研发等方面健全了保障农村建设用地再开发市场运行的技术体系。

毋庸置疑，上述这些研究成果的出版对于推动我国农村土地制度改革及相关领域的理论研究和实践探索有着积极意义。我们也期盼通过本丛书的出版，吸引更多学者和实践工作者参与到农村土地制度改革研究与实践探索之中，为我国农村土地制度的不断优化添砖加瓦。

南京大学教授、中国土地学会副理事长 黄贤金

2019 年 8 月

前　言

实施乡村振兴战略，是决胜全面建成小康社会、全面建设社会主义现代化国家的重大历史任务，是新时代做好"三农"工作的总抓手。乡村振兴取决于内生发展活力，内生发展活力又取决于内生动力机制。而乡村振兴内生动力机制的形成同样离不开土地、资金、劳动力、技术等生产要素支撑，但资金可以筹集，劳动力可以调配，技术可以引进，唯独土地无法进行空间实物调配，且密切影响着资金、劳动力、技术等其他要素配置。改革开放以来，造成城乡发展不平衡、农村发展不充分的一个主要原因，就是土地使用制度的不健全，一定程度加剧了城镇和农村间土地关系的失衡，导致了人口城镇化滞后于土地城镇化、农民转移人口难以市民化，大量穿梭于城乡之间的"两栖人口"就是一个典型现象，这种以家庭劳动力外出打工而不是以家庭为单位的非农化转移，造成"人家两分"，不仅不利于形成乡村振兴"产业兴旺"所需要的现代农业适度规模，而且引发"留守老人、留守妇女、留守儿童"等一系列社会问题，成为乡村振兴的障碍。

土地是农业发展最基本的生产资料，也是农民致富最根本的资本，更是农村发展最重要的资源，理应成为乡村振兴最重要的动力要素。然而，现实中，农村大量土地资源低效利用或闲置，巨大的土地资本在沉睡。因此，创新土地使用制度，让土地要素活起来，发挥出土地引领其他要素聚集的基础性作用，实现"地—人—钱"的同步聚集，是实施乡村振兴战略的一项基础性任务。

作为来自农村的土地资源管理专业研究者，笔者对农村土地有着难以割舍的情结，也长期关注着农村的土地问题。近年来，围绕着乡村振兴的土地使用开展了一系列的社会调查，也进行了相应的思考。为了对自己的研究进行一个阶段性的系统梳理，对 2016 年以来关于乡村振兴及其土地使用制度的研究成果进行整理，在总结以往研究的同时，也为下一步研究寻找更加明确的方向。

本书根据研究成果的类型分为三个部分。第一部分是综合分析篇，共收集了公开发表的学术论文 12 篇，其中发表在《中国土地科学》4 篇，《中国人口·资源与环境》1 篇，《中州学刊》1 篇，《农业现代化研究》1 篇，《农林经济管理学报》1 篇，《中国农业大学学报》2 篇，《土地经济研究》1 篇，《北方工业大学学报(社会科学版)》1 篇；第二部分是实践探索篇，共 5 篇，包括了江西省的修水县、余江县、井冈山市、瑞金市，四川省郫都区青杠树村和浙江省永嘉县等地方以土地使用制度创新促乡村振兴的成功经验；第三部分是对策建议篇，共收集了在各类内部期刊刊发的与农村土地制度改革有关的对策建议 12 篇，包括刊发在国家发展和改革委员会主管、中国经济体制改革研究会主办的《改革内参》3 篇，中国土地学会主办的《土地科学动态》6 篇，江西省社科联主办的《内部论坛》1 篇，江西省社会科学院主办的《专报》1 篇，中共江西省委办公厅主办的《参阅信息》1 篇，其中有 4 篇对策建议分别受到省级领导的肯定指示。由于不同的成果基于各自的主题，一些基础性的支撑素材在报告之间存在一定的重复。本书在编辑中并没有对重复部分进行删除，以保证每份成果的完整性和独立性。

本书收集的各类研究成果，绝大多数建立在社会调研的基础之上，而社会调研是一个集体项目，本书形成的成果也是集体智慧的结晶。先后参加相关调研及成果撰写的有中国土地勘测规划院王庆日、冯广京、蒋仁开、郎海鸥、张冰松，四川省国土资源厅法规处宋绍繁，江西省土地勘测规划院李资华、刘瑛、李志朋，江西省土地开发整理中心洪土林，还有江西农业大学的曹国庆、胡春晓、翁贞林、刘桃菊、廖彩荣、鲁燕飞、朱美英、赖运生、夏淑芳、刘静、邝佛缘、王思琪、彭欣欣、袁东波、谢贤鑫、吴秋艳、刘艳婷、张淑娴，等等。在实地调研中，我们也得到了当地国土部门、农业部门和基层政府相关人员的大力支持，在此一并致以衷心的感谢！

虽然研究多源于自己的兴趣，但也离不开相关课题与研究平台的资助。感谢国家自然科学基金项目“生计分化中农户农业面源污染防控行为及其调控对策研究——以江西省为例”（编号：71473112），江西省高校人文社会科学重点研究基地——江西农业大学农村土地资源利用与保护研究中心，江西现代农业及其优势产业可持续发展的决策支持协同创新中心，江西农业大学江西省乡村振兴战略研究院和江西省高校哲学社会科学高水平创新团队——农户行为与农业资源利用保护创新团队对调研过程及成果出版的资助。还要特别感谢南京大学出版社的田甜编辑，没有她的热心帮助，在如此短的时间内将本书出版是不可能的事情。

本书的编辑出版，旨在抛砖引玉，引起同仁们的兴趣，从而共同推进我国乡村振兴与农村土地使用制度的改革。由于作者才疏学浅，本书的疏漏之处在所难免，敬请读者批评指正。

陈美球

2019 年 3 月于南昌梅岭

目　录

综合分析篇

实践探索篇

对策建议篇

综合分析篇

要通过土地使用制度的创新，为乡村振兴提供科学的土地要素保障，就必须充分认识乡村振兴的规律及其对土地要素保障的需求，本篇收集了在各类期刊公开发表的学术论文12篇，就是对乡村振兴规律认识及其对土地要素保障需求的一些思考。

乡村振兴是产业振兴、人才振兴、文化振兴、生态振兴、组织振兴的全方位振兴，是一个典型的系统工程，在具体实践中，必须抓紧关键和核心问题。《论乡村振兴中的几对关键关系》一文，在分析乡村振兴特征的基础上，提出要协调和处理好乡村振兴中的五对关键关系，即政府、集体和个人的角色定位关系；土地、人口与资金的要素组合关系；乡村振兴与城镇化的城乡融合关系；小农户与现代农业经营主体的主体多元并存关系；现代元素与传统文化的文化镶嵌关系。

产业兴旺是实现乡村振兴战略的关键，而产业发展的用地保障又是实现产业兴旺的前提条件。《乡村振兴背景下农村产业用地政策选择》一文，在对乡村振兴中的农村产业发展特征及其用地需求分析的基础上，提出农村产业用地制度创新对策：一要加强产业用地的制度供给，规范用地行为；二要落实“藏粮于地”战略，保障粮食安全；三要以土地整治为抓手，提升用地保障能力；四要以村土地利用规划为平台，统筹区域产业发展及其用地保障。

作为农村土地所有者的法定主体，农村集体经济组织是土地使用制度创新的关键主体，进一步厘清农村集体经济组织及其成员权有利于推进土地使用制度创新。《农村集体经济组织：“共同体”还是“共有体”?》一文，提出农村集体经济组织的本质是农村社会经济发展的“共同体”，与股份制组织存在本质区别。在土地制度改革中，要坚持集体所有制底线，谨防形式上的“保留”；要改变农村集体经济组织有法律地位无法人地位的现状；要以完善成员权为重点加强农村集体经济组织自身建设；要加强当前农户个体与集体理性行为研究；经济效益不应是农村土地使用制度改革的首要目标；要完善“生不增、死不减”政策。《农村集体经济组织成员权的实现研究》一文，认为成员资格的认定及内涵的界定，是保障和实现农民集体经济组织成员权利的基础，而成员权的高含金量决定了成员身份认定的复杂性；土地是维系成员权的根本，成员权强调“家庭”单元，社会成员权应优先于经济成员权，成员权以传统伦理为基础；农村集体经济组织成员认定应遵循自治性、保障性、唯一性和尊重性四个基本原则。

在所有权、承包权和经营权“三权”分置基础上，实现经营权的流转是解决家庭承包责任制分散承包与现代农业规模经营之间矛盾的必由之路，也是实现产业兴旺的内在需求。《承包地经营权流转中市场与政府的协同：理论与实证》一文，通过江西省安义县和黄溪村在经营权流转过程中市场与政府协同的实证分析，认为承包地经营权流转不是一个单纯的经济行为，需要市场与政府的协同，来解决流转双方交易动机错位问题，优化流转环境和促进流转的稳定。该文提出要加强相关法律法规建设，为经营权债权物权化提供法定依据；完善农村社会保障体制与优化城镇化环境并举；健全农业金融服务体系，逐渐减轻流转中的财政负担；把流转信息平台构建作为政府扶持的一个重要切入点；培育多元现代农业经营主体，创新土地整治综合运行机制；加强村集体经济组织建设，发挥村组织在市场与政府协同中的桥梁作用。

加强保护耕地，不仅对于实现我国社会经济可持续发展至关重要，也对于保障世界粮食安全、稳定国际粮食价格具有重要战略意义，是乡村振兴的一个重要基础。《新时期提升我国耕地保护实效的思考》一文，认为尽管我国制定了一系列具有中国特色的耕地保护制度，但耕地保护的实效并不乐观，存在耕地保护社会氛围尚未真正形成、建设占用耕地粗放利用现象依然存在、土地整治对耕地的提质改造功能未充分发挥、农户耕地保护积极性尚未充分调动、土壤污染现象较为突出等主要问题，提出要树立科学的耕地保护理念，构建全国层面的耕地保护社会共同责任机制；开展建设用地供给侧改革，减少建设对耕地的占用；推行生态化土地整治，提升土地整治的耕地提质效果；充分调动农户的耕地保护积极性，培育耕地保护的行为主体；加强土壤健康建设，强化耕地产能之本等对策建议。《落实耕地占补产能平衡的思考》一文，则针对新时期的新要求，提出了落实耕地占补产能平衡的系列对策建议：构建科学的产能核算标准与方法，强化规划编制中建设占用耕地的产能核算，严控建设对耕地的占用，把耕地产能占用计入建设成本，尽快制定异地补充耕地指标调剂收益计算办法，完善耕地占补产能平衡的“补、备、核、用、考”全程监管体系，发挥村集体经济组织对提升耕地产能的主体作用，谨慎对待社会资本参与耕地补充，推行农村宅基地有偿使用和回归耕地占补责任主体。

生计分化是现阶段我国农村的一个突出社会现象，而遵循生态系统基本原理，避免人为地对耕地系统不可逆干扰的生态耕种，是实现耕地资源在保护中利用、在利用中保护的重要途径，也是改变当前耕地质量下降趋势的内在需求。《生计资本分化对农户宅基地流转意愿的影响因素研究》一文，利用江西省587份调研问卷数据，依据可持续生计分析框架，实证分析农户的生计资本分化程度及其对农户宅基地流转意愿的影响。结果表明：当前农户不同类型生计资本的分化程度不同，程度从高到低依次是物质资本、金融资本、社会资本、自然资本和人力资本；在具体生计指标中，承包耕地中水田的比重、家庭存款与上年对比、宅基地的处数与农户宅基地流转意愿呈显著正相关，耕地地块间相互距离、自家是否拥有农机具和家庭外借款项情况则呈显著负相关。《农户生态耕种的现状与激励对策》一文，基于江西省2028份问卷调研，系统分析了现阶段农户化肥农药使用现状，并在充分了解考虑农户对激励措施愿望的基础上，提出促进农户合理使用化肥农药的激励对策：一是正视化肥农药使用的经济外部性，把农户合理使用化肥农药激励融入国家惠农政策目标之中；二是重视化肥农药基本知识的宣传，促进农户养成良好施肥习惯；三是回归基层农业技术推广的本质职能，发挥政府在农业技术推广中的主体作用；四是加大以测土配方施肥为代表的科学施肥技术，提升化肥使用效率；五是培育新型农民与鼓励适度规模经营并举，优化合理使用化肥农药的环境；六是完善冬季绿肥种植的激励对策，切实调动农户绿肥种植的积极性。《农户分化对环境友好型技术采纳影响的实证研究》一文，基于江西省554户农户调查数据，以测土配方施肥技术为例，实证研究了农户分化对环境友好型技术采纳行为的影响。研究结果表明：农户分化对环境友好型技术采纳行为具有明显影响，农户对环境友好型技术的采纳度，随家庭非农收入比重的增加而降低；分化后形成的不同类型农户，其环境友好型技术采纳行为的影响因素存在差异，其中农户的年龄、学习技术的经济能力的影响并不因农户分化而发生变化，年龄越大、经济能力越弱，环境友好型技术采纳度越低；农户受教育程度、劳动力非农比例、地块分散程度、测土服务、面源污染认知的影响，表现出随家庭非农收入比重增加而减弱的趋势；技术应用效果评价、技术理解力和技术可获性等与技术本身密切相关因素的影响，表现出随家庭非农收入比重增加而增强的趋势。《农户分化、代际差异对生态耕种采纳度的影响》一文，基于江西省2068份农户问卷调研数据，实证分析了农户分化、代际差异对农户生态耕种采纳度的影响。结果表明：农户分化程度的加深会使农户的生态耕种采纳度降低，且农户分化每加深1个单位，其生态耕种采纳度的条件均值降低0.204个单位。新生代农户相对于老一代农户具有更积极的生态耕种采纳行为，新生代农户的生态耕种采纳度比平均水平高37.8%。相对于分化程度更深的农户而言，浅分化农户的代际差异变化使其生态耕种采纳度的边际效果更强。《社会网络、信息成本与农户生态耕种采纳意愿的研究》一文,利用江西省2068份问卷调查数据,实证分析了社会网络、信息成本对农户生态耕种采纳意愿的影响,并引入交互项检验社会网络对信息成本的缓解作用。研究表明:社会网络对农户生态耕种采纳意愿有正向影响,而信息成本对农户生态耕种采纳意愿有负向影响;同时,社会网络能够缓解信息成本的抑制作用。除上述影响因素以外,农户生态耕种采纳意愿还受到性别、年龄、文化程度、耕种面积、非农收入比重的影响。

论乡村振兴中的几对关键关系*

继中共十九大首次提出实施乡村振兴战略后，2018 年中央一号文件对实施乡村振兴战略做出了顶层设计和战略安排，2018 年 9 月《乡村振兴战略规划（2018—2022 年）》围绕实施乡村振兴战略阶段性目标，部署了一系列重大工程、重大计划和重大行动。乡村振兴战略是关系到实现两个百年目标的全局性、战略性任务，是做好“三农”工作的总抓手，既是一场攻坚战，也是一场持久战，需要统筹谋划，科学推进，在具体实施和推进中，应抓住关键和核心问题，特别要协调和处理好以下五对关系。

一、角色定位：集体与政府、农民个人的关系

乡村振兴是整个乡村整体的全方位振兴，具有系统性和地域性的鲜明特征[1]。一方面，乡村振兴是一个典型的系统性工程，既涉及产业振兴、人才振兴、文化振兴、生态振兴、组织振兴等宏观方面，又涉及村民生活居住环境、乡风民风建设、农村社会综合治理等微观层面；另一方面，乡

* 本文曾刊发于《北方工业大学学报（社会科学版）》2019 年第 1 期，参与撰写的还有廖彩荣。

村振兴必须立足于自身的自然资源条件和社会经济基础，因地制宜地发展振兴。

乡村振兴客观上需要全社会多个主体的协同推进，那么，谁应是振兴乡村关键的决策主体？是基层地方政府，是农民个体，或是作为土地所有者的村集体经济组织？现实中，基层地方政府长期以来习惯性的事无巨细和大包大揽思维和工作模式，在以往的新农村建设中已表现出“不切实际的同质化发展、村民的发展主动性与积极性不够、难以形成自身可持续发展的内在动力”等不少问题[2-3]；与此同时，乡镇干部陷入繁杂的具体事务而压力巨大，“五加二”“黑加白”的工作方式成为常态化[4]。因此，在乡村振兴中，必须改变基层地方政府大包大揽现象。诚然，广大农民是乡村振兴的建设主人，但单个的农民难以适应乡村振兴系统性和地域性的要求，迫切需要一个强有力的组织作保障。长期以来，我国村集体经济组织因其地域与血缘的先天性特征而成为农村社会的“生命共同体”[5]，在农村事务协调与农民的组织上具有得天独厚的优势，是胜任振兴乡村关键决策者的当然主体。另外，村集体经济组织的关键作用主要体现在其位置关系特殊，上联结着基层政府，下联结着农民个体，可以很好协调国家、集体与个人之间的利益。我国实行的农村土地集体所有制，因国情而立，具有明显的内在优势[6]，但是也有学者忧心忡忡地指出：许多地方村集体经济发展滞后，直接影响农业农村现代化建设和乡村治理体系的构建[7]。改革开放40年来，我国村集体经济组织建设不仅没有随着社会经济的发展而得到应有加强，反而出现弱化，如全国人大农业与农村委员会的调研发现，河南省2017年无经营收入的村有34288个，占总量的74.5%[8]。因此，加强村集体经济组织建设，特别是吸引年轻的能人进入村集体班子，改变多数村集体“无资产、无资本、无资金”现状，培养造就一支懂农业、爱农村、爱农民的“三农”管理队伍，才能充分发挥出集体经济组织的乡村振兴实施主体作用。

强调村集体经济组织的关键主体地位，并不意味着对政府与广大农民作用的排斥，政府的大力扶持与广大农民的积极参与，在乡村振兴中同样至关重要，但三者的角色定位必须清晰。村集体经济组织是决策与组织实施的关键主体，政府支持是保障，农民参与是基础，既要防止“塔西佗陷阱”，也要杜绝村民“等、靠、要”的依赖思想。政府的工作重点在公共服务的供给、生产与生活基础设施的建设上，并通过科学编制区域居民点体系规划、产业发展规划、基础设施布局规划等各类发展规划实现区域发展的整体调控，还包括建立政府支农、扶农、惠农、强农的长效机制，加强农村集体经济组织的建设，加大培育新型职业农民等人才建设等内容，以及制定相关政策，优化社会资本、先进技术等生产要素进入乡村振兴的环境，特别是要改变乡村振兴资金过分依赖政府财政的现状。而要调动全体农民参与乡村振兴，聚集民心和构建科学的公众参与机制必不可少。只有赋予农民充分的知情权、选择权和话语权，并从农民真正关心的地方入手，才能充分了解农民的意愿，进而统一思想，形成合力。在这方面，充分民主的“村事村议”机制至关重要，各地在推进新农村建设、农村土地整治中，利用各类村务理事会进行协商的成功实践就充分证明这一点，如江西修水县黄溪村，充分利用村民理事会和村民监事会的作用，在新型农村社区建设、土地整治、修路架桥等各项事务中，采取“一事一议”方式筹资200多万元，筹工筹劳1万多个，由一个“上访村”“贫困村”，华丽转身成为远近闻名的“秀美乡村”；同样，江西瑞金市田坞村，也是通过理事会的协调，通过“迁村并点”，把原来的8～11村小组合并，打破村小组界限，将原宅基地拆除，采取“总量控制，自主调配，以建补拆，点内平衡”的办法集中建设“田背新村”，完善了生活基础设施，成为美丽的生态宜居村庄。因此，要广泛宣传乡村振兴战略，让农民充分了解具体乡村振兴工作与自己切身利益的关联性，并加强公众参与的制度化建设，对参与的程序和内容做出原则性基本规定，进而为公众参与乡村振兴提供制度保障。

二、要素组合：土地与人口、资金的关系

乡村振兴离不开土地、劳动力、资金等基本社会生产要素的支撑。长期以来，土地、劳动力、资金各要素单向由农村流入城市，扩大着城乡发展差距。乡村振兴，不仅要改变这种单向流转的现状，推动城乡要素自由流动、平等交换，促进公共资源城乡均衡配置和要素平等交换，更要优化要素的配置效果，形成“人—地—钱”组合效力。

现实中，缺乏要素配置的统一规划，导致在乡村建设发展中部门间配合难以形成良好的默契，“各投其资、各负其责、各司其职、各记其功”远没有达到“1＋1＞2”的效果，甚至形成“建了又拆、拆了又建”的过程性浪费。土地资源的稀缺性、不可复制性和不可替代性，让其比资本、技术、劳动力等要素的地位更加明显，在一定程度上影响着其他要素的配置，从而使农村土地制度成为实施乡村振兴战略制度体系中最重要的制度支撑。这是因为资金可以筹集，劳动力可以调配，技术可以引进，唯独土地无法再生，劳动力、资金等要素配置最后要落在土地上。梳理改革开放以来我们的工业化、城镇化发展历程，不难发现，土地制度是造成城镇化和工业化进程中城乡失衡的一个重要因素。土地城镇化，导致附着土地上的生态资源或者经济资本转移，作为土地用途管制主体，政府本应严格管控土地征收征用过程中可能带来的消极或者负外部效应，然而现实中，许多地方政府却过多偏向于土地工业化、城镇化过程的经济价值，一定程度上加剧了城镇和农村间土地关系失衡，出现人口城镇化滞后于土地城镇化、农民转

移人口难以市民化，同时也导致了“农村居住人口减少、宅基地增加”以及承包地经营权难以长期流转而形成稳定规模经营的现状。因此，深化农村土地使用制度改革，通过优化土地要素配置机制，促进各社会生产要素的系统协调，已成为提升各类社会生产要素对乡村振兴支撑能力的基础课题[9]。现实中，众多成功的乡村振兴案例，基本上都是以土地使用制度创新作为重要的切入点[10]，无论是四川成都的战旗村、青杠树村，还是浙江的鲁家树、何斯路村，土地使用制度创新发挥了关键的基础性作用。

当前，深化农村土地使用制度改革应坚持系统思维。一是要综合通盘考虑，积极构建起一套共同为社会经济建设提供有效的土地要素保障的系统，在进一步推进农村土地征收、集体经营性建设用地入市、宅基地制度改革的农村“三块地”改革的同时，还要对各项用地制度之间进行统筹协调，充分发挥土地作为农业发展最基础生产资料、农民致富最根本资本和农村发展最重要资源的作用。二是要针对制约乡村振兴的具体用地制度障碍，重点突破。比如为了“产业兴旺”中新产业新业态发展用地需求，在针对各类新产业新业态的特征，分类制定用地标准和用地保障方式的同时，还要针对新产业新业态用地的功能复合性，创新用途管制体系；针对“生态宜居”的生活现代化需求，要同步推进农村公共建设用地和经营性建设用地使用制度改革，为了人口聚集需求，还要改革“农村宅基地只限于本村集体经济组织成员”的现行农村宅基地使用制度。三是要科学编制区域居民点体系用地规划，实现“地—人—钱”同步聚集。随着社会的发展与技术的进步，传统的“沿路而建、临水而居、依田而住”散乱的农村宅基地布局已不利于乡村的振兴，一些区位差、自然资源禀赋低、居住人口少的自然村庄消亡是历史发展的客观规律。因此，应遵循城乡融合需求，科学编制区域居民点布局体系用地规划，以土地配置机制引导人口、资金等其他要素的聚集。

三、城乡融合：乡村振兴与城镇化的关系

尽管乡村振兴战略提出的主要背景是由农村、农业和农民在城镇化快速推进中受到了前所未有的冲击，而导致的城乡之间不平衡和乡村发展的不充分[11]，但城镇化与乡村振兴并不是非此即彼的对立关系，我国现在拥有13亿多人口，不管工业化、城镇化发展到哪一步，城乡都将长期存在。国际上通过政府的政策调控与扶持，实现了城乡互促共进、相辅相成的成功案例很多[12-13]，如法国巴黎提出“保护旧市区，重建副中心，发展新城镇，爱护自然村”；日本通过政府的“补助金农政”和推行“一村一品”运动，促进了乡村的持续发展；韩国经过几十年的“新村运动”，城乡居民收入差距从1972年的3∶1左右缩小到2004年1∶0.84，实现了城乡经济协调发展。

乡村与城市是人类社会有机整体中唇齿相依的两个密不可分组成部分。城市的存在与发展离不开广大乡村为其提供的生态屏障、物质保障与乡愁寄托等多种功能支撑。需要强调的是，随着人们生活水平的提高和文明的进步，城市对乡村的功能需求也会不断提高，乡村的价值会随之提升，且表现出生产功能弱化、非生产性功能强化的规律。除了传统的食物保障功能、工业原料和饲料供给功能、就业收入功能外，修复环境的生态保育功能、旅游休闲功能、文化传承功能，每项功能都具有丰富的内涵，如文化传承功能包括农耕文化、农业技术、农村经济、农业制度以及家庭文化传承等[14]。正是现阶段城镇居民的需求日益多元化、高级化、个性化，才促进了生态农业、有机农业、定制农业、创意农业、休闲农业、乡村旅游、农村电商等新产业、新业态、新模式的不断涌现和发展。

乡村振兴与城镇化关系密切。城镇化可以实现农村人口的市民化，有效地减少农村人口，从而改变我国当前人均农业资源过少、难以形成适度规模经营的状况；而乡村振兴则能加快推进城镇化进程，特别是加速人口、土地等要素向城市转移和聚集，城镇化既是一个过程，也是一个体系，不仅包括现有大中小城市对农村人口吸纳的异地城镇化，也包括以农村众多小城镇、新型农村社区为载体，通过现代生活服务配套设施建设实现的就地城镇化，而小城镇与新型农村社区建设就是乡村振兴的一项内容。

乡村振兴战略已明确了城乡融合的发展目标，要坚持乡村振兴与新型城镇化双轮驱动，让进城的人进得放心，留在乡村的人留得安心[15]。实现这一目标，首先要坚持城乡公共物品供给与服务的均等化投入原则，长期以来国家实行“重城市、轻乡村”的财政投入政策，已导致了乡村公共物品供给与服务的欠账太多。据统计，2017 年，全国社会固定资产总投资的 95%在城镇和工业，占就业总人口 27%的农村劳动力只得到了 5%的社会固定资产投资。因此，必须加大对乡村的公共物品供给与服务财政投入，加快实现城乡公共服务体系的一体化。其次是在体制机制上加大破解城乡二元社会结构改革力度的基础上，重视推进就地城镇化进程。通过人口聚集和现代生活基础设施完善实现的乡村就地城镇化具有自身的明显优势[16]。一方面，点多面广，吸纳能力强，且与农村有着天然的联系，农民市民化成本低，适应能力强，转移阻力小；另一方面，能有效地减缓人口向大中小城市的过度集中，利于避免交通拥挤、住房紧缺、贫民窟等“城市病”。

四、主体多元:小农户与现代农业经营主体的关系

我国是一个传统农业大国,农业人口基数大,预计到 2030 年,农村居住人口还有 4.5 亿,小农户仍将是我国农业农村发展最重要的基础力量,在保障农产品供给、向非农产业提供劳动力、维系农村社区功能、传承农耕文明等方面发挥着不可替代的基础性作用[17]。目前,我国规模以下农业经营户仍然占主体。数据显示,2016 年 50 亩规模以下农户经营耕地面积占全国实际耕种耕地面积的 71.4%。但现阶段的小农户,与传统小农经营不同,他们不愿意放弃自己的承包地经营权,多为兼业农户,外出打工是家庭主要经济收入来源,务农则是以满足自家消费为主。面对小农户在一定时期内长期存在的现实,根据 2018 年一号文件的要求,国家制定了《关于促进小农户和现代农业发展有机衔接的意见》,提出要坚持小农户家庭经营为基础与多种形式适度规模经营为引领相协调,明确了相应路径。

各类农业龙头企业、合作社组织在帮助小农生产并入现代农业发展轨道方面,发挥着重要作用。目前在各地实践中,形成的“合作社＋农户”“合作社＋基地＋农户”“龙头企业＋合作社＋农户”“龙头企业＋农户”“合作联社＋农户”等多种联合与合作模式,已在引领小农户对接市场、抵抗市场风险、实现农业产业化生产等方面表现出巨大的促进作用[18]。在政府加大对农业龙头企业、合作社组织扶持力度的同时,也要培育他们的社会责任感,强化对小农户的帮扶义务与责任,应把对小农户的帮扶效果作为政府扶持的主要考核指标之一。另外,要扶持与鼓励农业服务业的

发展。农业服务业不仅可以为小农户提供诸如托管、代耕、代收、植保等各类服务，以利于小农户的发展，也可为农业龙头企业、合作社组织以及其他现代农业经营主体提供服务，进而推动农业现代化进程。美国农民只占总人口的 2%～3%，而为农业服务的服务业人员占总人口的 17%[12]。因此，我国的农业服务业仍然拥有巨大的发展空间。

值得注意的是，适度规模经营是现代农业发展的内在需求。对小农户的扶持，是一定时期内应对我国农村基本国情的客观要求，但必须顺应现代农业的发展规律，不能以固化和加强小农户在农业经营中的地位为目标，而应是逐步引导小农户退出农业经营[19]。一是要正视农户承包地经营权的客观价值，避免过分的“收益幻想”。就像“房子是用来住的，不是用来炒的”一样，农地是用来生产农产品的，不是用来提供财产性收入的。国际上的地租水平一般在 200～400 元/(亩・年)，而目前在国内，由于媒体对“三权分置”经营权、财产权益实现的过分宣传，造成农民对经营权流转费用期望普遍过高，对地租过高的期望直接的后果就是农业经营主体的生产成本增大而难以维持规模经营，同时影响农户经营权流转的积极性。二是以“户”为单位转移替代“劳动力”转移，逐步减少小农经营户。当前以家庭劳动力外出打工而不是以家庭为单位的非农化转移，是典型的“人家两分”现象，这种现象可以有效地缓解非农产业急剧变化的社会冲击，广大农民工在城市失业后回到农村，可解决最基本的生存保障，2008 年我国对国际金融危机的化解就是一个典型，2000 多万打工者失业返回农村，有效地缓解了对社会的冲击[20]。但这种家庭主要劳动力进城、承包地由农村留守成员耕种的“兼业滞留”，不仅不利于形成现代农业的适度规模，而且会产生大量的“两栖居民”，增加交通等公共负担，并引发“留守老人、留守妇女、留守儿童”等一系列社会问题，不利于农村社会和谐发展与乡村振兴。

五、文化镶嵌：现代元素与传统文化的关系

我国丰富的传统乡土文化是乡村与城市最大的区别，传统乡土文化才是乡愁的载体。但目前普遍存在农村建设城市化、农民生活市民化、农业文化消亡化，特别是农村建设中房屋建筑风格千篇一律的现象，传统的乡村地域建筑文化与特色难觅其踪，甚至是“城不像城、村不像村”，既没有城市建筑的现代氛围，也没有依山傍水、与自然山水融为一体的乡土气息，就是一些水泥方块。如今很多农村古建筑成了乡村旅游的景点，但几百年以后，我们这代人又能留下多少可供参观的乡村建筑？这值得我们深思。

不可否认，现代技术与现代建筑理念有其进步的一面，但乡土文化是乡村的灵魂，在乡村建设中，不能把过多的现代化元素引入，而应注重对当地农村原生态乡土文化的挖掘、继承、创新，并不断赋予时代内涵，丰富表现形式，把现代与传统形式相结合，协调好现代元素与传统文明习俗的关系，不能让优秀传统乡村文化被破坏或完全被现代元素所取代，确保乡村“灵魂”不能走样也不容歪曲。文化是乡村振兴之魂，乡村建设必须加强乡村文化建设，实现乡风文明和文化振兴。

在传统文明习俗的继承与发展中，一方面，要“取其精华，去其糟粕”，对纯朴的乡风民俗和传统美德要大力发扬，对陈规陋习、不仁不义、毫无诚信、得过且过、铺张浪费以及封建迷信等要坚决予以摈弃。中华文明在5000多年发展中，积淀了无数的传统美德和良好风俗，形成了孝敬文化、慈善文化、诚信文化，这成为我们的民族之魂，对此必须继续发扬光大。另一方面，要实现对物质文化和非物质文化的共同保护。物质文化是各

类有形的传统建筑物、构筑物，只要加大投入进行维修、维护，相对比较容易得到保护，而对包括各种语言、口头文学、风俗习惯，民族民间的音乐、舞蹈、礼仪、手工艺、传统医学、建筑术等非物质文化遗产，无论口头或无形的，都应投入更大的财力、物力和人力进行保护。

对传统建筑物应坚持"在利用中保护、在保护中利用"，对具有保存价值的农村古、旧建筑物，要投入资金修复、保护。对传统建筑物的保护应结合利用需求，维修再利用，实现"在利用中保护、在保护中利用"。在当前乡村旅游中，不少地方把祠堂建成"乡村博物馆"，使之成为旅客的一个参观景点，就是一个成功典型。祠堂是农村村落重要的公共建筑物和重要公共活动场所，承载着浓厚的乡土文化，除了保留供奉祖先灵位等传统功能外，还可成为"乡村博物馆"，系统介绍本村的发展史、村里名人和能工巧匠，以及进行传统民俗展示，可对子孙后代进行传统教育，也能定期举办农民书画展，发挥出多种功能和作用。

六、主要结论

协调和处理好政府、集体和个人的角色定位关系，土地、人口与资金的要素组合关系，乡村振兴与城镇化的融合发展关系，小农户与现代农业经营主体的主体多元并存关系，现代元素与传统文化的交融镶嵌关系，是实施乡村振兴战略这一系统工程的关键所在。

政府、村集体经济组织和农民个体，都是乡村振兴不可缺失的主体，但相应角色定位不同，村集体经济组织是决策与组织实施的关键主体，政府支持是保障，农民参与是基础，要通过加强村集体经济组织建设和健全科学的公众参与方式方法，来形成乡村振兴的全民参与机制。土地是乡村振兴基本社会生产要素中最基础的要素，土地要素在很大程度上影响着其他要素的配置，要以系统思维推进农村土地使用制度改革，实现“地—人—钱”同步聚集。乡村与城市是人类社会有机整体中唇齿相依的两个密不可分组成部分，城镇化与乡村振兴并不是非此即彼的对立关系。要坚持城乡公共物品供给与服务的均等化投入原则，加大破解城乡二元社会结构改革力度，重视推进就地城镇化进程，促进城乡融合发展。面对小农户在一定时期内长期存在的现实，要发挥出各类农业龙头企业、合作社组织对小农户的帮扶作用，坚持小农户家庭经营为基础与多种形式适度规模经营为引领相协调，但不能以固化和加强小农户在农业经营中的地位为目标。丰富的传统乡土文化是乡村与城市最大的区别，应注重对当地农村原生态乡土文化的挖掘、继承、创新，并不断赋予时代内涵，丰富表现形式，把现代与传统形式相结合，实现乡风文明和文化振兴。

参考文献

[1] 廖彩荣，陈美球. 乡村振兴战略的理论逻辑、科学内涵与实现路径[J]. 农林经济管理学报，2017(6)：795－802.

[2] 赵振军. 发展至上、体制弊端与新农村建设的方向迷失——十年新农村建设的理念检讨与实践反思[J]. 求实，2015(9)：86－96.

[3] 李宪宝，高强，单哲. 政府角色、反哺失灵与新农村建设[J]. 农业经济问题，2011(9)：57－64，111.

[4] 严国红. 当前基层干部心理状态及引导建议——以浙江省杭州市S区基层干部为例[J]. 中国党政干部论坛，2017(6)：82－85.

[5] 陈美球，廖彩荣. 农村集体经济组织：“共同体”还是“共有体”？[J]. 中国土地科学，2017(6)：27－33.

[6] 贺雪峰. 论农村土地集体所有制的优势[J]. 南京农业大学学报(社会科学版)，2017(3)：1－8.

[7] 汪恭礼.乡村振兴战略背景下壮大集体经济的思考[J].国家治理,2018(3):13-16.

[8] 全国人大农业与农村委员会.乡村振兴战略实施情况的调查与思考[J].求是,2019(3):28-32.

[9] 陈美球,廖彩荣,刘桃菊.乡村振兴、集体经济组织与土地使用制度创新[J].南京农业大学学报(社会科学版),2018(2):27-34.

[10] 郑娟尔,苏子龙,王世虎,周伟,贾立斌.土地促进乡村振兴的理论与实践[J].国土资源科技管理,2018(6):32-40.

[11] 熊小林.聚焦乡村振兴战略探究农业农村现代化方略——"乡村振兴战略研讨会"会议综述[J].中国农村经济,2018(1):138-143.

[12] 张军.乡村价值定位与乡村振兴[J].中国农村经济,2018(1):2-10.

[13] 张军,李勤.工业化城市化双加速阶段的城乡统筹发展——成因、表现及政策建议[J].中国发展,2010(5):62-71.

[14] 刘奇.实现"三化同步"关键在深刻理解其内涵[J].中国发展观察,2012(3):37-42.

[15] 李彤.中央农办解读一号文件:实施乡村振兴要处理好两个关系[N].人民日报,2018-02-05(1).

[16] 陈美球.小城镇道路是我国城镇化进程中必不可少的重要途径[J].中国农村经济,2003(1):72-74.

[17] 张红宇."小农户大国情"的国策深意[J].瞭望,2018(10):15.

[18] 张红宇.乡村振兴战略与企业家责任[J].中国农业大学学报(社会科学版),2018(1):13-17.

[19] 陈美球,蒋仁开,朱美英,等.乡村振兴背景下农村产业用地政策选择[J].中国土地科学,2018(7):90-96.

[20] 温铁军,高俊.重构宏观经济危机"软着陆"的乡土基础[J].探索与争鸣,2016(4):4-9.

乡村振兴背景下农村产业用地政策选择*

乡村振兴是中国特色社会主义进入新时代后“三农”工作的重大战略部署，是决胜全面建成小康社会的重大历史任务。在乡村振兴“产业兴旺、生态宜居、乡风文明、治理有效、生活富裕”的总体目标中，产业兴旺是重点与基础，产业兴才能乡村兴。土地作为社会生产的基本要素，在实现产业兴旺目标中起着关键性的支撑作用[1]。当前，中国农业农村发展进入新的历史阶段，农村产业不再是单一从种到收的传统农业，而是从产前生产资料投入，产中社会化服务，到产后的收获、加工、流通、贸易、营销等各环节的一条完整产业链条。面对三产融合发展的时代需求，如何通过用地制度创新，保障新时期农村产业用地供给，促进产业兴旺，已成为土地管理工作的一项迫切课题。本文在系统分析新时期乡村振兴中农村产业发展特征及其用地需求的基础上，针对当前农村产业用地保障中的种种挑战，提出农村产业用地制度创新的对策建议，以期为乡村振兴的产业用地保障政策的制定提供参考。

---

* 本文曾刊发于《中国土地科学》2018 年第 7 期，参与撰写的还有蒋仁开、朱美英、翁贞林和郎海鸥。

一、乡村振兴中农村产业发展特征及其用地需求

（一）产业融合是农村产业发展的主要形式，需要用地的综合供给

当今世界农业的竞争实质就是农业产业链的竞争，一二三产业融合发展，发挥产业融合的乘数效应，实现新常态下农业转型升级，已成为新时期农村产业发展最突出的一个特征[2-4]。2017 年中央一号文件提出“探索建立农业农村发展用地保障机制，重点支持农村三产融合发展”，2018 年中央一号文件进一步提出“构建农村一二三产业融合发展体系”。实现一二三产业的融合，必须纵向延伸和横向拓展农业产业链，特别是农产品加工业实现农业生产由规模扩张向产品增值转变，迅速兴起的乡村旅游等第三产业实现农村产品的外延扩张，这种一二三产一体化和农文旅一体化的乡村产业发展的必然结果就是催生出大量的农村新产业、新业态，这些新产业、新业态的用地打破了常规的一二三产业的用地分类，表现出土地功能复合和农用地、建设用地、未利用地的混合利用，客观上要求用地供给的综合性和针对性。

（二）结构优化是促进农村产业提质增效的关键，需要村土地利用规划的区域统筹

面对农产品的结构、品质与社会消费需求之间的差距，优化农业结构，并更加注重农产品质量，以适应市场需求，已成为新时代农村产业提质增效的必然选择。新时期的农村产业结构调整，与传统的农业结构调整不同，是个典型的系统工程，不仅在内容上要与一二三产业融合相对应，包括对农业产业体系、生产体系、经营体系进行优化，而且要与促进就业、生态宜居的村庄生活环境建设融为一体。这不仅仅是“安居乐业”的

朴实需求，也是实现乡村振兴战略的内在要求，需要在更高区域层面进行统筹，根据市场发展预测，针对区域内各地的资源禀赋与区位条件，科学制定产业发展规划，从而避免各类新产业、新业态的遍地开花、无序恶性竞争。因此，必须通过编制科学的村级规划来统筹土地利用，引导包括农村产业发展在内的乡村振兴各项事业的有序发展。

（三）“绿色发展”成为农村产业转型的主基调，需要更加严格的用地约束

绿色发展是现代农业发展的内在要求，是生态文明建设的重要组成部分。发展资源节约型和环境友好型产业，是新常态下应对日益严峻的资源与环境硬约束条件的必然选择，实现以低碳、绿色、循环经济为导向的农村产业转型，将成为新时期农村产业的主基调。具体体现在现代农业发展之中，就是走遵循生态系统规律的农业绿色发展之路，确保土地资源的可持续利用，产业用地在为乡村振兴提供物质产品的同时，也必须提供生态产品，实现物质生产与生态文明建设的“双赢”。同时，新常态下的经济增长已由注重数量转向注重质量，人们对农产品的需求也不再只满足于对产品数量的追求，而是更重视产品的品质与安全。长期以来形成的依赖各类自然资源要素投入、过度消耗自然资源，甚至是以牺牲生态环境为代价的农村产业发展模式显然应得到改变[5]，国家也明确提出了要推行“自然资源资产离任审计”制度，对各届领导与干部的履行自然资源资产管理和生态环境保护责任情况进行审计。土地作为最重要的自然资源，提高其节约集约利用水平，走可持续利用道路是实现农村产业“绿色发展”转型升级的内在需求。

（四）小农户仍是重要的产业经营主体，承包地经营权流转应鼓励但不强求

中国是一个传统农业大国，农业人口基数大，2016 年年底常住农村

人口接近5.9亿，预计到2030年，农村居住人口还有4.5亿，农业人口的城镇化和农业劳动力转移不可能一蹴而就，需要一定的历史过程。在未来一段时期内，小农户生产仍然是中国农村耕地的一个主要经营形态。据第三次农业普查公报，2016年年末，实际耕种的耕地面积为16.8亿亩，其中流转面积3.9亿亩，占实际耕种面积的23.4%，即76.6%的耕地仍然是由承包者自家在经营；全国农业经营户20743万户，比2006年增长3.6%；50亩以下农户经营耕地面积占全国实际耕种耕地面积的71.4%；部分或全部转出承包地农户为6789万户，仅占总承包农户的29.7%。现阶段的小农户与传统小农经营不同，他们不愿意放弃自己的承包地经营权，多为兼业农户，外出打工是家庭主要经济收入来源，务农则是以满足自家消费为主。面对小农户在一定时期内长期存在的客观现实，2018年一号文件提出应促进小农户和现代农业发展有机衔接，并明确提出相应的路径。因此，尽管规模经营是现代农业发展的重要基础，分散的、粗放的农业经营方式难以建成现代农业，但全部实现规模经营是一个较长的历史过程，在"三权分置"的基础上流转土地经营权，应尊重农户意愿而不能过于强求。

二、乡村振兴中农村产业用地保障面临的挑战

（一）现行的用途管制与供地政策难以适应需求

作为农业产业化和农业转型实践的升级版，推进农村一二三产业融合是促进农民就业增收的重要途径[6]。一二三产业融合下的农村新产业、新业态发展，对生产要素的配置提出了新要求，对现行的用地政策带来了新挑战[7]。一方面，给现行单一产业设置的用途管制制度带来较大

冲击。耕地保护政策面临着耕地不同形态利用的新压力，休闲农业与乡村旅游业很可能依托永久基本农田来发展，还有“虾稻”“蟹稻”“鳖稻”“鳝稻”等各种稻田生态综合种养模式，都有可能会对耕地耕作层造成影响，这与《基本农田保护条例》对农田用途严格限制的要求相左；互联网配送、物联网管理、农景园艺、品尝品鉴、休闲观光等要求相关农业设施均建造在农田附近，使农业用途与非农用途交织在一起，也使当前的土地用途管制体系无法适从。另外，对于农村建设用地，管理上分为公益性建设用地、经营性建设用地和农村宅基地三类，但在现行的土地利用规划中却没有对应的用途管制划分。另一方面，新业态用地还造成了部门间管理的争议。如依托农业园区建设的农家乐及一二三产业融合的设施，农业部门认为属于农业生产行为，土地为农用地；国土部门则认为，虽然依托农业生产，但实质属于二、三产业，是建设用地承载的功能，应按建设用地管理。

（二）耕地保护政策的实际实施效果不佳

中国实行“世界上最严格的耕地保护”制度，先后制定了基本农田保护制度、“米袋子”省长负责制、“耕地总量动态平衡”等具有中国特色的耕地保护制度，但耕地保护的实效并不乐观[8]，特别是“占优补劣”现象普遍，大量城镇周围和交通沿线的良田沃土被建设占用，而补充的耕地则主要集中在自然条件和灌溉条件较差的边远丘陵山区或保水保肥条件差的“四荒地”，以及限制因素较多的劣质低产田[9]，加上农业面源污染等耕地地力下降的问题加剧，导致中国耕地质量在持续下降。进入新时期后，受到国际粮价下跌、国内粮食生产成本上升等因素影响，粮食生产比较效益低下的问题会更加严重。因此，完善耕地保护机制，提高耕地保护实效，严守耕地红线，建设生态粮仓，创新农地使用制度，是乡村振兴中农村产业发展的土地使用制度供给的一个基本要求。

（三）村土地利用规划滞后于社会需求

村土地利用规划是统筹区域基础设施建设与产业布局、居民点体系建设的“蓝图”，是实现农村社会经济各项建设协调、可持续发展必不可少的用地保障[10]。然而，中国的村土地利用规划却长期滞后，虽然随着新农村建设目标的提出，近十年来各地积极开展了村土地利用规划的探索[11]，2017 年原国土资源部印发《关于有序开展村土地利用规划编制工作的指导意见》，鼓励在有条件的地区开展村土地利用规划编制工作，但村土地利用规划总体上还处于起步阶段，其编制水平难以满足社会发展的需求[12]，特别是存在“千村一面”的规划现象，不能很好地针对各地独具特色的自然资源、区位条件与人文环境进行规划，导致规划的可操作性不强，缺乏生命力，而难以发挥应有的调控作用。

（四）农村土地节约集约利用及环境友好利用的约束机制尚未建立

要发展资源节约型和环境友好型的农村“绿色”产业，就离不开农村土地节约集约利用和环境友好利用的约束机制。尽管中国对城市国有建设用地的节约集约利用制定了一系列政策，但农村土地使用制度建设远落后于城市，农村土地节约集约利用存在土地制度的供给不足、土地政策制定中的制度模糊、政策执行中的制度异化等突出问题[13]，这也是造成目前农地细碎化、农村建设用地大量闲置或低效利用的一个重要原因[14]。而农村土地环境友好利用，并没有形成强制力的约束机制。以化肥施用为例，据报道，1980—2015 年，中国粮食单产水平提高了 56%，而化肥投入量增长了 225%；同期，德国、法国等发达国家粮食单产水平提高了 51%～52%，而化肥投入量却减少了 31%～47%[15]。我们在为用全球 8%左右的耕地面积养活全球超过 21%人口而骄傲的同时，不得不面对消耗了全球化肥总量三分之一的现实，化肥的滥用已是中国农业面源的最主要污染源，严重威胁着数量、质量与生态“三位一体”的耕地保护。

三、农村产业用地制度创新的对策

（一）加强产业用地的制度供给，规范用地行为

当前农村新产业、新业态发展用地保障之所以是一个社会关注的问题，是因为现行农村土地使用制度难以适应实际的需求，地方国土管理部门迫于没有供地的具体政策依据，“依法用地难度大”。尽管《关于深入推进农业供给侧结构性改革　做好农村产业融合发展用地保障的通知》，针对农村一二三产业融合发展的用地保障，明确了要安排一定比例年度土地利用计划，专项支持农村新产业、新业态和产业融合发展，但相对于复杂的现实需求，其可操作性并不强，需要制定一系列用地保障政策，加强制度供给。

1. 科学界定农村新产业、新业态的内涵与分类，制定差别化的供地政策

虽然农村新产业、新业态是现阶段的热词，但其内涵尚未有一个清晰的界定。依据《辞海》，产业是指由利益相互联系的、具有不同分工的、由各个相关行业所组成的业态总称，显然，产业是一个由众多业态组成的集合体，业态只是产业的一个组成成分。习惯上媒体大量报道的“休闲农业”“乡村旅游”和“农村电商”应属于农村新产业，而农业观光采摘园、农业科技游、民俗风情游、古民居和古宅院游、农家乐、农业博览园、民宿、乡村酒店等就应是休闲农业或乡村旅游新产业中的新业态，但又该如何划分休闲农业和乡村旅游？还是应把休闲农业和乡村旅游合并为同一类新

产业？这些都有待管理部门做出明确的界定与分类，并根据各类新产业、新业态的特征提出相应的用地保障需求，国土管理部门则针对各类新产业、新业态的特征，分类制定用地标准和用地保障方式。

2. 正视农村土地利用功能的复合性，健全用途管制体系

农村新产业、新业态用地具有明显的功能复合性，如休闲农业、乡村旅游把服务业和农业进行了融合，农村电商则把服务业、农产品加工业、农业进行了融合，“农家乐”则包含了民宿、餐饮、农业观光游等多个业态，中国现行规划中的土地用途分类体系无法适应这些需求。一方面，目前土地用途分类体系主要基于传统的一、二、三产业分类体系，没有考虑土地利用的复合性，也没有明确界定集体经营性建设用地和农业设施用地；另一方面，农村新业态、新产业具有明显的地域性特征，全国统一的土地用途分类体系满足不了各地千差万别的新业态、新产业用地需求。所以，应改革现行规划用途分类体系，特别是要体现地域性，应允许乡（镇）级、村级土地利用规划在国家统一的用途分类体系中进行合并或进一步细分，并制定相应的用途管制规则，从而为新产业、新业态用地的用途管制提供依据。

3. 加强土地利用风险评估，强化土地利用监管

新产业、新业态是新生事物，其土地利用结果存在一定的不确定性，因此，必须加强相应的风险评估和土地利用监管，不仅包括生态风险，还包括对区域耕地生产基本功能损害的风险，以及对传统建筑与文化的破坏风险。如开设在现代农业园中的大型餐饮，必须避免生活污水直接排放而污染农田。乡土文化是乡村之魂，在新产业、新业态发展的用地配置上，应注重对当地农村原生态乡土文化的保护、挖掘、继承与创新，包括具有历史价值、地域风情的各类建筑物、构筑物，以及丰富的农耕文化，从而留住乡愁。

(二) 落实“藏粮于地”战略，保障粮食安全

实施“藏粮于地、藏粮于技”战略，是新时期面对国际粮食价格的冲击、国内外市场粮价倒挂的宏观环境而提出的粮食安全新路径[16]。其中“藏粮于地”以耕地的产能建设作为根本，其本质是通过强化耕地资源保护、耕地质量提升和农田基本建设，解决粮食生产能力不稳定的问题，在必要时能够根据国家需求，生产出数量充足、优质安全的粮食，从而稳定耕地粮食产能，保障国家粮食安全供给[17]。

1. 推进耕地占补的“产能平衡”

耕地占补平衡政策是中国最严格耕地保护制度框架内的重要组成部分，按照“占多少、补多少”的原则，要求非农建设单位或个人，补充与所占耕地数量与质量相当的耕地。为了避免“占优补劣”以及部分地方为追求耕地占补的数量平衡而破坏生态的开垦行为，耕地占补平衡政策必须回归耕地产能平衡的本质[18]，实行“以质抵量”的平衡，即通过提升现有耕地的产能来补充建设占用相应数量耕地的产能损失。在永久基本农田制度确保中国耕地数量“压舱石”的基础上，“以质抵量”的产能平衡不仅不会动摇中国耕地数量的根基，而且能有效地引导各地耕地补充工作的重心从追求新增耕地数量转向对现有耕地的提质改造上，加快中低产田改造、高标准农田建设，有效抑制各地对新增耕地数量的过分追求，减少不符合生态规律的未利用土地开发。

2. 实行耕地轮作休耕制度

耕地的轮作休耕是将作物轮作与耕地休耕结合起来，即耕地在轮作周期内，各个田区依次轮流休闲，是“用地”与“养地”有机结合的主要传统方式，也是国际上通用的耕地地力保护措施[19]。轮作有利于维持田块的养分平衡，而短暂休耕，能休养生息，可以减少水分、养分的消耗，并积蓄雨水，消灭杂草，促进土壤潜在养分的转化，为以后作物生长创造良好的

土壤环境和条件。2016 年原农业部会同财政部等 10 个部门和单位联合印发了《探索实行耕地轮作休耕制度试点方案》,2018 年的一号文件明确要“扩大耕地轮作休耕制度试点”。现阶段,我们要利用国内粮食库存多与国际粮价低的“窗口期”,稳步实施轮作休耕制度试点工作,通过试点建立生态补偿制度和管理机制、轮作休耕的补偿机制等相关制度,为推行耕地轮作休耕提供制度保障。

3. 调动各类耕地经营主体耕地产能保护的积极性

耕地的实际经营耕种者是耕地产能维持的关键主体,这是因为种植作物的品种、耕作制度选择、化肥与农家肥的选用、农药的使用,甚至农田灌溉方式,都直接影响耕地的产能变化[20]。因此,充分调动耕地经营主体的耕地保护积极性和主动性,对于耕地产能保护至关重要。小农户、家庭农场、种粮大户(专业大户)、合作社(联户经营)、现代农业企业等多种经营主体并存是中国农业生产的现实[21],由于不同耕地经营主体对耕地质量的维持与提升的愿望存在差别,表现出不同耕地产能保护的行为,如短期内流转耕地的经营者更关注流转期内的耕地产出而可能采取“重用地轻养地”的行为,所以,要根据不同耕地经营主体对耕地产能保护行为的影响规律,差别化制定耕地产能激励措施,有针对性地调动各类耕地经营主体耕地产能保护的积极性。

(三)以土地整治为抓手,提升用地保障能力

作为改善土地生产条件和生态环境、优化土地利用结构的工程技术措施,土地整治是实现面积有限的土地资源满足农村产业发展用地需求的最重要路径,实践也充分证明了土地整治在保障农村新业态、新产业用地中具有强大的生命力,如江西省瑞金市叶坪乡,通过 16 个土地整治项目,建成了 4000 亩供港蔬菜基地,3000 亩大棚蔬菜基地,2000 亩优质稻生产供应基地,1100 亩生态观光园及农业体验园。

1. 推行区域土地综合整治

土地综合整治不仅是对区域内农用地整理、建设用地整理、未利用地开发、环境整治和生态修复的统筹，也是遵循“山水林田湖草”生命共同体，优化田、水、路、林、村用地布局的重要手段。与单一的土地整治工程比较，土地综合整治对实现土地资源的优化配置和高效利用具有明显的优势。一些地方结合实际探索出新的土地综合整治模式，取得了明显成效，如四川省推行土地综合整治，根据农业项目开展了农用地整理和高标准农田建设；对农村散乱、闲置、低效建设用地进行整理，为发展观光农业、康养产业等提供用地保障；对农村违法建筑进行拆除，并对废弃、退化、污染、损毁土地进行治理和修复，进而美化村貌，打造生态宜居环境[22]。同样，湖州市吴兴区按照“用地集约、资源共享、设施配套、民生改善”的要求，对农村土地实施“田、水、路、林、村”综合整治，不仅形成了“玉米—湖羊”“稻—鳖共养”“瓜果立体种植”等新型农作模式，培育了紫金桥特色商贸居住、移沿山休闲观光农业、尹家圩经编织造加工等“一村一业”特色品牌，还推动农户相对集中居住，有效改善了农业基础设施环境和农民居住环境[23]。

2. 引导土地整治与新产业、新业态发展相结合

新产业、新业态具有多样性和个性化特征，对用地条件提出了独特的需求，因此，土地整治的规划设计应与产业发展的用地需求相结合，实现新业态、新产业用地供给的精准到位。如有些地方针对现代农业企业结合产业自身要求开展的土地生产环境建设，采取“先建后奖”的形式给予土地整治资金奖励，取得了明显成效。同时，土地整治应与经营权流转相结合。不少地方在土地整治项目实施后采取“确权确股不确地”方式，实现了经营权的集中流转，既维护了农民的土地权益，推进了农业现代化、集约化、规模化发展，又很好地解决了整治后标准农田再次细碎化及农田

基础设施后期管护主体缺位的突出问题。

（四）以村土地利用规划为平台，统筹区域产业发展及其用地保障

乡村振兴是整个乡村立体式、全方位的振兴，既涉及产业振兴、文化振兴、生态振兴、组织振兴等方面，又涉及村民生活居住环境、乡风民风建设、农村社会综合治理等层面。村土地利用规划是保障农村产业用地需求、调整农村用地结构、优化农村产业用地布局、提高农村土地利用效率以及引导农村产业有序发展的依据，也是实现区域统筹发展、乡村振兴整体目标的重要支撑。

1. 健全公众参与机制，提高村土地利用规划质量

切合实际的、可操作性强的规划才能发挥出规划应有的作用，而要确保村土地利用规划的质量，健全的公众参与机制是关键，特别是要充分采纳广大村民的意见。这是因为，村民是最了解本村家底的“知情者”，也是规划具体实施的“执行者”，让更多的村民参与到村级土地利用规划的编制中，充分听取他们的建议，不仅有助于确保规划的可操作性、本村特色的保留，而且可使村庄未来的发展更符合村民的愿望和要求，从而有利于规划的实施。因此，在村土地利用规划编制中，必须构建科学的公众参与机制。首先要加大宣传力度，调动农民参与规划编制的积极性。其次要加强公众参与的制度化建设，对农民参与的原则、过程、形式和要求做出原则性基本规定，促进公众参与的规范化，特别要针对规划编制中不同工作环节的村民重点关注点，提出每个工作环节农民参与的主要内容、方式方法，以及需要达到的预期成果，让村民感受到规划对当地发展的重要性。

2. 科学协调产业布局，实现农村产业的错位竞争

产业规划是村土地利用规划编制的重要依据，也是对当地农村产业发展的统筹。但产业发展是市场经济的产物，而不是人为随意“规划”的。

是否符合市场发展规律、是否具有市场竞争力，才是产业规划的关键所在。由于市场的开放性，村产业规划必须依据区域资源禀赋、区位条件的比较优势，确定具有市场竞争力的产业，实现错位竞争，从而避免同类产业的遍地开花、无序恶性竞争。“一村一品”的规划理念就是农村产业错位竞争的典型体现[24]，其基本原理就是按照市场需求，充分挖掘发挥本地资源优势、传统优势和区位优势，通过大力发展有特色、价值高、影响力大的拳头产品，推进规模化、标准化、市场化、品牌化建设，提升本地经济整体实力和综合竞争力的农业农村经济发展模式。

参考文献

[1] 陈美球，廖彩荣，刘桃菊. 乡村振兴、集体经济组织与土地使用制度创新——基于江西黄溪村的实践分析[J]. 南京农业大学学报(社会科学版)，2018，18(2)：27 - 34.

[2] 姜长云，杜志雄. 关于推进农业供给侧结构性改革的思考[J]. 南京农业大学学报(社会科学版)，2017，17(1)：1 - 10.

[3] 陈锡文. 论农业供给侧结构性改革[J]. 中国农业大学学报(社会科学版)，2017，34(2)：5 - 13.

[4] 翁鸣. 中国农业转型升级与现代农业发展——新常态下农业转型升级研讨会综述[J]. 中国农村经济，2017(4)：88 - 95.

[5] 叶兴庆. 演进轨迹、困境摆脱与转变我国农业发展方式的政策选择[J]. 改革，2016(6)：22 - 39.

[6] 郑瑞强，翁贞林，黄季焜. 乡村振兴战略：城乡融合、要素配置与制度安排[J]. 农林经济管理学报，2018(1)：1 - 6.

[7] 姚丽. 土地政策如何支持农村新业态发展[J]. 中国土地，2017(1)：19 - 23.

[8] 陈美球，刘桃菊，周丙娟，等. 我国耕地保护的效果与其提升对策探讨[J]. 中州学刊，2012(1)：45 - 49.

[9] 田孟. 耕地占补平衡的困境及其解释——基于国家能力的理论视角[J]. 南京农业大学学报(社会科学版),2015,15(4):122-130.

[10] 庄少勤. 小规划大作为——谈有序推进村土地利用规划编制[J]. 中国土地,2017(9):1.

[11] 郭宇伦,师学义. 村级土地利用规划研究综述[J]. 中国人口·资源与环境,2017,27(S1):128-131.

[12] 肖金华. 浅析村级土地利用规划的编制[J]. 中国土地,2017(5):34-35.

[13] 胡春湘. 我国农村土地节约集约利用制度的困境与创新[J]. 农村经济,2014(3):41-45.

[14] 罗浩轩. 城乡一体化进程中的中国农村土地节约集约利用研究——基于改进的PSR模型[J]. 经济问题探索,2017(7):38-46.

[15] 刘永红,叶顺法,许晨昊. 农业面源污染对耕地土壤环境造成的危害. 中国农业信息,2016(6):100,103.

[16] 杨海波,许彩慧. 构建新的粮食安全观:藏粮于地、藏粮于技[J]. 领导之友,2016(21):22-27.

[17] 陈印军,易小燕,陈金强,等. 藏粮于地战略与路径选择[J]. 中国农业资源与区划,2016,37(12):8-14.

[18] 陈美球,洪土林,刘桃菊,等. 落实耕地占补产能平衡的思考[J]. 中州学刊,2018(1):39-44.

[19] 赵其国,滕应,黄国勤. 中国探索实行耕地轮作休耕制度试点问题的战略思考[J]. 生态环境学报,2017,26(1):1-5.

[20] 陈美球,刘桃菊. 新时期提升我国耕地保护实效的思考[J]. 农业现代化研究,2018,39(1):1-8.

[21] 张红宇. 新型农业经营主体与农业供给侧结构性改革[J]. 中国农民合作社,2016(6):9-10.

[22] 覃淑杰,陈文宽,尹奇. 土地综合整治推进农村新产业新业态发展——以四川省为例[J]. 中国土地,2018(3):38-40.

[23] 王勇.推进农村土地综合整治工作的几点思考[J].浙江国土资源,2017(11):15－16.

[24] 秦富,钟钰,张敏,等.我国“一村一品”发展的若干思考[J].农业经济问题,2009,30(8):4－8.

农村集体经济组织成员权的实现研究*

一、引　言

农村集体经济组织是中国特有的一种组织形式，融政治性、经济性和社会性等多种特性于一身，在促进中国农村经济发展和维护农村社会稳定中发挥着极其重要的作用。然而，中国对农村集体经济组织成员权的界定和实现一直处于相对模糊的状态，并引起了不少专家和学者从实践、法律和经济等角度对这个问题的关注[1-7]。近年来，随着社会主义市场经济、城乡一体化快速发展和新型城镇化建设的推进，土地、人口等各种要素加速流动，尤其是在农村土地制度改革中，围绕土地的各项改革逐步深化，涉及农村集体经济组织成员权的各种利益冲突日益增多，导致保障农民成员权利益的社会呼声空前高涨，不少专家学者围绕农村土地改革中集体经济组织成员权实现和利益保护问题进行了研究[8-13]。在国家层面上，中共十八届三中全会《关于全面深化改革若干重大问题的决定》，首

* 本文曾刊发于《中国土地科学》2018 年第 1 期，参与撰写的还有廖彩荣、冯广京、王庆日、蒋仁开、张冰松和翁贞林。

次提出“保障农民集体经济组织成员权利”，该问题逐渐成为近几年社会关注的热点[14]。

因此，集体经济组织成员资格认定及其权利实现，具有深刻的时代背景和迫切的现实意义。集体经济组织的成员资格认定与成员权内涵界定，是保障和实现农民集体经济组织成员权利的基础。本文在梳理农村集体经济组织成员认定的地方法律法规和实践做法的基础上，归纳农村集体经济组织成员权的本质及其特征，同时结合当前成员权中最为敏感和现实的土地征收中补偿分配问题，进一步探讨土地征收中成员权的实现途径，以期为加强农村集体经济组织建设、保障和深入推进农村综合改革提供参考。

二、农村集体经济组织的本质

作为成员依附的母体，农村集体经济组织的本质决定了成员资格认定的基调。根据物权法，集体所有可分“共同共有”和“按份共有”，农村集体经济组织属于“共同共有”，还是“按份共有”，法律上并没有明确规定。但从其内在特征看，农村集体经济组织应属于“共同共有”[15]。

中国农村集体经济组织溯源于20世纪50年代的农业合作化运动，其以村落为单元，在一定农村地域范围内，农民将各自所有的生产资料交由集体所有，集体负责组织农业生产经营，成员集体劳动、各尽所能、按劳分配的社会主义农业经济组织，在历史的变迁中，农村集体经济组织沿袭了传统的村落历史脉络，村民与村落的发展和村集体经济组织的兴衰荣辱与共，使其成为中国农村社会发展的基本“生命共同体”。

农村集体经济组织具有地域与血缘的先天性特征，是以土地资源为生存保障基础的组织。这种组织特征让人们能为共同的利益而相互合作，成为一个对内协同、对外抵御的利益共同体，成员个体的发展离不开对集体组织的依托，集体组织的兴旺也取决于全体成员的共同努力，个体与组织是一个相互不可分割的有机整体。为防止更多的人来分享有限的土地资源而可能危及自身的生存保障，农村集体经济组织会本能地表现出排他性，尽量地排斥外来人口的加入，使其表现出封闭性的特征。

三、农村集体经济组织成员权的内涵与特征

和其他成员权一样，集体经济组织成员权可分为自益权和共益权两大类[16]。在农村集体经济组织中，自益权主要是农村土地承包经营权、农村宅基地使用权和集体经济收益分配权，以及部分集体财产的处分权，如土地承包经营权流转等。共益权除了体现在参与集体经济组织内部事务管理的方面，包括集体经济组织信息知情权、选举权和被选举权等外，还体现在维护集体经济组织这个社会“生命共同体”发展的责任与义务上。为此，农村集体经济组织的成员权表现出其自有内涵与特征。

（一）土地是维系农村集体经济组织成员权的根本

农村集体经济组织立于集体土地的所有制的基石之上，这也是不少城郊农村因集体土地全部被征而由农民直接转为城镇居民，村集体经济组织随之解散的原因——失去了集体土地也就失去了集体组织存在的根本。以土地资源为依赖的生存保障是村集体经济组织成员权的基本权益，农村土地承包经营权和农村宅基地使用权两项权利就是具体表现；本村集体组织成员在经营权流转中，具有优先受让权也是一种表现。

（二）农村集体经济组织成员权的财产边界意识强烈

农村集体经济组织是基于血缘基础、依托土地生存保障的地缘组织，主要通过村民的世代繁衍与土地的相对固定维持了财产集体共享的惯例，有着清晰的财产边界。有限的土地资源和清晰的财产边界形成了社区的封闭性，对外来人口的加入表现出强烈的排斥心态，在这一点上表现出组织内部高度的凝聚力和认同感。

（三）农村集体经济组织成员权强调“家庭”单元

这与农村集体经济组织生存保障功能基本特征一脉相承。在中国传统的农村文化体系中，家庭是生存保障的根本单元。因此，成员权的实现也突出家庭为单元，如土地承包经营权以家庭为单元进行承包，农村宅基地使用同样以家庭为单元，实行“一户一宅”制度，分户意味着可多享受一处宅基地使用权，为此农村对家庭的分户也有着严格的村规民约。这种“个人—家庭—集体”的结构体系，是农村集体经济组织成员权实现的独特特征。

（四）农村集体经济组织的社会成员权应优先于经济成员权

通常情况下，成员构成团体形成集体，目的是在合作、互助的基础上扩展自我生活和发展的空间，满足自身多层次的利益需求[17]。但农村集体经济组织不同，其并非纯粹的以成员自治为内核的私权组织，而是基于农村社会稳定与发展的需要，且以成员生存保障为根本。成员权的根本体现并不是追求经济收益的最大化，而是维系组织的存在以确保生存的基本保障，每个成员对村社传统文化的传承及经济组织的繁荣都具有不可推卸的责任，个人利益在一定程度上应服从于整个村集体利益，即社会成员权应优先于经济成员权。

（五）农村集体经济组织成员权以传统伦理为基础

农村集体经济组织以共同的生活空间、共享的文化价值为社会关系组带而得以维持。这决定了农村集体经济组织成员权的表达应以遵循农村社区传统伦理为基础。这就是为什么中国宪法赋予了男女平等的权利，而土地利益分配实践却表现出“男女有别”的缘由。中国传统乡村的财产继承一直遵循男性父权制，纵向为父子轴，横向为兄弟分家，而把妇女的财产继承权排斥在外。“男女有别”的财产继承制更多的是基于中国农村传统文化价值体系和社会习俗，而非法律问题，这就是农村集体经济组织成员权在性别区别上表现出的伦理特征。

四、农村集体经济组织成员的认定

（一）地方法律法规认定

中国目前在国家层面缺乏统一的集体经济组织成员资格认定标准，为了应对日益突出的农村土地纠纷，个别省制定了地方性法规或由高级人民法院出台了指导意见。

与集体经济组织成员资格认定相关的地方立法，绝大多数是针对农村土地承包法的具体实施细则，其主要内容是农村土地承包经营权的成员认定。但也有个别省份对农村集体经济组织成员资格做出了专门规定，包括《广东省农村集体经济组织管理规定》《湖北省农村集体经济组织管理办法》和《浙江省村经济合作社组织条例》。从各省制定的规定看，遵循了村集体自治的原则，对农村集体经济组织成员资格只是做出了原则性的规定，除了户籍要素外，多以“按照组织章程规定，经社委会或者理事会审查和成员大会表决确定其成员资格”表述，给地方留有足够空间，但《浙江省村经济合作社组织条例》的规定相对比较详细，分别按“户籍在本村”“成员资格保留方式”和“成员大会表决方式”三种类型做出了较明确的规定。

为了应对农村日益突出的土地纠纷，一些地方从司法角度，针对成员资格确认的纠纷案例，由省高级人民法院出台了指导意见。具有代表性的有天津高级人民法院颁行的《关于农村集体经济组织成员资格确认问题的意见》、重庆高级人民法院颁行的《关于农村集体经济组织成员资格认定问题的会议纪要》和陕西省高级人民法院颁行的《关于审理农村集体经济组织收益分配纠纷案件讨论会纪要》[18]。这些内部指导意见，在基层法院解决司法实务问题中发挥了重要作用。除了采取复合性标准是各省的共同之处外，各省存在明显的差异，如天津市明确"在本集体经济组织内生产、生活"，陕西省增加了"权利义务关系"，重庆市则在"生产、生活""户籍"等事实要素外加"以土地为保障"。法院内部指导意见虽意在揭示成员身份的实质内涵，并以此提出"土地保障"的实质标准，但其并未摒弃地方规范中所要求的"户籍"要素，而是将其与"土地保障"标准相联系[19]。

（二）几种地方实践

现实生活中，中国村集体经济组织大多能形成调控自身成员资格的村规民约，不论有没有集体章程，其所遵行的决议都是以村社传统和成员众意为基础的约定俗成[20]。近年来，随着各类农村改革试点的开展，成员资格的认定日显关键，特别是 2015 年启动的农村土地征收、集体经营性建设用地入市、宅基地使用制度"三块地"试点改革，成员的认定成为改革设计中绕不过去的"槛"。梳理现实中农村集体经济组织成员认定的具体做法，有利于了解真实的现实需求和掌握基层的创新经验。地方的实践大致可分为以下几类。

1. 唯户籍论

这是最简单的认定方式，也是落实农村土地承包权的最常用的方法，这在经济欠发达地区，尤其是农村集体经济组织薄弱、集体经济实力差的农村比较常见。因为其成员权的利益表现很低，人们对成员资格的认定并不在意，户籍是最好的成员身份表达。但随着农村人口流动的加剧和当地经济的发展，村民的身份关系日益复杂，唯户籍论成员认定方式的不适应性不断凸显，这种认定方式在现实中开始明显减少。

2. 户籍+

这是目前采取最多的一种方式。即除户籍特征外，还从“土地承包”“权利义务关系”“劳动能力”“生产生活”“土地保障”等要素在不同方面对成员资格进行认定。如在开展宅基地使用制度改革试点中，天津蓟州区明确“农村集体经济组织成员是指依法取得本集体经济组织所在地常住农业户口，在本集体经济组织内生产、生活或确以本集体经济组织的土地为基本生活保障的人”；江苏武进则明确“农村集体经济组织成员指在该集体经济组织生产或生活在该组织，与该集体组织发生权利和义务关系的人”，成员认定以户籍关系为主要依据，结合土地承包、福利享受、居住以及义务履行等情况综合考虑；湖南浏阳同样把村集体经济组织成员，界定为户籍在本村的农业人口，在该集体经济组织生产或生活，并与该集体经济组织发生权利、义务关系的人。

3. 非户籍论

随着户籍制度改革的深化，人们对户籍重视程度的下降，户籍已开始不再成为判断集体经济组织成员的必备条件。现实中有两类情况。一是非因生活需要，而是出于利益驱动或其他原因，仅将户口挂在集体经济组织的，除了离休退养并将户口迁回原籍的，还有因子女上学、农村宅基地流转而落户的，这在城郊村最为普遍，当地俗称“外挂户”，这些外来村民，往往为了取得宅基地使用权，只身参加村集体组织取得户籍，但仍不被视为集体经济组织成员，不能享受相应的权益。二是虽迁出了户籍，但可认定为集体经济组织成员的，主要包括以本村土地作为基本生存保障，如出嫁女或入赘男，外出求学的成员子女，干部或转业安置外的服兵役人员，等等。甚至个别地方，以为家乡所做贡献多少作为能否享受成员资格的标准。有些乡贤为家乡做出了大的贡献，同样可在家乡获得宅基地的使用权。

4. 包容性做法

这是一种开放式的成员认定，能够最大限度地扩大集体经济组织成员规模，在现行宅基地使用权仅限于本村集体经济组织的制度框架下，有利于提升宅基地流转空间，凸显宅基地价格。如江西余江县，在开展宅基地使用制度改革试点中，确定五类人员为农村集体经济组织成员：一是有集体经济组织成员繁衍，并在该集体经济组织共有的土地上生产、生活的后代；二是与集体经济组织成员形成法定婚姻关系的，国家行政事业单位及国有企业录用的在编人员除外；三是父母或一方具有集体经济成员资格的子女，符合承包经营条件，但未承包到集体土地的；四是合法程序收养的子女；五是因国家政策性迁入（下放未回城的知青等）或经法定程序加入的。

5. 唯承包权论

这种方式实践中不多见，主要出现在"城中村"。这些村集体经济组织的农用地在城市的发展中全部被征收，目前集体经济收入主要靠集体建设用地的租金或股份分红，经济状况较好。如南昌市的"城中村"三店村，成员权认定以承包权为依据，土地被征收之前的本村户籍的村民及其后代，享受土地承包权，则为村集体经济组织成员，明确规定男方娶老婆，户口迁入可享受集体经济组织成员权；女方嫁出本村，户口未迁出，也可享受集体经济组织成员权，"外甥或外甥女"可落户，村委分配部分的集体收益也可享受，但有些村小组集体收益部分不予享受。但外嫁女的男方，户籍不许迁入，不能享受村集体收益权。土地被征收之后迁入的、没有享受土地承包权的500余人的户籍人口，不是村集体经济组织成员。

“外嫁女”算不算集体经济组织成员？这是长期以来社会争论较大的问题。传统农村的习惯认为“嫁出去的女，泼出去的水”，出嫁女不应当再拥有原集体经济组织的成员资格，也不再享有原集体经济组织的利益分配权。其所生的子女是本村的“外甥”，因此按照农村的传统不应当享受其母亲所在农村集体经济组织的成员资格。就像现在农村的习惯观念认为：享有对父母遗产的继承权的是儿子或者留家招婿的女儿，出嫁女是没有对父母遗产继承权的，同时也不要求出嫁女承担赡养义务。但在不少地方在实际操作中，若在男配偶一方没有享受集体经济组织的相关权益，女配偶一方集体经济组织会给予一定的收益权。

值得注意的是，不断加剧的社会人口流动，已使当前农村居住人口身份组成日益复杂。当前中国农村的村民大体可分为三类：既有“土著”居民，即社区集体经济组织成员，有本村户籍，有村委会选举权，有经济“三权”（农村土地承包经营权、农村宅基地使用权和集体经济收益分配权）；也有“关系”村民，即通过亲朋好友关系或花钱外迁落户，有户籍，但没有选举权，没有各类经济权利（通常可通过有偿流转获宅基地使用权）；还有“新村民”，即外来打工务农经商或与集体经济组织合作入股、有比较稳定的工作岗位的人员，既没有户籍，也没有村民民主选举权利和集体资产经营、使用、收益等权利，但可依据合作获取股份分红。

综合农村集体经济组织成员认定的地方法律规定和基层实践做法，可以看出：① 成员认定充分体现了村民自治，不同地方的认定条件差异较大，并且成员资格认定严格程度与集体经济发展水平、成员权的含金量呈正相关；② “户籍＋长期生产生活在集体＋土地的生存保障功能”是当前农村集体经济组织成员认定的一个主流标准。

五、土地征收中农村集体经济组织成员权的实现问题

（一）土地征收中的农村集体经济组织收益范畴

土地征收中产生的各类补偿分配，是现阶段中国农村集体经济组织成员权实现中一项最敏感的内容。但首先必须明确哪些补偿属于农村集体经济组织收益范畴。从理论上分析，土地征收是由集体土地征收为国有土地，既是土地所有权转变，也是土地开发权的转让，而土地开发权也应是集体组织所有成员的共同权利。因此，在土地征收中，因土地产权变化而获得的各类经济补偿，以及因土地开发权转让带来的补偿，都应属于农村集体经济组织收益范畴，是农村集体经济组织成员权实现的分配对象。

在土地征收中，涉及补偿的费用通常包括三部分：土地补偿费、安置补助费、附着物和青苗补偿费。安置补助费的补偿对象是被安置对象，地上附着物及青苗补偿费的补偿对象是地上附着物及青苗的所有者，只有土地补偿费才是属于农村集体经济组织的补偿[21-22]。这也是土地管理法实施条例第 26 条明确规定的主要内容。在现实的土地补偿费计算中，无论是依统一年产值标准，还是按征地区片综合地价计算，都遵循“原用途补偿”原则[23]，土地补偿费明显偏低，不能真实反映土地产权变化和土地开发权转让的实际价值。为了把这个“蛋糕”做大，村集体经济组织经常会与政府或征地单位进行博弈，千方百计提高土地补偿费，或采取入股、留物业（留房）、返建设用地指标等手段，争取村集体经济组织利益的最大化。

（二）土地征收中农村集体经济组织成员权的实现途径

土地征收中农村集体经济组织成员权的实现途径通常有两个层次。

第一层次是村级留存。把土地补偿费按一定比例用于集体留存，主要用于完善农村基础设施，保障农业生产，发展集体经济，增加集体收益，全体村民（包括组织成员和非成员）共同受益。村级留存比率的高低，各地差别很大。例如河北省、辽宁省规定土地补偿费20%归集体经济组织，江苏省规定农村集体经济组织未能调整其他质量和数量相当的土地给其（被征地农民）继续承包经营的，必须将不少于70%的土地补偿费支付给被征地农民。但在实践中，具体的土地补偿费分配方案，多在地方政府的指导下由村民民主决定程序产生。有的地方村级留存比例高，只将少部分用于直接分配，个别村集体经济组织是“分光花净”，将土地补偿费全部用于集体经济组织成员之间分配，通常表现出集体经济组织建设越好的地方村级留存比例往往越高的规律。

第二层次是直接分配。把村级留存之外的土地补偿费在集体经济组织成员之间进行分配。通常包括四种情况[24]：一是“调地分款”，即征地后，重新分配承包地，在成员之间平均分配；二是“占谁地、给谁钱”，即全部分配给被征地成员；三是先确定给被征地成员的分配比例，剩余部分在未被征地成员中平均分配；四是先补偿被征地成员以被征收土地剩余承包期的土地租金，再将剩余的土地补偿费在成员中平均分配。

各地在实践中对土地征收中农村集体经济组织成员权的实现进行了积极的探索。如江苏省苏州市采取“三集中三置换”、综合保障“三位一体”的综合政策措施，原农村集体资产由新设立的集体经济组织机构经营管理，公共事务管理与公共服务职能由社区居委会承担。社区与村委会是“一套班子、两块牌子”[25]。辽宁大连市的二十里堡街道，采取征地区片价（含土地补偿费和安置补助费）、地上附着物和青苗补偿费“三合一”的征地补偿机制，在 7.5 万元/亩征地区片价补偿中，1.2 万元/亩由村集体进行现金分配，解决失地农民当前基本生活的费用；0.4 万元/亩村集体留存，用于解决村民福利及村级经济建设；0.2 万元/亩由街道支配，用于解决征地动迁及历史遗留问题等；余额用于支付被征地农民社会保障支出[26]。从各地实践看，留存一定比例的土地补偿费在集体经济组织，以及以土地换保障，构建社会保障机制，是土地征收中农村集体经济组织成员权实现的发展方向，也符合农村集体经济组织以土地资源为生存依赖的本质特征。

六、主要结论

（1）目前中国尚未在国家法律层面对农村集体经济组织成员认定及成员权的具体内涵做出统一的规定。各地根据社会发展的客观需求，积极探索了相应的成员认定方法及成员权的具体内涵，并表现出较大的差异性，这种差异性在一定程度上体现了不同地方社会经济发展阶段或水平对集体成员及成员权的需求差异。一般情况下，成员权的高含金量决定了集体成员身份认定的复杂性，成员权包含的各种利益越高，人们对成员的关注度越高，成员身份确定的因素就要考虑越多，即成员资格认定严格程度与集体经济发展水平呈正相关[27]。因此，随着农村社会经济的不断发展，农村集体经济组织成员认定及成员权具体内涵界定的重要性会更加明显。

（2）农村集体经济组织成员认定应遵循四个基本原则。一是自治性原则。政府在制定法律规定时，应为地方留有空间。要按照村集体自治的要求，充分体现村集体的意志和村规民约，形成民主决议机制。二是保障性原则。应充分尊重集体经济组织的基本生存保障的组织特征。三是唯一性原则。即同一人只能享有一个集体经济组织成员资格，如果该人在另一集体经济组织获得成员资格，那么原集体经济组织成员资格应当自动终止。四是尊重性原则。由于各地民风习俗、民族习惯各不相同，各集体经济组织发展状况、发展水平也不尽相同，要避免一刀切。

（3）农村人口流动性的加强和农民生计资本的分化，导致农村居住人口身份日益多元，结构更加复杂。在农村集体经济组织成员认定及成员权具体内涵界定中，必须综合考虑户籍、土地承包权、权利义务、生产生活、土地保障等因素，应根据不同的村民身份特征，明确相应享受的农村集体经济组织的权益。

（4）农村集体经济组织成员权利义务关系要平衡。成员不仅拥有分享集体经济组织各种利益的权利，更有发展与繁荣集体经济组织的义务，而且坚持社会成员权应优先于经济成员权。然而，现实却是村民的村集体组织归属感日益淡化。村集体成员的经济成员权不断强化，而社会成员权在不断弱化，在经济利益面前人人都不愿吃亏，而在社会责任与集体义务方面却表现出异常的冷淡。这一现象与追求集体利益最大化的村集体经济组织建设目标背道而驰。因此，要改变农地制度改革过程中呈现弱化集体利益、强化使用权表达的现状。

（5）土地征收中农村集体经济组织成员权的实现是现阶段社会关注的热点。一方面，要改变按“原用途补偿”的思路，综合多种因素计算土地补偿费，切实体现土地产权变化和土地开发权转让的实际价值，提高土地征收中属于农村集体经济组织收益量。另一方面，要坚持村级留存和直接分配的农村集体经济组织成员权实现的两个层次。留存一定比例的土地补偿费在集体经济组织，有利于完善农村基础设施，提高农民生活水平，促进集体经济组织的发展，使全体村民共同分享土地征收带来的利益。直接分配则应坚持“公平、公正，保障、长久”的原则进行，并应体现农村集体经济组织成员与村民的区别。

参考文献

[1] 张志强,高丹桂.农村集体经济组织及其成员权和农村社区组织及其成员权混同的法经济学分析[J].农业经济问题,2008(10):46-50.

[2] 余梦秋,陈家泽.固化农村集体经济组织成员权的理论思考[J].财经科学,2011(11):87-92.

[3] 陈小君,高飞,耿卓.我国农村集体经济有效实现法律制度的实证考察——来自12个省的调研报告[J].法商研究,2012(06):44-55.

[4] 陈小君.农村集体土地征收的法理反思与制度重构[J].中国法学,2012(01):33-44.

[5] 郭继.农村集体成员权制度运行状况的实证分析——基于全国12省36县的实地调查[J].南京农业大学学报:社会科学版,2012(01):30-36.

[6] 方志权.农村集体经济组织产权制度改革若干问题[J].中国农村经济,2014(07):4-14.

[7] 杨一介.我们需要什么样的农村集体经济组织?[J].中国农村观察,2015(05):11-19.

[8] 童列春.论中国农民成员权[J].浙江大学学报:人文社会科学版,2015(02):46-54.

[9] 李长健,刘磊.代际公平视域下农村土地流转过度集中的风险防范[J].上海财经大学学报,2014(01):46-53.

[10] 张远索,仲济香.新型城镇化背景下的农民利益保护[J].云南农业大学学报:社会科学版,2014(01):7-10.

[11] 李长健,张伟.农民土地权益的利益结构与利益机制研究——基于农村社区的发展[J].华中农业大学学报:社会科学版,2016(01):1-7.

[12] 陈明.土地冲突:公共权力失范与农民的权力建构[J].中国农村观察,2016(03):2-15.

[13] 张建,王敏,诸培新.农地流转政策执行偏差与农民土地权益保护——以江苏省某传统农业大县S县为例[J].南京农业大学学报:社会科学版,2017(02):

82 - 91.

[14] 陈小君. 我国农村土地法律制度变革的思路与框架——十八届三中全会《决定》相关内容解读[J]. 法学研究,2014(04):4 - 25.

[15] 陈美球,廖彩荣. 农村集体经济组织:“共同体”还是“共有体”? [J]. 中国土地科学,2017(06):27 - 33.

[16] 杜立. 集体经济组织成员权研究[J]. 广东社会科学,2015(06):244 - 250.

[17] 王利民. 民法的精神构造:民法哲学的思考[M]. 北京:法律出版社,2010.

[18] 李雨林. 农村集体经济组织成员资格的法律分析[D]. 重庆:西南政法大学,2014.

[19] 戴威. 农村集体经济组织成员资格制度研究[J]. 法商研究,2016(06):83 - 94.

[20] 陈小君,高飞,耿卓. 我国农村集体经济有效实现法律制度的实证考察——来自12个省的调研报告[J]. 法商研究,2012(06):44 - 55.

[21] 商艳冬,陈小君. 农村土地补偿费分配法律制度研究[J]. 管理现代化,2013(06):4 - 6.

[22] 房绍坤. 公益征收法研究[M]. 北京:中国人民大学出版社,2011.

[23] 蓝天宇. 我国土地征收补偿标准与补偿费分配研究[D]. 北京:中国地质大学,2016.

[24] 王世杰. 农村集体土地征收中土地补偿费分配问题研究[D]. 石家庄:河北经贸大学,2016.

[25] 刘燕. 苏州城乡一体化过程中农村集体组织成员权研究[D]. 苏州:苏州大学,2011.

[26] 王旭. 被征地农村集体经济组织成员权益保障问题研究[D]. 大连:大连理工大学,2014.

[27] 郭继. 农村集体成员权制度运行状况的实证分析——基于全国12省36县的实地调查[J]. 南京农业大学学报:社会科学版,2012,12(01):30 - 36.

农村集体经济组织：“共同体”还是“共有体”？*

一、问题的提出

农村集体土地所有权主体的虚化，一直是制约我国农村土地资源利用与管理的“软肋”，并由此引发了一系列现实困境：一是土地征收的博弈主体异化。无论是宅基地，还是农用地，作为所有权主体的农村集体经济组织，才是与地方政府博弈的对象，然而现实中却变成了地方政府与农户个体之间的博弈，个别地方土地征收中甚至出现“违建越多补偿越高”的怪圈。甚至不少农户坐地要价，形成了“一夜暴富”的土地食利者阶层，一夜之间成为最富裕的农民之一。这种被民间称为“造富工程”的征地拆迁造就了独特的农村“征二代”“拆二代”，并引发了系列的社会不和谐现象，一定程度上催生了农民盼征地的心态，威胁着耕地保护[1-2]。二是土地增值收益分配不公。这突出表现在因国家基础设施的投入、土地用途管制的实施而实现的土地增值收益被个别人吞占，村集体经济组织仅得到

* 本文曾刊发于《中国土地科学》2017 年第 6 期，参与撰写的还有廖彩荣。

了微乎其微的补偿。城乡接合部的一些农户在集体土地上“种房”出租,独自分享着城镇化带来的土地级差收益,明显侵占了集体的增值收益[3-4]。三是农村集体土地制度改革的实施主体缺位。作为农村集体土地的法定所有者,农村集体经济组织理应成为农村集体土地制度改革的运行主体,但现实中,农村集体经济组织却难以胜任这一角色,进而导致了一些地方的乡镇基层政府越俎代庖、忽略甚至凌驾村民意愿的现象。有一些地方借助村民事务理事会来弥补现行农村集体经济组织建设的弱化,尽管村民理事会具有熟悉当地风俗、个人威望较高、协调能力强、善于运用“乡规民约”等诸多优势,但仍显得力不从心[5]。四是市场运行委托主体缺失。在推进市场化改革进程中,各地积极探索多种市场运行主体,然而建立的“委托—代理”关系中却遭遇委托主体缺失的尴尬[6]。五是为村干部腐败滋生提供了条件。村委会替代村集体经济组织的事实,客观上为村委会干部谋取非法利益提供了寻租空间,村干部腐败时有发生,如有的在政府征地中,与被征地农民共谋哄抬征地补偿费用;有的在引进开发商中,与开发商结成攻守联盟,侵占村民的合法利益。

改变农村集体土地所有权主体虚化的状况,不仅是加强农村土地资源利用与管理的内在要求,也是深入推进农村经济社会发展的实现需要。一是为全面建成小康社会,实现共同富裕目标提供制度保障。农村集体所有制是我国社会主义公有制的一个重要形式,是体现社会主义优越性、实现农民共同富裕的基石[7]。农村土地集体所有权拥有的制度优势,使得我国克服了土地私有制国家在农地使用上的种种弊病,提高了农地的使用效率[8]。然而,土地确权工作的推进,某种程度上加重了农民土地私有的心态,使发展集体经济的物质基础和制度保障更加弱化,导致“统分结合”基本农村双层经营体制中的“统”更加形如虚设,进而可能瓦解农民共同富裕的基石。二是农业可持续发展离不开村集体经济组织。家庭农场、专业大户、现代农业企业等新型农业经营主体把追求经济效益作为首要目标，在推进农村一二三产业融合发展、提高农产品竞争力、确保农产品质量安全、促进农业可持续发展方面，却存在一定的局限性，这种局限性需要村集体经济组织的协调。在诸多成功的农村改革实践中，村集体经济组织都发挥了不可替代的作用[9-10]。

基于上述分析，加强农村集体经济组织建设、改变农村集体土地产权主体界定不清现象的社会呼声一直高涨[11-20]，而笔者认为，辨清及明晰农村集体经济组织的本质则是加强农村集体经济组织建设的前提。

二、“共同体”与“共有体”的内涵辨析

作为农村集体土地法定所有者，农村集体经济组织是“共同体”还是“共有体”，不仅影响着农村集体经济组织的自身建设，也决定着农村土地资源利用与管理的改革走向。当前，人们对农村承包地“生不增、死不减”政策存在较大争论[21-23]，其中一个重要缘由就是对农村集体经济组织的本质属性存在认识上的差异：坚持“生不增、死不减”政策的，把农村集体经济组织视为“共有体”，对集体土地承包经营权按某个时点进行一次性份额分割，以家庭为单位进行固化，其法律依据是农村土地承包法第 26 条“承包期内，发包方不得收回承包地”和第 27 条“承包期内，发包方不得调整承包地”；而反对者，则把农村集体经济组织视为“共同体”，认为集体土地承包经营权应考虑“共同体”成员的实际变化，保障每个成员对共有财产有平等的权利，其法律依据同样来自农村土地承包法中的第 5 条“农村集体经济组织成员有权依法承包由本集体经济组织发包的农村土地。任何组织和个人不得剥夺和非法限制农村集体经济组织成员承包土地的

权利”,新增的集体成员应得到承包权的保障,成员的离开或去世,权利就应随之消失。

而在法律和社会实践中,“共同体”与“共有体”是集体所有的两种典型形式,与物权法中的“共同共有”和“按份共有”相对应。根据我国有关现行法律及法理,“共同共有”往往是基于身份关系组合或法律上拟制而产生,在身份关系没有被消灭之前往往是一个完整的权利组合,一致对外,是一个权利主体,以集体的名义行使权利和履行义务。

“共同体”和“共有体”存在明显的区别。“共同体”偏向于社会学和政治学概念,单个主体子权利的存在依赖于“共同体”的存在,单个主体对权利不分各自份额,在共同关系存续期间也不能要求分割,只有在“共同体”解散或消亡时才协商确定各自的权利份额;单个主体对共有财产有平等的所有权,经平等协商进行管理、支配和处分;同时单个主体对共有财产也承担均等义务,对外负连带责任。而“共有体”偏向于经济学概念,是共有人按各自份额对同一权利享有所有权,各共有人有确定的份额,其按份分享权益,分担义务;对共有财产的管理,由共有人协商进行,在意见不一时,按多数份额的意见进行管理,但不得损害其他人的利益;对共有财产除协商处分外,各共有人对自己的份额可以出卖、赠予,并可继承,但在出卖时,其他共有人有优先购买权。

我们都知道,我国现在的农村集体经济组织由人民公社时期的“三级所有,队为基础”演变而来,原生产队、生产大队以及人民公社又可分别对应分为小组级、村级(多为行政村)和乡镇级集体经济组织。实践中一般又称之为经济合作社、经济联合社和经济联合总社等。物权法规定,农民集体所有的不动产和动产,属于本集体成员集体所有。对于集体所有的土地和森林、山岭、草原、荒地、滩涂等,属于村农民集体所有的,由村集体经济组织或者村民委员会代表集体行使所有权;分别属于村内两个以上农民集体所有的，由村内各该集体经济组织或者村民小组代表集体行使所有权；属于乡镇农民集体所有的，由乡镇集体经济组织代表集体行使所有权。因此，按照现行法律规定，农村集体经济组织是农村集体资产管理的主体，依法代表全体成员行使农村土地等集体资产的所有权。在对农村土地等集体资产进行确权时，要严格按照产权归属确定所有权主体，不能打乱原集体经济组织农民集体所有的界限。由此，我们可以推断，农村集体经济组织是基于一定范围内农民集体的组织，其体现的是我国政策和法律规定拟制的身份"共同体"。

三、农村集体经济组织的"共同体"本质特征

之所以说农村集体经济组织的本质属性是"共同体"，主要是因为农村集体经济组织具有以下两个本质特征。

（一）农村集体经济组织是农村经济社会发展的"生命共同体"

追根溯源，我国农村集体经济组织起源于 20 世纪 50 年代的农业合作化运动，是以村落为单元，在一定农村地域范围内，农民将各自所有的生产资料交由集体所有，集体负责组织农业生产经营，成员集体劳动、各尽所能、按劳分配的社会主义的农业经济组织[24]。在历史变迁中，农村集体经济组织沿袭了传统的村落历史脉络，村民与村落的发展和农村集体经济组织的兴衰荣辱与共，使农村集体经济组织成为我国农村社会发展的基本"生命共同体"。

1. 农村集体经济组织具有地域与血缘的先天性特征

农村集体经济组织是以一定乡村区域为基础形成的，且成员主体为区域范围内世居农业人口及其繁衍的子孙后代，表现出鲜明的地域性与

血缘关系特征。一个农村集体经济组织成员在特定的地域范围内,以集体所有方式拥有土地权利,每个集体成员都平等地享有集体所有权,公平地实现利益,但土地又不可实际分割为每一个成员所有,这也是我国传统公平价值在集体所有权上的体现[25]。以地域与血缘关系为基础构建的信任关系,让人们能为共同的利益而相互合作,成为一个对内协同、对外抵御的利益共同体,成员个体的发展离不开集体组织的依托,集体组织的兴旺也取决于全体成员的共同努力,个体与组织是一个相互不可分割的有机整体。

2. 以生存保障为基础的组织功能形成农村集体经济组织的封闭性

农村集体经济组织依土地的集体所有权而存在,不同集体土地所有权主体相应形成各自的农村集体经济组织。而集体所有权为功能性的概念,是以财产目的为中心建立,旨在将一定的财产保留在一定范围的共同体内部,使其服务于团体的共同利益[26],尤其是成员不分份额地以集体所有方式拥有集体土地权利是为了保障每个成员公平地享有土地以保障生存与发展[27],且生存保障功能具有不可代替性。这种以生存保障为基础的组织需求,带来了农村集体经济组织的封闭性特征,只有获取了集体成员权,才能平等地分享该集体经济组织的各项权利,包括直接的物权,对集体所有的动产和不动产的占有、使用、收益的权利,以及物权派生的管理权利,对集体财产进行管理决策的权利[28]。为了防止更多的人来分享有限的土地资源而可能危及自身的生存保障,农村集体经济组织会本能地表现出排他性,尽量地排斥外来人口的加入。

3. 农村集体经济组织处于不断的变化之中

尽管具备地域性和封闭性,但农村集体经济组织并不是一成不变的,也表现出不断成长的生命发展特征。一方面,成员组成不断变化,除了原有成员的生老病死外,也会有各种各样的成员的迁出与迁入,成员数量与结构在不断变化；另一方面，集体组织的资产也在变化，虽然区域土地面积没有变化，但随着人们对土地资源的开发利用，特别是土地利用条件的改善和土地利用结构的优化，如土地开发、复垦形成的新增耕地，高标准农田建设促进单位产能的提升，交通水利等基础的完善，使土地资源对集体成员的生存保障功能呈不断提升趋势。农村集体经济组织的不断动态变化，决定了组织成员难以实现对集体资产进行分割。

（二）农村集体经济组织与股份制组织存在本质区别

作为中国特色的法定组织，农村集体经济组织具有特定的民事主体特征，不仅具有不同于其他一般民事主体的特征，而且也与股份制经济组织存在本质上的区别。

1. 成员身份不同

农村集体经济组织与股份制组织的成员身份有着明显的区别，农村集体经济组织成员主要来自原有成员的自然繁衍，外来人口要加入必须经过村民代表大会或获得 2/3 成员的同意；而股份制组织只要拥有一定的股份就可获得成员权。两种组织的成员权也表现出明显的区别：农村集体经济组织成员权是由相关法律赋予的一种政治、经济、民商事和社会关系相结合的综合性权利[29]，不仅拥有土地承包经营权、宅基地使用权、征地款分配等具体权利，以及相应的生存与发展等诸多权能，还有相应的村务管理的参与权或表决权，同时还承担着维持村庄共同利益、保护村社传统文化的社会责任，且不分出生先后，不分贡献大小，不分有无财产投入等，其成员资格都一律平等；而股份制组织成员权只是经济成员权，且由自行约定的章程来确定，是一种典型的契约，重大决策由股东大会来决定，成员的权能大小主要取决于入资的多少。部分沿海经济发达地区开展了农村集体经济的股权改革，实现了股权的固化，使集体经济组织成员身份与股东身份产生了分离，而股东身份的多样化和成员身份的多样化，对农村集体经济组织固有成员权的行使提出了一系列挑战[30]。

2. 所拥有的资产产权属性不同

股份制组织所拥有的资产包括原始资产及其增值,其中原始资产来源于各股份成员的各类形式的集资,其产权属性就是私有,其资产的处置可由股东大会自由决策;农村集体经济组织所拥有的资产并非来源于成员的出资,而是区域范围内的土地资源,是在先天形成的基础上,经过历代村民的开发、利用与改造而形成的,其产权属性是集体公有,是全体集体成员不可分割的共同占有,不能具体量化出每个成员的份额,也不能像企业一样进行破产,更不可能通过成员决定来解散,即集体财产不存在最终分配的可能,成员对集体经济组织不享有剩余索取权[31]。虽然农村集体经济组织表现出“内公外私”双重合约的特征[32],在集体组织内部,土地资产权是每个成员共同拥有的公权,土地资源的利用应由集体成员依照民主方式决定,对外村集体组织可作为一个私有主体,开展相应资产运行的谈判,但资产的处置受到诸如宪法、村民委员会自治法等相关法律法规的约束,这也是实现社会主义集体所有制的根本要求。

3. 伦理基础不同

农村集体经济组织依土地的集体所有权而存在,与股份制组织的私有制存在完全不同的伦理基础。作为集体所有制,农村集体经济组织是对特定的、不可分的财产的实际占有,并将集体财产保留在组织内部,保障共同体财产为集体成员享有,服务于集体的共同利益,成员相对确定但不是完全不变,随着成员权的取得而自然享有权利,也因成员权的丧失而失去权利,集体的共同利益不仅包括团体既有成员的利益,也应包括未来的潜在成员的利益。集体成员对集体财产享有参与共同经营管理和利用的权利,但原则上成员个体利益必须服从于共同体整体的利益实现,且在享有对土地资源利用、收益的权利同时,应承担相应保护的义务,确保土地资源为子孙后代永续利用。而股份制组织强调的是人对物的支配或者财产归属，以追求经济效益为绝对目标，且资产支配与使用完全服从于股东大会的主观意志。

四、结论与讨论

我国农村集体经济组织，与按份共有的股份制公司有着本质区别，已成为农村社会经济发展的基本“生命共同体”，是维系我国广大农村社会稳定的经济基础和组织保证，在全面建成小康社会、实现共同富裕的战略目标中，发挥着重要的框架基础性作用，每个集体经济组织的强大、村落的繁荣，才是全体农民的共同富裕。土地作为维系集体经济组织的核心纽带，在开展土地资源利用与管理的改革中，必须充分尊重这个客观事实，把有利于加强农村集体经济组织建设作为农村土地使用制度改革的一项基本原则。

(1) 坚持集体所有制底线的不突破，谨防形式上的“保留”。农村集体所有制是维持农村集体经济组织的制度基石，始终坚持农村土地集体所有制的根本地位，也是中央反复强调的农村土地制度改革的基本原则，但这种不突破不能只停留在形式上。部分地方在农村土地确权先行试点中，提出“承包权发包之后新增人口不再是集体组织成员”“确权之后的征地按照‘征谁补谁’的原则进行”[33]，这与私有化的实质没什么差别，村集体组织所有权完全变成了“虚权”，也彻底终止了农村集体经济组织的发包权和新增成员的承包权，这些，都是我们所坚决反对的。

(2) 改变农村集体经济组织有法律地位无法人地位的现状。虽然宪法等相关法律明确了农村集体经济组织的法律地位，但对集体经济组织的法人地位缺乏明确法律规定。改革开放以来,我国农村集体经济组织并没有随着经济的发展而得到加强,除部分经济发达地区外,大部分地方村集体经济组织有名无实,这也是农村集体经济日益弱化的重要原因。随着农村各项制度改革的深化,相关权益的经济表现日益显化,对明确集体经济组织法人地位的要求更加迫切。农村集体经济组织具有明显的地域性、封闭性和生存保障性等特征,与一般的法人组织、公益性组织均存在较大的区别,因此在顶层法律设计上应明确农村集体经济组织的特殊法人地位。

(3) 以完善成员权为重点加强农村集体经济组织自身建设。成员权是农村集体经济组织运行的核心问题,特别是现实中村集体经济组织成员权的“含金量”在日益增加,人们对成员权的关注度也在与日俱增。应在留给村集体经济组织一定自治空间的基础上,就集体经济组织成员权的获取、丧失以及应拥有的权利、义务进行系统的规定,同时对农村集体经济组织特性、组织结构做出明确规定,并采取相应措施加强农村集体经济组织自身建设,使之能真正胜任村集体经济管理与经营的职责,并发挥出相应的农村基层社会的管理与服务功能。

(4) 加强对农户个体与集体理性行为的研究。改革开放以来,我国社会经济取得了长足发展,总体上已进入了以工促农、以城带乡、工农互惠、城乡一体的发展阶段,进入了着力破除城乡二元结构,城镇化、工业化、信息化和农业现代化“四化”同步推进,形成城乡经济社会发展一体化新格局的重要时期。特别随着农村劳动力的流动,农户的生计资本不断分化,土地不再是绝大多数农民的主要生计依赖。面对当前的新形势,如何分析农户个体与集体的理性行为,从而继续维持村集体组织大家庭和保护传统的村社文化,追求集体利益最大化,是一项迫切需要研究的重要课题。

(5) 经济效益不应是农村土地使用制度改革的首要目标。以土地为依托的生存保障功能是维系我国农村社会稳定的一项根本制度。在目前城镇化进程中农民市民化并不很畅通的背景下，农村土地的生存保障依然占据主导作用，这在经济欠发达的中西部地区尤其突出。因此，各地在开展农村土地使用制度改革时，不宜把经济效益放在首位，特别是不能借增强农民城镇化资金能力的理由，急于对集体的全部财产按份额进行分割。

(6) 完善“生不增、死不减”政策。不可否认，“生不增、死不减”政策对于稳定耕地承包关系、促进承包经营者增加对耕地经营的投入、提高耕地利用成效具有积极意义，但与“任何组织和个人不得剥夺和非法限制农村集体经济组织成员承包土地的权利”的法律规定是相违背的，这也导致不少家庭成员新增较多的农户，“血战到底”也要获得承包地现象的大量存在。因此，应尊重客观现实需求，完善“生不增、死不减”政策，允许各地坚持“大稳定、小调整”的原则下，发挥村民自治的功能，确保村民对土地的基本生存功能的拥有，这在中西部经济欠发达地区尤其重要。为了防止借调整之名侵害农民利益，则应通过完善相应的村集体经济组织规章制度建设来强化监管。

致谢：文中不少观点得益于 2017 年 5 月 23 日在南昌召开的“土地征收视角下农村集体经济组织成员权实现研讨会”上诸多专家的启示，特表谢意！

参考文献

[1] 吴秋菊. 论征地拆迁中的新利益博弈——基于鄂东北 Z 村的考察[J]. 山东大学法律评论，2015(01)：184 - 197.

[2] 贺雪峰. 城镇化进程中的土地财政问题思考[J]. 人民论坛,2012(29):18-19.

[3] 刘守英. 中国城乡二元土地制度的特征、问题与改革[J]. 国际经济评论,2014(03):9-25.

[4] 伍振军,张云华,孔祥智. 宅基地置换增值收益分配——基于J市的案例研究[J]. 江汉论坛,2010(09):11-16.

[5] 陈美球,刘静,刘瑛,等. 农村宅基地改革中的困境与对策[M]//刘彦随,宋戈. 中国新时期土地资源科学创新与发展研究. 沈阳:东北大学出版社,2016.

[6] 李明星,宋绍繁. 农村集体经济组织市场主体研究与探索[J]. 当代县域经济,2016(9):47-49.

[7] 顾华详. 农村集体经济组织成员权制度改革研究[J]. 新疆农垦经济,2016(4):1-6,29.

[8] 贺雪峰. 论中国土地集体所有的优势[J]. 南京农业大学学报(社会科学版),2017,17(3):1-8.

[9] 夏淑芳,陈美球. 承包地经营权流转中市场与政府的协同:理论与实证[J]. 中国土地科学,2016,30(5):29-35.

[10] 陈美球,李志朋,赖运生,等. “确权确股不确地”承包地经营权流转研究[J]. 土地经济研究,2015(1):59-68.

[11] 朱悦蘅,黄韬. 农村土地集体产权的主体化及其治理机制[J]. 经济社会体制比较,2013(02):42-54.

[12] 廖富洲. 征地乱象与农村土地征用制度改革[J]. 中共中央党校学报,2011(05):41-45.

[13] 黄韬. 和谐产权关系与农村集体产权制度分析[J]. 经济社会体制比较,2007(02):82-87.

[14] 黄延信,余葵,师高康,等. 对农村集体产权制度改革若干问题的思考[J]. 农业经济问题,2014(04):8-14.

[15] 朱悦蘅,黄韬. 农村土地集体产权的主体化及其治理机制[J]. 经济社会体制比较,2013(02):42-54.

[16] 陈小君,高飞,耿卓.我国农村集体经济有效实现法律制度的实证考察——来自12个省的调研报告[J].法商研究,2012(06):44-55.

[17] 陈小君,戴威.对“集体土地上建公租房”政策的法律思考[J].法律科学,2012(03):154-161.

[18] 廖富洲.征地乱象与农村土地征用制度改革[J].中共中央党校学报,2011(05):41-45.

[19] 谭峻,涂宁静.农村集体土地所有权的实现困境与对策研究[J].中国土地科学,2011(05):56-61.

[20] 马凯,钱忠好.中国农村集体非农建设用地市场长期动态均衡分析[J].中国土地科学,2009(03):66-71.

[21] 贺雪峰.就地权逻辑答周其仁教授[J].华中农业大学学报:社会科学版,2013(3):1-9.

[22] 周其仁.给农民更多的土地权利,真会损害农民的利益吗?[N].经济观察报,2011-07-22(49).

[23] 华生.集体土地所有制向何处去[J].房地产导刊,2014(3):36-37.

[24] 高达.农村集体经济组织成员权研究[D].重庆:西南政法大学,2014.

[25] 韩松.论农民集体成员对集体土地资产的股份权[J].法商研究,2014(2):17-21.

[26] 陈晓敏.论大陆法上的集体所有权——以欧洲近代私法学说为中心的考察[J].法商研究,2014(1):127-135.

[27] 吴志刚.基本权利:保护农民土地权益的新视角[J].中国土地科学,2012,26(11):9-15.

[28] 最高人民法院民事案件案由规定课题小组编著.最高人民法院民事案件案由规定理解与适用[M].北京:人民法院出版社,2008.

[29] 顾华详.农村集体经济组织成员权制度改革研究[J].新疆农垦经济,2016(4):1-7.

[30] 李爱荣.集体经济组织成员权中的身份问题探析[J].南京农业大学学报:社会

科学版,2016,16(4):12-20.

[31] 何嘉.农村集体经济组织法律重构[D].重庆:西南政法大学,2014.

[32] 何晓星.双重合约下的农地使用制度——论中国农地的“确权确地”和“确权不确地”制度[J].管理世界,2009(8):53-64.

[33] 崔红志.农村土地承包关系长久不变:内涵、挑战与建议[J].农村经济,2016(10):3-9.

承包地经营权流转中市场与政府的协同:理论与实证*

家庭承包责任制对改革开放以来我国农村社会经济发展发挥了不可替代的作用,但随着土地制度外部环境的变化,家庭承包责任制分散承包与现代农业规模经营之间的矛盾日益加剧,在所有权、承包权和经营权“三权”分置基础上实行经营权流转,是解决这一问题的必由之路[1]。由于流转标的物的特殊性,完全依赖市场手段或者政府扶持,难以达到经营权的流转预期效果[2,3],如何正确把握市场与非市场的力量,既要防止政府行为的“过度干预”“错位”和“越位”[4,5],又要发挥市场的调节功能,是推进我国承包地经营权流转的一项迫切需要研究的课题。基于此,本文通过对承包地经营权流转中政府和市场协同的必要性理论分析,结合江西省安义县和黄溪村在经营权流转过程中市场与政府协同的实证分析,提出实现市场与政府的协同、推进和规范经营权流转的对策建议。

---

* 本文曾刊发于《中国土地科学》2016 年第 5 期,参与撰写的还有夏淑芳。

一、协同的必要性与理论分析

(一) 经营权流转市场与政府协同的客观必要性

承包地经营权流转中市场与政府协同的客观必要性,除了土地资源配置与生俱来的"市场失灵"外[6],还表现在现阶段承包地经营权流转自身特征的内在需求上。

1. 流转双方的交易动机存在较大错位

当物品、权利、服务、信息等在可分辨的界线上被转移了,那么这个过程就是交易[7],而动机决定交易行为的发生,双方的动机越靠近,其交易越容易发生。承包地经营权流转的本质就是一种交易,然而,研究表明[8-10],经营权流转双方交易动机存在较大的错位:农户对经营权的流出动机比较模糊且流出愿望不高,通过流转获取经济收益的动机并不明显,他们大都希望随时收回经营权,流转期限要短并维持承包地的形状不变;而流入方的动机相对比较单一,他们希望流转期限长久,便于规模化经营,获取尽量高的经济收益。

2. 经营权流转表现出比较明显的经济外部性

发展现代农业、确保粮食安全,通过经营权流转实现耕地的规模经营,不仅为经营者带来经济收入,还为全国人民生活所需农产品和工业原材料供给提供稳定的心理保障,并为社会提供农田耕作的传统文化、开放空间、农村独特景观、生物栖息、空气与地下水净化等公共福利功能[11],具有较为明显的经济正外部性,政府有义务加大对经营权流转的财政支持。

3. 规模经营并不是个体经营权的简单累加

通过流转实现规模经营，并不是简单地把各家分散的承包地集中在一起。承包地分配时追求绝对公平，导致承包地分布非常零散，必须通过农田基础设施的建设投入，才能实施现代化经营，但常常遇到“钉子户”：一是在准备规模经营的一片耕地中，由于其中某一两户农户不愿流出而影响整片耕地的流转；二是沟渠、田间道路的修建，要经过众多农户的承包地，而占用各家的耕地面积不尽相同，这些都是单纯依靠市场力量难以解决的现实问题。

4. 承包地经营权债权的物权化

经营权流转是经营者通过合同的形式，以支付租金为代价，从承包农户中获取一定期限的耕地经营权，并获取相应的收益，是以耕地使用为标的物的一种土地债务债权关系。双方就流转期限、租金等条款内容进行协商，不符合物权法定原则，即一般不对抗第三人，也不符合“物权是对物的排他性支配权的”的规定，因此，就产权属性而言，承包地经营权的本质是债权，一个典型的租赁权。但是，由于承包地经营权的利用在国计民生中具有重要的战略意义，在农村社会保障体系建设尚未完全建立的现阶段，承包地经营权仍然承担着就业、养老等基本的社会保障功能[12]。流转双方并不能完全自由地进行约定，如不得改变农地用途，不得对农地造成永久性损害等，同时，也需要合理保护流入方的权益，以利于经营的稳定性及对生产投资的信心。现实中，不动产租赁权的物权化，使契约产生的债务关系中的权能具有物权效力已是国际的普遍做法[13]。承包地经营权的债权客观上存在物权化需求[14]，要求政府的扶持与监管不可缺失。

综上分析，承包地经营权流转不是一个单纯的经济行为，而是一个复杂的社会行为，涉及社会学、经济学、管理学，甚至包括政治学等多个学科的基本原理,不仅受到现状因素的影响,还受到预期因素的影响。同时,承包地经营权因自身地段区位差异和肥力状况的不同,存在明显的内在异质性,加上流转环境的千差万别,这一切决定了经营权流转离不开市场与政府的协同。

(二) 经营权流转市场与政府协同的理论分析

资源配置中市场与政府扶持的协同,既要遵循配置对象自身的资源禀赋特征,也要充分考虑相应的社会环境[15]。我国承包地经营权流转市场与政府协同的目标有三点,一是提升流转双方的流转积极性,解决流转双方交易动机错位的问题;二是优化流转环境,提高交易效益,确保流转过程的顺畅;三是调动经营者加大投入,促进流转行为的稳定。为了揭示经营权流转市场与政府的协同关系,本次研究采取如下协同模型进行分析:

$$CM = Md \cdot Gd \tag{1}$$

(1)式中:CM 为经营权市场与政府作用的协同,Md 为流转市场机制状况,Gd 为流转中政府介入情况。

$$Md = Tm \cdot Rm \cdot Pm \cdot Bm \cdot Cm \tag{2}$$

(2)式中,Tm 为流转方式,Rm 为流转的风险调控机制,Pm 为流转价格形成机制,Bm 为流转供需平衡机制,Cm 为竞争机制。这五个要素是衡量市场发育程度的主要指标,应主要由流转双方在相互博弈中逐渐成熟,政府只是在形成环境中给予扶持与引导。由于不同区域的社会经济发展条件和资源自然禀赋不同,经营权的市场价值存在差别,即使在经营权流转市场尚未形成规模、价格形成机制还未成形的初期,政府也只能提出指导价格,而不能代替市场来政府定价。

$$Gd = Lg \cdot Fg \cdot Sg \cdot Dg \tag{3}$$

(3)式中,Lg 为流转的法律法规制定,Fg 为流转的财政支持政策,Sg 为流转的监管，Dg 为流转的引导与协调。

流转的法律法规制定（Lg）主要是明确流转双方的责、权、利，特别是为经营权的债权物权化提供法律保障，包括农业利用的用途管制、耕地生产能力的维持、一定程度上的对抗第三人、定期租赁合同的法定更改、承租方在合同期满后拥有优先续租的权利、农田基础设施建设、土地征收补偿时相关利益的分配法定依据、经营权的“再流转”与抵押处分权、农业补贴等支农惠农政策的受惠对象界定，等等。

流转的财政支持政策（Fg）是基于经营权流转及耕地保护的经济正外部性，政府采取相应社会化扶持的客观需求，包括对流转双方及市场运行环境改善的各种财政支持及各种农业补贴政策，为了提升耕地质量而开展的各类农田基础设施建设、土地整治等支农惠农政策，为了鼓励承包户长期流出而用于替代承包地经营权社会保障功能的各类农村社会保障建设，为了降低交易成本、提高流转效益的各类信息收集、中介服务组织建设，等等。

流转的监管（Sg）是政府的基本职能，为经营权流转保驾护航，督促流转中市场运作、中介机构、交易主体行为遵循相关的法律法规，监督相应财政支持政策的落实，以及流转交易中纠纷调处，使流转双方的利益得到保障，确保流转的公平、公正、健康运行。

流转的引导与协调（Dg）是对我国现阶段村集体经济组织建设及各类农村服务组织建设相对滞后的一种行政力量的弥补，主要涉及流转区多家承包地经营权流转期限的统一及农田基础设施的统筹布局，发挥政府与分散农户沟通协调的优势，提高流转效率。

二、实证分析

江西省安义县依“土地专业合作社”流转和修水县黄溪村的“确权确股不确地”流转是近年来江西省经营权流转比较成功的案例,下面结合这两个案例,来实证经营权流转市场与政府的协同。

(一) 两地承包地经营权流转的实践探索

1. 安义县依“土地流转平台”的经营权流转

安义县以构建土地流转服务平台体系为抓手,开展承包经营权流转工作。具体做法:一是建立土地流转服务平台体系,加强土地流转中介服务;二是多管齐下,加大对用地指标、奖励等方面的扶持力度;三是设立风险保障金,解决流转双方的后顾之忧;四是提供土地流出农民就业援助,实现农村剩余劳动力转移。安义县已形成了县、乡、村三级农村土地流转交易市场,成立了 105 个村级合作社并投入运行,经营权流转大幅提速,至 2014 年年底,流转面积已占全县农村耕地总承包面积的 45%[16],成效显著,不仅培育了现代经营主体,促进了流转需求,推进了规模经营,同时也提高了流转效率,降低了土地流转交易费用。

2. 修水县黄溪村“确权确股不确地”经营权流转

2009 年,修水县黄溪村利用国家农业综合开发等多个土地整治项目的实施,伴随着田块的平整和农田基础设施的配套建设,耕地承包权调整的不可错过的契机,探索了“确权确股不确地”承包地经营权流转,实行“确权不确地、分红按人头、补贴归原户、组级管理、村级整包”的耕地经营管理模式[17]。以村民小组为单位确定耕地所有权,以户为单位明确各农户拥有耕地承包经营权的份额(即每户耕地承包面积),但不确定具体地块，实行承包权和经营权分离，承包权归农户拥有，经营权则转化为股份，依据自愿、有偿原则，统一流转至村委会，村委会遵循优先本组村民、打破组界的原则，集中成片流转，规模经营。

3. 两地经营权流转的形成及主要特征

安义县依"土地流转平台"的经营权流转带有比较浓厚的行政色彩，政府在其中扮演着重要的角色，属外在性动力推动，充分发挥了政府的推动作用：一方面，把土地流转平台建设作为推进承包地经营权流转重要切入点，政府投入资金购置了相应的电子设施，组建了县、乡(镇)、村三级土地流转服务机构，搭建了经营权流转信息化网络平台，同时建立了流转价格评估、监督服务体系。另一方面，通过制定一系列政策来确保规模经营大户的经济效益，包括农业生产设施建设用地的优先安排，按流转规模进行奖励，对家庭农场和落户的国家、省、市农业产业化龙头企业给予财政奖励，设立风险保证金，提供农民就业援助等。

修水县黄溪村"确权确股不确地"经营权流转源于村集体发展的内在迫切需求，动力源于村集体内部，属内生性动力推动，并以村委会为组织者展开，其理论基础是"内公外私"双重合约。通过"确权确股不确地"的创新，实行了每年以村集体组织实际人口分配集体利用的制度，真正遵循了"公平"这一农村社会传统的核心价值观，有效缓解了由承包地"生不增、死不减"而引发的矛盾，促进了农村社会和谐。

(二) 两地承包地经营权流转市场与政府协同

1. 安义县市场与政府协同分析

安义县承包地经营权流转市场机制建立情况如下：价格形成机制(Pm)方面，主要参照政府每三年颁布一次的农村土地流转指导价，提供多种定价方法，最终流转价格由双方协议而定，基本上反映了市场的真实价格；竞争机制(Cm)方面，加大招商引资力度，多途径引进多家农业龙头企业或培育专业大户、家庭农场,为经营权流转市场带来了竞争力;供需平衡机制(Bm)方面,建立了三级流转服务中心及安义县土地流转信息网来发布土地供求信息,从而促进供求机制的形成;风险调控机制(Rm)方面,设立了流转风险保障金。

在流转的法律法规制定(Lg)方面,围绕"一平台三体系"(即农村土地流转信息化网络服务平台、农村土地流转价格评估体系、政策保障体系和监督服务体系),出台了一系列政策制度,对流转双方的责、权、利,以及流转环境的保障做出明确的规定。在流转的财政支持政策(Fg)方面,投入了大量的资金,包括按流转规模进行奖励,对家庭农场和落户的国家、省、市农业产业化龙头企业给予财政奖励;也包括对流转交易平台建设和中介服务组织的激励;还包括对流转农户的扶持。在流转的监管(Sg)方面,建立了县、乡、村三级农村土地纠纷仲裁机构,构建了流转价格评估、监督服务体系,特别是制定了农村土地承包经营权流转工作考核办法,强化了行政对流转市场运行的保驾护航功能。在流转的引导与协调(Dg)方面,把引进现代农业企业作为政府招商引资的内容;整合相关涉农项目资金向规模经营大户倾斜,同时优先安排农业生产设施建设用地;积极指导村委会开展流转区域农田基础设施的统筹布局,对于个别"钉子户",通过置换来实现流转区域的集中连片。

安义县承包地经营权流转中的政府扶持是全方位的,但也离不开市场机制,两者相互协同。政府扶持方面,通过对流入方的政策支持纠正流转双方交易动机的错位。市场机制方面,通过建立土地流转信息网促进供求机制的建立,通过引入竞争机制弥补政府定价的不足。

2. 黄溪村市场与政府协同分析

黄溪村经营权流转市场以村委会为交易主体,农户将经营权入股,企业等耕地经营者直接与村委会签订流转合同,流转市场的交易主体明确而单一，市场机制运行相对比较成熟，主要表现在以下几个方面：一是流转的供需平衡机制（Bm）方面，村集体作为市场交易主体，一方面，通过完善农田基础设施、改善农业生产条件，努力提升承包地经营权的质量和市场竞争力；另一方面，通过优化生产组织形式、减少流通环节，来帮助经营主体实现生产利润的最大化。二是竞争机制（Cm）方面，引入了多家农业经营主体，确定流转费用，使经营权流转市场竞争加剧，也体现了市场的规则。三是流转价格形成机制（Pm）方面，经营权流转费用的高低，与耕地质量呈正比，体现了市场经济下价格形成的内在规律。但是企业转入耕地进行农业经营要承担风险，风险调控机制（Rm）未建立。

虽然当地政府没有针对黄溪村“确权确股不确地”经营权流转制定系统的政策支持，但运行过程并没有脱离政府的扶持，特别是巧妙地借助各类优惠政策争取了上级政府的系列扶持，且把这些扶持政策整合在一起，形成了政策合力。另外，尽管村委会不是一级政府，黄溪村村委会却在一定程度上行使了政府的功能，制定了一系列规章制度来确保流转的正常运行。

黄溪村“确权确股不确地”的流转方式更“有效率”地实现了规模经营，但政府的扶持力度稍显不足，承包经营权流转环境欠缺活力，一是缺少相应的交易信息平台及风险保障，流入方流转积极性不高，经营企业需要村委会主动寻找；二是需要基层政府制定相应的经营权流转规范来约束流转双方的行为，以保障承包经营权长久稳定的发展。

3. 两地承包地经营权流转效果分析

两地的流转实践虽然存在很大差异，但取得了一定的成功，获得了广大农户的认可，两地各 100 份农户调查问卷的结果表明：安义县经营权流转后有 55.88%的农户对目前的经营权流转状态表示非常满意，44.12%的农户表示一般满意，没有农户表示不满意；黄溪村经营权流转后有

65%的农户对目前的经营权流转状态表示非常满意,27.5%的农户表示一般满意,还有7.5%的农户表示不满意。

不可否认,两地在承包地经营权流转中还存在不足之处:在安义县流转中,地方政府为激活流转市场,给予了大量的优惠政策以及资金鼓励,流转合作社的运作资金、流转风险保证金都来自政府财政,给地方财政造成了巨大的压力。由于土地流转平台依托政府而建,定位不清,如何维持土地流转平台的顺利运行,也成为安义县经营权流转的潜在影响因素。同时,还存在农田基础设施统一布局阻力大的突出问题。而黄溪村的做法,村委会在全村经营权流转过程中起到了决定性的作用,村委会作为交易的中介组织,不仅需要为全村的承包经营权流转寻找可靠的承租方,也要为农民的利益着想,让农民放心地把经营权交给村委,更要协调中间的纠纷等问题,这样导致村委会工作任务繁重、压力极大。可以想象,如果在安义的做法中,增加村委会的组织与协调,以及在修水县黄溪村的做法中,加强当地基层政府的扶持力度,这两种模式的经营权流转生命力都有望更加强大。

三、对策建议

(一)加强相关法律法规建设,为经营权的债权物权化提供法律支撑

虽然围绕承包地经营权流转,国家已制定了一系列的政策规范,但面对所有权、承包权和经营权"三权"分置新的理论体系,有必要对"三权"分置下的经营权流转的相关规范做出进一步明确,对经营权流转双方的责、权、利以及流转环境的建设做出规定,在明确农村经营权的债权属性基础

上，对其转让、再流转、出租、入股、抵押所涉及的各种权限及其保障做出规定，为经营权的债权物权化提供法定依据。

（二）完善农村社会保障体制与优化城镇化环境并举，增强经营权流入的原动力

在承包地对农户的生存等社会保障功能未能得到替代之前，农户不会也不敢轻易放弃承包地经营权，难以实现长期稳定的经营权流转。因此，应加快城乡一体化社会保障制度建设步伐，完善包括农村养老保险制度、最低生活保障制度、医疗保险制度、社会救济制度以及农民的失业保险制度等社会保障制度，使得土地不再是农民最主要的生活保障；进一步优化农民进城务工经商环境，让农民工能融入城镇生活，真正实现城镇化，从而消除农民的后顾之忧，促进流转期限的长久化；此外，在农民富余劳动力尚未完成彻底转移的现阶段，不宜盲目地追求农业机械化，而要适当鼓励发展劳动密集型农业产业，也应考虑那些没有非农就业技能或年龄偏大的农户，让他们有事可做。

（三）健全农业金融服务体系，逐渐减轻流转中的财政负担

由于自然灾害对农业发展的影响，农业生产面临较大的风险，不能过分依赖于政府的财政支持，特别是要逐步改变承包地经营权流转是当地政府长期财政负担的现象，积极鼓励金融机构加大对农业发展的金融扶持力度，提供系统性的金融服务。作为支持农村经济发展主力军的农村信用社和农业银行，要将农业信贷作为主要的发展业务，针对农村经济主体资金需求的特点，在政府的引导和优惠下，积极调整农业信贷资金的结构，同时积极引入保险部门，为现代农业的发展提供保险服务。要根据实际发展状况不断完善农业农村金融服务体系，壮大、延伸、拓展农业规模经营贷款担保基金，拓展金融产品的种类和信贷的方式。

(四)经营权流转初期,扶持流转信息平台构建是政府的一个重要切入点

信息透明与充分是市场运行的一个基本条件,经营权流转涉及千家万户,信息分散,必须加以收集、整理与公布,才能营造出经营权市场交易氛围。根据经营权流转的正外部性特征,信息平台建设属于政府应该扶持的公益事业,政府有义务加大财政投入,建设流转信息化网络交易平台。提倡探索"政府扶持创立、市场维持运行"的模式,在市场机制逐步完善的情况下,逐步实现经营权流转市场化运作,在流转过程中交易平台可以按照相关规定,收取一定比例的手续费,以维持流转平台的正常运转,进而实现流转信息平台的可持续发展。

(五)培育多元现代农业经营主体,创新土地整治综合运行机制

现代农业规模经营主体是激活流转的关键,只有现代农业经营主体多了,对经营权流入的市场需求多了,才能形成对经营权市场的竞争机制和价格调控机制。因此,应结合当前的惠农政策,加大对家庭农场和种粮大户等现代农业经营主体的培育。同时,创新土地整治综合运行机制,加快农田基础设施建设步伐,提升经营权的市场价值,推进经营权的流转及耕地规模经营的形成。

(六)加强村集体经济组织建设,发挥村委会在市场与政府协调中的桥梁作用

作为农村承包地的所有者主体,村集体经济组织在耕地资源配置中的作用至关重要,也是经营权流转中一个不可缺失的主体,不仅在连接耕地承包户与耕地规模经营者之间,发挥着不可替代的桥梁作用,而且在流转区域资源优化和农田基础设施配套建设中有着得天独厚的统筹协调优势。因此,必须把村集体经济组织建设作为推动经营权流转的一个重要抓手。建议进一步健全村委会组织,同时设立相应的激励机制,提高工资待遇，充分发挥村委会在市场和政府协同中的桥梁作用。

参考文献

[1] 黄贤金. 还权能于农民　归配置于市场——论中共十八届三中全会土地制度改革设计[J]. 土地经济研究，2014(1)：1－9.

[2] 黄季焜，冀县卿. 农地使用权确权与农户对农地的长期投资[J]. 管理世界，2012(9)：76－81.

[3] 夏柱智. 虚拟确权：农地流转制度创新[J]. 南京农业大学学报(社会科学版)，2014，14(6)：89－96.

[4] 叶剑平，丰雷，等. 2008 年中国农村土地使用权调查研究[J]. 管理世界，2010(1)：64－73.

[5] 钟文晶，罗必良. 禀赋效应、产权强度与农地流转抑制——基于广东省的实证分析[J]. 农业经济问题，2013(3)：6－16.

[6] 卡尔·波兰尼. 大转型：我们时代的政治与经济起源[M]. 浙江人民出版社，2007.

[7] Williamson O E. The Economic Institutions of Capitalism [M]. New York: The Free Press, 1985.

[8] 黎霆，赵阳，辛贤. 当前农地流转的基本特征及影响因素分析[J]. 中国农村经济，2009(10)：4－11.

[9] 廖洪乐. 农户兼业及其对农地承包经营权流转的影响[J]. 管理世界，2012(5)：62－70，87.

[10] 李景刚，高艳梅，等. 农户风险意识对土地流转决策行为的影响[J]. 农业技术经济，2014(11)：21－30.

[11] Nickerson C, Daniel H. Protecting Rural Amenities through Farmland Preservation Programs [J]. Agricultural and Resource Economics Review, 2003, 32(1).

[12] Meiqiu Chen, Taiyang Zhong, Bingjuan Zhou. Empirical Research on Farm Households' Attitude and Behaviour for Cultivated Land Transferring and It's Influencing Factors in China [J]. Agricultural Economics, 2010,56(9).

[13] 李伟伟,张云华. 土地经营权流转的根本属性与权能演变[J]. 改革,2015(7):91-97.

[14] 吴兴国. 承包权与经营权分离框架下债权性流转经营权人权益保护研究[J]. 江淮论坛,2014(5):123-126.

[15] 陈雨露. 金融发展中的政府与市场关系[J]. 经济研究,2014(1):16-19.

[16] 曹国庆. 农村土地流转的探索与实践[M]. 江西人民出版社,2015.

[17] 陈美球,李志朋,赖运生,等."确权确股不确地"承包地经营权流转研究——基于江西省黄溪村实践的调研[J],土地经济研究,2015(1):59-69.

落实耕地占补产能平衡的思考*

《关于加强耕地保护和改进占补平衡的意见》(中发〔2017〕4 号)是构建中国特色耕地保护机制的一个纲领性文件[1]。《意见》坚持问题导向,针对我国现行耕地占补平衡政策落实中"占优补劣"的突出问题,明确提出要回归耕地占补平衡的产能本质,强调要根据所占用的耕地数量、质量和生态损失来确定需要补充的耕地,这既遵循了耕地产能由数量、质量和生态环境共同决定的客观规律,也与耕地的数量、质量与生态"三位一体"保护战略形成了相互呼应[2]。"三分政策,七分落实",作为一项旨在确定国家粮食安全的公共政策[3],耕地占补产能平衡不仅要得到社会的广泛认可,更应通过落实成为现实,才能发挥出政策的价值所在,而基层是政策落实的关键。为了深入了解基层对落实产能平衡可行性的看法,课题组开展了专题调研,多次召开由县(市、区)国土资源管理部门、乡镇分管领导、建设用地单位、村干部、村民等各方代表参加的座谈会。与会代表完全赞同耕地占补产能平衡,但普遍认为落实中存在各种困难,必须进行配套制度的创新。为此,本文对照耕地占补产能平衡的内涵及政策目标,在系统分析基层落实耕地占补产能平衡面临种种现实困境的基础上,提

* 本文曾刊发于《中州学刊》2018 年第 1 期,参与撰写的还有洪土林、刘桃菊和王艳华。

出促进耕地占补产能平衡落实的对策建议，以期为落实耕地占补产能平衡的配套政策制定提供参考。

一、耕地占补产能平衡的内涵及战略意义

作为最严格的耕地保护制度框架内的重要组成部分，耕地占补平衡政策是针对我国人多地少、人均耕地占有低的基本国情，按照“占多少、补多少”的原则，要求非农建设单位或个人，补充与所占耕地数量与质量相当的耕地，以耕地农产品生产能力的平衡，实现“确保谷物基本自给、口粮绝对安全”战略目标。产能是维持耕地农产品生产能力的根本，耕地占补平衡的实质是产能平衡，其内涵包括耕地的数量、质量与生态“三位一体”的占补平衡：数量是基础，保持足够数量的耕地才能满足日益增长的农产品需求；质量是根本，有质量的耕地才能提供满足品质要求的各类农产品；而生态是保障，处于良好生态环境中的耕地才能维持耕地质量，保障所产农产品的安全。在贯彻执行耕地占补平衡政策中，落实耕地产能平衡，具有积极的战略意义。

1. 从根本上遏制“占优补劣”

“占优补劣”现象是目前耕地占补平衡政策实施中最大的问题，并由此受到学术界的广泛质疑[4-6]。由于把耕地占补平衡简单理解为数量上的占补平衡，不少地方为了减少“五通一平”的基础建设成本，城镇建设、工业园区建设选择地势平坦、土壤质量高、农田基础设施比较齐全、交通便利的优质良田，而补充的耕地却基本上是位置偏远、农田基础设施不够健全、耕作困难且产出率较低的耕地，结果是耕地数量保持了平衡，但耕地的生产能力却下降，与占补平衡政策的目标背道而驰[5-9]。明确耕地

占补产能平衡，就是要求各地不能简单地追求耕地数量上的平衡，而是要根据所占用耕地产能来补充相应的耕地，这将从根本上遏制“占优补劣”现象的发生，切实维持耕地生产能力的不降低。

2. 有利于形成“不占或少占耕地、能占劣地不占好地”的经济倒逼机制

成本是建设用地单位在耕地占用决策中最重要的一个因素，目前简单以数量判断建设占用耕地的成本，难以真实反映耕地被侵占的实际损失，无法发挥出占补政策对占用耕地产能的调控作用。落实耕地占补产能平衡，就是要求用地单位应依据所占用的耕地数量、质量和生态损失来确定需要交纳的耕地开垦费，这就意味着占用同等数量优质耕地需求交纳的耕地开垦费要远远高出占用劣等耕地，势必真正发挥占补平衡政策的经济杠杆调控作用，真正对建设用地单位形成“不占或少占耕地、能占劣地不占好地”的经济倒逼机制。

3. 有利于促进过度依赖开发补充耕地转为以耕地提质改造为主

在追求耕地数量平衡的目标导向下，人们就把土地开发作为耕地补充的主要途径，视补充耕地等同于土地开发。然而我国可供开垦的宜耕后备土地资源日益枯竭，剩下的资源往往比较偏远，耕作条件差，且分布零散。一些地方为追求耕地数量上的平衡，忽视了土地开发对生态环境的影响，甚至极个别地方由政府出面协调林业部门、水利部门与国土部门的关系，为“造地”开绿灯，“围湖造田”“毁林造田”“侵占河床”的现象时有发生，甚至在生态环境脆弱区和保护区开垦耕地，严重破坏生态环境，易造成水土流失、洪涝灾害，并导致新增耕地承受自然灾害的威胁，无法耕种[10]。明确耕地产能占补平衡，注重的是耕地产能的长期培育与维持，纯粹的耕地开垦难以达到这个要求，这必将促使耕地补充工作重心转向现有耕地的提质改造上，如中低产田改造、高标准农田建设，这与我国实施藏粮于地战略是一致的。

二、基层落实耕地占补产能平衡的主要困境

1. 耕地产能如何核算？

产能的量化，是耕地占补产能平衡的核心问题，也是最需解决的基础性问题。一方面，非农建设占用耕地的产能如何评价？虽然国土部门开展的农用地分等定级和农业部门开展的耕地地力评价，都是对耕地质量的评价，然而应用中却面临实际困难：一是这些成果精度能否反映地块间产能差异？二是两项成果存在差异，到底以哪个为依据？三是产能评估的主体是谁？中介机构还是政府职能部门？中介机构是否需要相应的评估资质？另一方面，补充耕地产能如何核算？那些通过开发新增的耕地，需要几年的地力培育才能形成稳定产能，评估时点如何确定？是验收时还是形成稳定产能时？那些通过耕地整治提质改造而地力提升的耕地产能又如何核算？

另外，目前绝大多数用地单位都没有条件进行耕地自行补充，主要采取缴纳耕地开垦费的形式。从耕地产能的内涵看，耕地开垦费应根据占用耕地的数量、质量和生态损失来确定，但是否还应包括耕地的后期管护、耕地保护的经济补偿等费用？严格意义上说，非农建设对耕地的占用是永久性的，建设单位应承担对应的耕地产能损失的一切保护与维护费用，应该支付耕地的后期管护和耕地保护的经济补偿费，可这些费用又该如何计算？目前也缺乏相应的科学依据。

2. 能否真正形成“不占或少占耕地、能占劣地不占好地”的经济倒逼机制？

目前，各地在用地报批前均会对新增建设用地占用耕地进行实地踏

勘，但大多都流于形式，未对建设拟占用的地类（尤其是优质耕地）是否合理或建设项目可否另行选址提出异议，且在耕地占补平衡过程中，也都注重耕地数量的平衡。而在现行的新增建设用地供应机制下，除单独选址项目外，新增建设用地都采取"批量"报地、"零售"用地的形式。由地方政府分批次报批建设用地，按标准由政府财政先行交纳耕地开垦费，在土地出让金中作为成本核减，然后征地、"五通一平"（通路、通信、通电、供水、排水，场地平整），通过招、拍、挂向不同用地单位供地。在选址上，用地单位没有主动权，他们只是交纳相应地价和契税，就可获得一定期限的土地使用权，而地价的高低主要取决于规划用途和地块区位，至于占用了多少耕地，是否属于优质良田，没有多大关系。调研中，不少用地单位反映，他们也不希望占用良田，但缺乏选址的自主权，即使有个别项目需要单独选址，他们也只能根据土地利用总体规划在新增建设用地规划范围内选择，把侵占良田的板子打在他们身上，觉得挺冤的，地方政府的规划才是控制建设占用耕地的关键。因此，在目前的预审与供地机制下，通过改进耕地占补平衡来形成用地单位"不占或少占耕地、能占劣地不占好地"的倒逼机制，是不现实的。

地方政府也有他们的苦衷。在 GDP 考核的压力下，为了降低"三通一平"基础设施的建设成本，政府自然会选择基础设施建设投入低的地段进行建设。只要占用耕地的成本低于低丘缓坡等非耕地的开发成本，政府还是会趋向于占用耕地。另外，单独选址的国家重大项目，地方政府没有多大的自主权，却要承担一定的耕地补充责任，导致用地单位选址中规避侵占耕地的动机不强，也不利于形成通过加大投入、改进建设工艺来减少对耕地占用的激励机制。

3. 耕地占补产能平衡如何监管？

为了严格执行耕地占补平衡政策，各地都建立了补充耕地的管理平台，从补充耕地项目入手，在项目实施、备案、核实和补充耕地占补挂钩使用、占补考核（即“补、备、核、用、考”）等环节上，利用土地利用“一张图”和国土资源综合信息监管平台实时监控，形成相对完整的监管机制。目前的监管体系主要是针对耕地数量的占补平衡，新增耕地面积有明确的图斑，有据可查。但实行耕地产能平衡后，通过项目区整个耕地提质改造而提升的产能却难以落实在具体地块，传统的图斑一一对应的管理已难以适应，补充的产能无法实现地块的跟踪管理，这对信息化监管提出了全新的要求。

4. 如何真正调动地方政府对耕地产能提升与维持的积极性？

在农业生产经济效益低下的宏观环境下，“保护耕地就是维系贫穷”的尴尬局面难以打破，在缺乏耕地保护经济补偿机制的情况下，地方政府与当地农民的耕地保护积极性不高，具体表现在对耕地产能的提升与维持的投入积极性不高[11]。尽管四号文明确要实行跨地区补充耕地的利益调节，补充耕地指标调剂收益可用于耕地保护、农业生产和农村经济社会发展，不让耕地保护地在经济上吃亏，但是，能有多少补充耕地指标调剂收益？这些经济补偿能否弥补当地放弃经济发展权的经济损失？地方政府普遍持怀疑心态。调研发现，即使是高标准农田建设的国家投资项目，地方政府的申报积极性也不高，其原因除了项目实施难度大之外，地方政府的内在驱动力并不强，远不如招商引资引进各类建设项目的积极性高。

5. 农户建房的耕地占补谁来负责？

尽管农村农民建房户均用地面积小，但点多面广，特别是一些地方形成了占用自家承包地建房的习惯，同时缺乏农民建房的经济调控手段，导致长期以来农村建房面积及其占用耕地的比重居高不下，且不乏违法用地[12]。据统计，“十二五”期间，地处低丘山地的江西省赣州市依法报批的农村宅基地面积为2067.61公顷，其中占用耕地913.76公顷，比重高达44.19%，而那些平原河网地区的宅基地占用耕地比重则更高。根据1993年的《关于切实减轻农民负担的紧急通知》《关于涉及农民负担项目审核处理意见的通知》，各地取消了农村宅基地有偿使用费、农村宅基地超占费、土地登记费。为了进一步减轻农民建房负担，即使是依法必须交纳的耕地开垦费，也是由地方政府负责交纳。虽然减轻了农民负担，但在一定程度上助长了农民建房超占用地面积、侵占耕地的行为。农户建房占用耕地该不该由地方政府来负责？基层管理人员对此基本上持否定态度，认为农民建房也应依法履行耕地占补义务。

三、落实耕地占补产能平衡的对策建议

1. 构建科学的产能核算标准与方法，制定耕地开垦费计算办法

建构社会公认的、易于操作的耕地产能核算标准与方法，是耕地占补产能平衡政策落实的关键。由于我国地域广阔，地域差异明显，要构建全国完全统一的产能核算标准不现实；且耕地产能受到耕地系统生态环境诸多因素影响，要构建易于操作的核算标准也不容易。因此，首先必须坚持因地制宜原则，科学划分区域，针对不同地域条件与特征，突出影响产能的主要因素，制定相应的产能核算指标体系与标准；其次要充分利用农用地分等定级成果和耕地地力评价成果，在二者基础上形成各地的耕地产能核算标准与方法；再次要明确耕地产能评估的权威主体；另外，还要分别针对开发新增耕地的产能和整治提质改造提升的产能制定相应的评估方法。

当前，绝大多数用地单位是无法进行自行耕地补充的，交纳耕地开垦

费是用地单位履行耕地占补平衡义务的主要选择。因此，必须制定耕地开垦费计算办法，规范用地单位交纳耕地开垦费行为。建议耕地开垦费由所占用耕地产能补充成本、耕地资源保护的经济补偿成本、耕地后期管护成本三部分组成，这就要求必须先制定当地以产能为单位的耕地建设成本、耕地保护经济补偿机制与补偿标准、耕地后期管护平均成本。

2. *改革建设用地的供地机制，促进用地单位耕地保护*

一是强化土地利用总体规划建设占用耕地的产能核算，在源头上控制新增建设用地对耕地，特别是优质良田的占用。根据土地管理法，任何建设项目的供地都必须符合土地利用总体规划，即规划决定了建设占用耕地数量的多少和质量的高低。因此，在土地利用总体规划方案编制中，就必须充分论证新增建设用地的选址，增加建设占用耕地的产能损失测算，明确不同地段占用耕地的产能损失及其耕地补充的交纳费用。建议把新增建设用地占用耕地的产能核算作为规划方案评估的必备指标，这样既可以依据建设用地占用耕地产能来优化规划方案，也能明确规划实施中需要补充的耕地产能任务，有利于促使各地根据自身耕地产能的补充潜力，倒逼规划尽量减少对耕地产能的占用。

二是严格新增建设用地规模控制，推进建设用地节约、集约利用。提高新增建设用地的集约利用水平，是促进耕地保护、减轻耕地补充压力的重要途径[13]。当前大量“批而未用”现象的存在，是对我国耕地保护工作的重大威胁[14]。因此，要在新增建设用地报批过程中，按实际项目安排用地指标，防止过度包装项目，必须在项目的立项、审批、规划设计和施工建设等环节严格执行建设用地控制标准；同时，积极探索长期租赁、先租后让、租让结合的用地方式，杜绝用地单位随意扩大用地规模。

三是切实调动用地单位“不占或少占耕地、能占劣地不占好地”的积极性。批次报批用地，应将占用耕地的产能高低与用地成本挂钩。由于目前地价定义基本上是符合规划用途的“五通一平”地块法定最高出让年限的土地出让权价格，根本没有考虑占用耕地产能的高低。为此，建议在现行地价中单独把耕地产能占用成本剥离出来。地价完全由市场决定，耕地产能占用成本，则根据项目所占耕地的产能决定，在招、拍、挂之前公布。这样既可促进用地单位优先选择占用耕地成本低的地块，也可促使政府优先对耕地产能补充任务轻的地块进行报批、征用和“五通一平”。而单独选址项目常常因为项目自身建设的特定条件要求，在土地利用总体规划方案编制时，作为不确定地址项目而未能落实在具体地块上，一般需要通过规划调整或修改来保证建设项目符合规划要求。对于这类建设项目，一定要切实把握好新增建设用地占用耕地的实地踏勘，将耕地的产能作为关键指标，并落实耕地占用产能平衡的建设单位主体责任，依据建设占用耕地的产能科学核算耕地开垦费，足额交纳，地方政府不宜代交。这样，才能运用经济杠杆倒逼用地单位“不占或少占耕地、能占劣地不占好地”。

3. 尽快制定异地补充耕地指标调剂收益计算办法，激发地方政府的耕地保护积极性

构建耕地保护的经济补偿机制是国际上耕地保护的惯例，且耕地保护经济补偿是以发展权为核心的多元补偿[15-16]。四号文明确可以实施省域内补充耕地指标调剂，也可探索补充耕地国家统筹。那些无法实现耕地占补平衡的县(市、区)，可在省域内资源条件相似的地区调剂补充；允许宜耕后备土地资源严重匮乏的直辖市，可向国务院申请国家统筹，缴纳跨省补充耕地资金。补充耕地指标调剂费用或跨省补充耕地资金，也是对耕地保护地的一种经济补偿。但是否能达到激发地方政府耕地保护积极性的目标，关键取决于这些资金的高低。因此，应切实根据文件精神，既要考虑经济成本，更要考虑发展权的补偿，尽快综合考虑补充耕地

成本、资源保护补偿和管护费用等因素，制定省域内补充耕地指标调剂价格；综合考虑补充耕地成本、资源保护补偿、管护费用及区域差异等因素确定，制定跨省补充耕地资金收取标准。由于产能是衡量补充耕地指标调剂费用及跨省补充耕地资金的关键基数指标，因此，耕地保护地的耕地产能提升的量化就成为核心，这就要求在土地整治项目验收中，必须增加产能提升这一关键指标。

4. 完善耕地占补平衡的监管体系，实现耕地产能的“补、备、核、用、考”全程监管

传统的耕地占补平衡监管体系已难以适应耕地占补产能平衡的要求，特别是通过土地整治提升的产能，并不与具体田块或图斑一一对应，往往是以项目区为单元进行备案的，与占用耕地的建设项目也形成不了空间上一一对应关系，无法实施占补项目的跟踪监管。因此，要在现行的土地利用“一张图”和国土资源综合信息监管平台中，增加耕地产能的台账管理，完善“补、备、核、用、考”的产能内容，特别是省域内补充耕地指标调剂和跨省补充耕地，其后期管护的监管必须由耕地保护地负责。

5. 发挥村集体经济组织的作用，切实保障耕地产能的维持

不论是通过开发、复垦新增的耕地，还是通过土地整治提升的产能，都离不开后期的维护。在我国农村集体土地所有制的背景下，村集体经济组织的作用不容忽视。特别是在我国实行家庭承包责任制的现阶段，各家各户大多只关注自家承包地的基础设施，忽视了农田公共基础的维护，而农田公共基础设施是维持耕地产能的重要前提。农田公共基础的维护，离不开村集体的协调与组织。然而，我国的村集体经济组织并没有随着农村社会经济的发展而得到加强，相反，不少地方还存在不同程度的弱化现象，这在中西部广大农村地区尤其突出。因此，要加强村集体经济组织建设，发挥其维持耕地产能的作用。要改变农村集体经济组织有法

律地位无法人地位的现状。虽然宪法等相关法律明确了农村集体经济组织的法律地位,但对集体经济组织的法人地位缺乏明确法律规定。随着农村各项制度改革的深化,相关权益的经济表现日益显化,对明确集体经济组织法人地位的要求更加迫切。农村集体经济组织具有明显的地域性、封闭性和生存保障性等特征[17],与一般的法人组织、公益性组织均存在较大的区别,因此应在顶层法律设计上明确农村集体经济组织的特殊法人地位。

6. 谨慎社会资本参与耕地补充,防止后期管护成本转嫁给地方政府

从理论上看,利用市场经济规律,吸引社会资本参与耕地补充,有利于增强耕地补充的能力,扩大耕地产能提升的空间[18]。但调研中,基层对此普遍持谨慎态度,认为不能鼓励社会资本的介入,这也是不少地方曾经吸纳社会资金参与耕地补充后总结的一条教训。究其原因,在耕地占补的"补、备、核、用、考"一系列环节中,耕地补充项目并不是验收后就结束,项目实施与备案仅是其中的两个环节,还有后期的核实、占补挂钩使用、长期考核等内容。社会资本进入项目后,往往在项目验收后即获得相应的利润,对项目画上了句号,而把后期的监管成本直接转嫁给了当地政府。实际上,对耕地补充项目的核查、耕种主体的落实、耕地质量的维持等后期监管内容很多,且成本都不低。特别是一些耕地开发项目,在现有良田都存在抛荒的情况下,新开发的耕地抛荒并不奇怪。调研中,常有基层反映,为了应付上级检查的需要,政府只能筹资突击翻耕,种上青苗,检查完了,抛荒依然如故,又在等待着下一次检查再次翻耕的循环。

7. 推行农村宅基地有偿使用和回归耕地占补责任主体,激励农户珍惜耕地

经济手段是土地资源节约集约利用的重要调控杠杆。当前的农村宅基地无偿使用制度,已成为制约宅基地利用效率提升的一个主要瓶颈,特

别是不需要履行耕地占补义务，导致农户建房在选址上几乎不考虑耕地保护的基本国策[19]。因此，必须推行农村宅基地有偿使用，提高农户对宅基地资源经济利用价值的认识，回归农户建房占用耕地的补充责任主体，依法履行耕地占补义务，从而激励农户在建房中节约用地，减少对耕地占用。当然，各地的宅基地有偿使用标准和耕地开垦费，应根据当地的经济发展水平、耕地资源的紧缺程度、耕地补充成本、耕地管护费用等多种因素确定。对于经济困难的农户，可以允许其申请减免宅基地使用费和耕地开垦费，但必须经过相应的程序给予审批。

参考文献

[1] 董祚继. 新时期耕地保护的总方略[J]. 中国土地，2017(2)：8－11.

[2] 陈美球. 耕地保护的本质回归[J]. 中国土地，2017(4)：12－14.

[3] 李国敏，王一鸣，卢珂. 耕地占补平衡政策执行偏差及纠偏路径[J]. 中国行政管理，2017(2)：108－112.

[4] 陈美球，刘桃菊，吴萍. 耕地占补平衡政策落实中的现实困境与完善对策[J]. 中州学刊，2016(5)：50－53.

[5] 岳永兵，刘向敏. 耕地占补平衡制度存在的问题及完善建议[J]. 中国国土资源经济，2013，26(6)：13－16.

[6] 曹飞. 城镇化进程中的耕地占补平衡制度：困境与创新[J]. 社会科学辑刊，2015(5)：120－125.

[7] 孙蕊，孙萍，吴金希，张景奇. 中国耕地占补平衡政策的成效与局限[J]. 中国人口·资源与环境，2014，24(3)：41－46.

[8] 许丽丽，李宝林，袁烨城，等. 2000—2010 年中国耕地变化与耕地占补平衡政策效果分析[J]. 资源科学，2015，37(8)：1543－1551.

[9] 仇大海. 完善耕地占补平衡政策势在必行[J]. 资源与人居环境，2015(9)：8－10.

[10] 陈美球，吴萍，叶晓鑫. 占补平衡政策实现途径探析[J]. 中国土地，2016(4)：47－48.

[11] 陈美球，刘桃菊，周丙娟，等. 我国耕地保护的效果与其提升对策探讨[J]. 中州学刊，2012(1)：45－49.

[12] 李永芳. 新时期以来农民建房与耕地保护问题的思考[J]. 当代中国史研究，2011，18(1)：63－68，125－126.

[13] 欧名豪. 改进建设用地管理才能有效保护耕地[J]. 中国土地，2017(3)：8－9.

[14] 金星星. 土地批而未用"七宗罪"[N]. 中国国土资源报，2014－05－08.

[15] 陈美球，魏晓华，刘桃菊. 海外耕地保护的社会化扶持对策及其启示[J]. 中国人口·资源与环境，2009，19(3)：70－74.

[16] 王健，贾文涛，陈正，张秋惠. 耕地占补平衡国家统筹资源补偿机制探讨[J]. 中国发展，2017，17(3)：29－35.

[17] 陈美球，廖彩荣. 农村集体经济组织："共同体"还是"共有体"？[J]. 中国土地科学，2017(6)：27－33.

[18] 石峡，朱道林，张军连. 土地整治公众参与机制中的社会资本及其作用[J]. 中国土地科学，2014，28(4)：84－90.

[19] 赵立. 浅谈宅基地管理和耕地保护现状及对策[J]. 现代商业，2013(6)：112.

新时期提升我国耕地保护实效的思考*

作为世界上的第一人口大国，面对人多地少的基本国情，加强保护耕地，不仅对于实现我国社会经济可持续发展至关重要，也对于保障世界粮食安全、稳定国际粮食价格具有重要战略意义。虽然国家明确提出要实行"世界上最严格的耕地保护"制度，但耕地保护的实效并不乐观，特别是耕地质量与生态保护现状已成为制约我国粮食安全和农产品安全最主要的因素之一，如何提高耕地保护实效已成为贯彻耕地保护基本国策、实现我国社会经济可持续发展的一项基础性课题。

多年来，学术界针对耕地保护效果提升这一主题开展了较为广泛的研究。不同学者从不同的研究角度分析了造成我国耕地保护效果不佳的原因，并提出了相应对策。如刘彦随等[1]提出要形成耕地资源四大属性（数量、质量、生态、用途），三种价值（经济价值、社会价值、生态价值），两大战略（严格保护与占补平衡）的"432"认知范式，确立"数量、质量、生态（品质）、空间、时间"的"全要素"耕地保护体系，创新形成耕地保护价值补偿制度和完善耕地占补平衡制度。杜亚敏等[2]提出要推行从"平面扩张"向"内部挖潜"转变的城镇土地配置观、强化耕地数量和质量占补平衡、大

* 本文曾刊发于《农业现代化研究》2018年第1期，参与撰写的还有刘桃菊。

力开展土地整治、探索耕地保护区域补偿机制、耕地合理休耕。赵小风等[3]则强调必须构建耕地保护共同责任机制，并提出了构建共同责任机制的思路。金晓斌等[4]以江苏省为例，通过虚拟仿真实验模拟不同新增费征收标准情景下的耕地保护效果，认为新增费的耕地保护效果尚不显著，应进一步完善相关政策，以提升耕地保护效果。张一鸣[5]认为，传统的行政命令式耕地保护模式无法应对灵活多变的市场，应向以经济激励为核心的耕地保护制度转型，完成土地要素由计划配置向市场配置的转变，保证经济运行和土地资源双重可持续发展，实现耕地保护的目标。郭珍[6]提出应考虑地方政府在耕地保护制度实施过程中的策略选择，从数量、质量、生态协调视角评价中国耕地保护制度的实施绩效，要合理界定耕地保护中政府与市场的边界。陈美球等[7]针对当前耕地占补平衡政策落实中存在的种种问题，提出了完善耕地占补平衡政策的对策建议。Lichtenberg 等[8]在从粮食生产保障对我国耕地保护政策的实施效果进行评估的基础上，提出必须加强土地配置制度的改革来解决当前耕地保护效果不佳的问题。Wang 等[9]通过对浙江省的实践总结，提出应推行发展权转移(TDR)来提高耕地保护效果。尽管学者从自身的研究角度提出了提升耕地保护实效的对策建议，但耕地保护是一个系统工程，需要全社会的共同参与，同时应根据时代发展的新要求，及时形成一个完整的耕地保护政策体系。

2017 年，中共中央国务院出台了《关于加强耕地保护和改进占补平衡的意见》(中发〔2017〕4 号)，《意见》确定了我国新时期耕地保护的目标任务，提出了加强和改进耕地保护的总体要求和政策措施，成为构建中国特色耕地保护机制的一个纲领性文件[10]。陈美球基于《意见》主要内容从耕地保护的改革方向[11]、完善耕地保护机制[12]等进行了初步分析。“三分政策，七分落实”，只有通过落实成为现实，才能体现《意见》的价值所在。因此，本文在系统梳理改革开放以来我国耕地保护政策及其实施效果的基础上，针对新时期耕地保护策略，客观分析影响我国耕地保护效果的主要问题，探讨提升耕地保护效果的对策建议，进而促进《意见》的切实落实。

一、我国耕地保护政策的梳理与实施效果

改革开放以来，我国先后制定了基本农田保护制度、"米袋子"省长负责制、"耕地总量动态平衡"等具有中国特色的耕地保护制度。

（一）基本农田保护制度

1988 年第一块基本农田保护区在湖北省荆州市监利县的周老嘴镇诞生。1989 年 6 月原国家土地管理局和农业部联合在荆州召开了全国基本农田保护区现场会，标志着基本农田保护制度的建立。1994 年国务院出台了《基本农田保护条例》，把基本农田划分为一级和二级；1998 年对《基本农田保护条例》进行了修订，对基本农田保护制度做出了明确的规范，取消了一级和二级基本农田的划分。2008 年十七届三中全会提出"永久基本农田"的概念，以强调基本农田的永久性保护。2014 年国土资源部、农业部联合下发《关于进一步做好永久基本农田划定工作的通知》，要求将城镇周边、交通沿线现有易被占用的优质耕地优先划为永久基本农田，即先完成城市周边永久基本农田划定。2016 年国土资源部、农业部联合下发《关于全面划定永久基本农田实行特殊保护的通知》，要求全面完成全域永久基本农田的划定，将全国 1.03 亿 hm^2 基本农田保护任务落实到用途管制分区，实现上图入库、落地到户，实行特殊保护。

基本农田保护制度的实施，一是进一步宣传了耕地保护的基本国策，

提高了全民耕地保护意识，特别是明确定了不低于80%的全国基本农田保护率的刚性要求；二是深刻影响和丰富了土地管理制度，成功探索了建设用地区、永久基本保护区的分区规划控制，为土地用途管制制度的确立提供了经验[13]；三是在对永久基本农田实行特殊保护的基础上，加大了对永久基本农田基础设施建设的投入，提升了耕地质量，推动了耕地资源的可持续利用。

（二）"米袋子"省长负责制和"菜篮子"市长负责制

进入20世纪90年代后，一方面全国粮食总产量起伏不定，徘徊不前。1990年44624万吨，1991年43592万吨，1992年44266万吨，1993年45644万吨，1994年44460万吨。另一方面，区域粮食供求关系由"南粮北调"变为"北粮南运"，长三角、珠三角地区由粮食调出区演变为粮食调入区。1994年12个沿海地区中有9个地区粮食减产，共减产695万吨，占全国粮食减产总量的57.9%以上。为此，1995年《政府工作报告》中强调要坚持"米袋子"省长负责制和"菜篮子"市长负责制。其主要内容是：以省区为区域范围行政首长负责制，要求各地努力实现粮食的供求平衡和粮食市场的相对稳定，具体包括稳定生产，稳定粮源，稳定储备，逐步建立粮食储备制度和稳定市场；以市为单位，构建蔬菜生产基地。

"米袋子"省长负责制和"菜篮子"市长负责制的出台，增强了省一级政府和领导对粮食生产、耕地保护的高度责任感，各级政府在努力增产粮食的同时，注意解决制约粮食生产发展的一些较深层次问题，如多渠道增加农业投入，兴修水利，改善粮食生产条件，提高粮食生产能力；调动和保护好农民的种粮积极性，不少地方实行了定购粮价外补贴政策或粮肥挂钩政策[14]。

（三）耕地总量动态平衡

进入20世纪90年代后，我国人均耕地逐年减少的趋势依然明显。

1994年莱斯特·布朗发表了《谁来养活中国?》,在世界上引起了巨大的反响[15]。面对国际社会的疑虑,中国政府多次郑重承诺中国能靠自己养活,并于1996年发表《中国的粮食问题》,中央政府首次向世界宣布要实施耕地总量动态平衡政策。

耕地占补平衡制度是国家落实耕地总量动态平衡战略的一项具体措施,要求建设占用多少耕地,占用单位就要负责开垦与所占用耕地的数量和质量相当的耕地,没有条件开垦的,应依法缴纳耕地开垦费。明确耕地占补平衡是占用耕地单位和个人的法定义务。具体要求由"先占后补""边占边补"发展为现在的"先补后占""占水田补水田"。耕地占补平衡制度的实施,在约束建设用地对耕地的占用方面,发挥了巨大作用,从根本上有效遏制了耕地锐减的态势。但是,由于"占优补劣"的现象普遍,大量城镇周围和交通沿线的良田沃土被占,而补充的耕地则主要集中在自然条件和灌溉条件较差的边远丘陵山区,或保水保肥条件差的"四荒地",或限制因素较多的劣质低产田[16]。同时,农业面源污染等耕地地力下降的问题加剧,导致我国耕地质量在不断下降,耕地安全生产能力面临挑战。

二、新时期我国耕地保护策略

《关于加强耕地保护和改进占补平衡的意见》(中发〔2017〕4号)(以下简称《意见》)的出台,是我国耕地保护史上具有里程碑意义的大事,是新时期我国落实最严格耕地保护制度的具体举措。《意见》一方面,坚持目标导向,针对耕地保护目标,围绕实现耕地数量、质量、生态"三位一体"保护,系统提出了加强耕地管控性、建设性和激励约束性多措并举保护政策,进一步增强政策的系统性、协同性和可操作性,推动耕地保护制度和政策更加定型和成熟;另一方面,坚持问题导向,针对耕地占补平衡中"占优补劣"突出问题,坚持统筹协调与差别化管理相统一,改进耕地占补平衡政策,完善耕地保护补偿机制和耕地保护责任目标考核机制,推动耕地保护权责利相统一,更加广泛地调动各方面保护耕地的主动性和积极性。

(一)《意见》的主要内容

《意见》的主要内容包括 3 个方面:

一是加强土地规划管控和用途管制,从严控制建设占用耕地特别是优质耕地;强化永久基本农田特殊保护,严禁通过擅自调整县乡规划规避占用永久基本农田的审批;以节约集约用地缓解建设占用耕地压力,促进新增建设不占或尽量少占耕地。

二是完善耕地占补平衡责任落实机制,建设用地单位必须履行补充耕地义务,地方各级政府负责落实补充耕地任务。按照"以县域自行平衡为主、省域内调剂为辅、国家适度统筹为补充"要求,改进并规范耕地占补平衡管理。通过大规模建设高标准农田、统筹推进耕地休养生息、加强耕地质量调查评价监测,大力推进耕地质量保护和提升。

三是加强对耕地保护责任主体的补偿激励,实行跨地区补充耕地利益调节,运用经济手段调动农村集体经济组织和农民保护耕地积极性。严格对地方政府落实耕地保护责任的监督考核,强化地方政府保护耕地的主体责任和有关部门的监管责任,构建"党委领导、政府负责、部门协同、公众参与、上下联动"的耕地保护共同责任机制,把最严格的耕地保护制度落到实处。

《意见》提出了新时期我国耕地保护策略,其核心是明确了构建具有中国特色的耕地保护社会机制的改革方向和回归了耕地占补平衡的产能本质。

（二）明确了构建具有中国特色的耕地保护社会机制的改革方向

耕地保护具有强烈的经济正外部性，是全社会的共同责任，实行社会化扶持已成为世界各地的惯例[17]。《意见》强调我国的耕地保护也是全社会责任，要逐渐构建具有中国特色的耕地保护社会机制。

一是树立数量、质量、生态“三位一体”的耕地保护观。在传统的耕地数量、质量保护的基础上，《意见》明确把生态保护列入耕地保护的内容，既是对确保耕地自身生态系统良性循环的重视，也是对耕地为社会提供巨大生态功能的充分认可。无论是耕地表现出对水、空气的净化功能，还是其特有的农耕生态文化，都被全社会共享，因此，耕地保护不只是耕地所在地的义务，而是全社会共同的责任，从而明确了构建耕地保护社会机制的重要理论支撑。

二是不让耕地保护者吃亏。《意见》提出整合涉农资金，实行耕地保护的责任奖、补，特别是规定跨省补充耕地资金收取标准应包括补充耕地成本、资源保护补偿、管护费用等，这些费用在耕地保护地，不仅可用于现有耕地的提质改造、耕地开发及新增耕地的地力培育、农田基础设施的维护、保护性耕种的激励等耕地保护上，也可用于当地的农村经济社会发展。这是对耕地保护地放弃非农发展权的一种经济补偿，可有效地缓解当前“保护耕地就是维系贫困”的尴尬局面，并将推动耕地保护补偿机制的建立[18]，不让承担耕地保护的地区和农民吃亏。

三是明确了永久基本农田的特殊保护要求。《意见》针对永久基本农田制定了一系列特殊保护措施，如规定城乡建设、基础设施、生态建设等相关规划的编制，应与永久基本农田布局充分衔接，原则上不得突破永久基本农田边界，已经划定的城市周边永久基本农田绝不能随便占用；明确涉及占用永久基本农田的用地预审应由国土资源部负责；对永久基本农田占用，项目建设单位应按照当地耕地开垦费最高标准的两倍交纳等。

四是提出了具有可操作性的耕地占补平衡系列措施。《意见》在明确“少占、补足、管好”占补平衡思路的基础上，围绕耕地产能的本质内涵，制定了一系列的实施措施。如明确建设用地单位是耕地占补平衡的责任主体，可选择自行补充或交纳耕地开垦费方式；土地整治是落实补充耕地任务的主要途径，主要通过耕地质量提升，而不是耕地开发来实现耕地占补的产能平衡；明确由政府统筹耕地补充，鼓励多途径补充耕地；确有困难难以实现占补平衡任务的地区，可通过向中央财政上交耕地开垦费申请国家统筹；严格补充耕地的验收、加强耕地质量的年度监督更新等。

（三）回归耕地占补平衡的产能本质

《意见》中耕地占补平衡管理最根本的改进就是强调耕地的产能平衡，回归到了耕地占补平衡的本质。占补平衡政策制定的初衷就是要维持耕地生产能力的平衡，而产能是维持耕地生产能力的根本。《意见》明确要根据所占用的耕地数量、质量和生态损失来确定需要补充的耕地。耕地占补平衡的产能本质回归，将有助于提升耕地占补平衡政策的实施效果。

一是能从根本上遏制“占优补劣”。目前之所以普遍存在“占优补劣”的现象，与现行“重数量、轻质量”的占补平衡实施思路密切相关，由于缺乏耕地农产品生产能力上占补平衡的可操作实施措施，不少地方只是追求耕地数量上的形式占补平衡。耕地产能平衡的具体规定，将从根本上遏制“占优补劣”现象的出现。

二是有利于形成“不占或少占耕地、能占劣地不占好地”经济倒逼机制。成本是建设单位在耕地占用决策中最重要的一个因素，目前简单以数量决定建设占用耕地的成本，难以真实反映耕地被侵占的实际损失，无法发挥出占补政策对占用耕地产能的调控作用。《意见》明确规定用地单位应依据所占耕地数量、质量和生态损失来确定交纳的补充耕地开垦费，这就意味着占用同等数量优质耕地需交纳的耕地开垦费要远远高出占用劣等耕地，势必真正对建设用地单位形成“不占或少占耕地、能占劣地不占好地”的经济倒逼机制。

三是有利于改过度依赖开发补充耕地为以耕地提质改造为主。在追求耕地数量平衡的目标导向下，人们就把土地开发作为耕地补充的主要途径。然而我国可供开垦的宜耕地后备资源日益枯竭，一些地方为追求耕地面积数量上的平衡，就忽视了土地开发对生态环境的影响。《意见》明确了耕地产能的占补平衡，使耕地补充不只是数量补充一个环节，还包括产能的长期培育与维持，而违背自然规律的耕地开垦难以达到这个要求，这必将促使耕地补充工作转向现有耕地的提质改造上，如中低产田改造、高标准农田建设，这与我国农业现代化建设方向是一致的。

三、制约我国耕地保护实效的主要问题

（一）耕地保护的社会氛围尚未真正形成

除了农产品具备明显的排他性，完全归生产者所有外，耕地的粮食生产保障对社会的稳定作用以及对水与空气的净化、农田文化等非生产性功能表现出强烈的正外部性，供全社会分享，且表现出代内外部性、代际外部性和空间区域延伸性的突出特征。耕地保护关乎国泰民安和社会可持续发展，是全社会的责任。然而，我国公众对耕地的社会与生态功能的认识普遍缺乏，表现出公众耕地保护意识的淡薄，远远没有形成耕地保护的社会氛围。特别是作为耕地直接管理者的地方政府，在“土地财政”和以 GDP 为主导的绩效考核驱动下，在耕地保护上不断与中央政府进行博弈[19]，并与中央政府在耕地保护目标上形成巨大反差，现实中的耕地侵

占带着浓厚地方政府行为色彩。

（二）建设占用耕地粗放利用现象依然存在

各类各项建设对耕地的侵占是耕地保护的最大威胁因素，城镇化、工业化的推进不可避免地要占用一定的耕地资源，但必须确保用地的节约集约。然而新增建设用地利用效率不高是当前我国土地利用中的一个突出问题，“批而未用”就是其中的典型[20]。“批而未征”“征而未供”“供而未用”等“批而未用”现象不仅在报批环节投入了大量的前期成本，更侵占了宝贵的耕地资源，不少耕地被征用后进行了“三通一平”的基础建设，却长期闲置不用。造成“批而未用”等新增建设用地利用效率不高的原因是多方面的，但最主要的是新增建设用地的供应机制的不完善，难以达到批地、供地和用地的无缝对接。目前，除单独选址项目外，城镇用地都采取“批量”报地、“零售”用地的形式，地方政府存在“先从锅里捞到碗里再说”的思想，积极争取建设用地计划，尽可能多报批建设用地。

（三）土地整治对耕地的提质改造功能未充分发挥

土地整治作为改善生产、生活条件和生态环境的土地利用结构优化工程，无论是耕地数量的增加，还是耕地质量的提升、生态的改善，都应成为实现我国耕地占补平衡的最主要途径。然而，当前的土地整治并没有充分发挥出对耕地提质改造应有的作用[21]。一是“重数量、轻生态”，耕地质量提升不够科学。不少地方过分追求土地整治的新增耕地面积，甚至个别地方曾经明确规定出地率是衡量项目能否立项的重要指标，结果导致所有坑塘水面与湿地都开垦成耕地了，农田基础设施过分追求水泥的硬化，破坏了区域的景观异质性和生物多样性。二是“重工程、轻管理”，影响了土地整治效果。土地生态整治不是单纯的技术问题，而是一个典型的系统工程，尤其是在实行家庭承包责任制的现阶段。比如以高标准农田建设为主要内容的农田整治，基层调研发现，农户间的协调难度大、标准田块难以维持、农田基础设施后期管护缺乏机制，才是影响建设效果的主要问题。

（四）农户耕地保护积极性尚未充分调动

作为耕地的实际耕种者，农户是耕地质量、生态保护的关键主体。这是因为，耕地质量、生态与种植作物的品种、耕作制度选择、化肥与农家肥的施用、农药的使用，甚至农田灌溉方式，都密切相关，而这些都是农户的直接行为。然而，当前我国农户虽然认可自身在耕地保护中的作用，但普遍缺乏主动性和动力，特别是在耕地质量保护投入上，有愿望而无实际行动，耕地保护的积极性并不高[22]。导致农户耕地保护积极性不高的最主要的原因就是耕地经营经济效益低。在耕种 0.33 hm^2 农田一年的经济收入还不如打工一个月收入的普遍现象下，“保护耕地”与“维持贫穷”已成为当前农户普遍的矛盾心态。加上农村劳动成本的日益上涨，农村传统的精耕细作、合理的种养轮作、农家肥的施用已不断减少，已成为导致我国耕地质量下降的一个重要因素。

（五）土壤污染现象较为突出

把饭碗牢牢端在自己手上，且饭碗里装的应是安全、放心的粮食，这是我国耕地保护的底线，而健康的土壤才能生产出安全的粮食。2014 年环境保护部和国土资源部发布的《全国土壤污染状况调查公报》表明，我国土壤环境状况总体不容乐观，部分地区土壤污染严重，耕地土壤环境质量堪忧。造成土壤污染的人为原因主要是工矿业的污染排放和农业面源污染，而化肥的大量施用和肥料利用效率偏低是农业面源污染的原因之一[23]。据报道，1980—2015 年我国粮食单产水平提高了 56%，而化肥投入量增长了 225%；同期，德国、法国等发达国家粮食单产水平提高了 51%～52%，而化肥投入量则减少了 31%～47%[24]。

四、提升我国耕地保护实效的对策建议

(一) 树立科学的耕地保护理念,构建全国层面的耕地保护社会共同责任机制

一是加大耕地社会生态功能的宣传,普及"数量、质量、生态"三位一体的耕地保护观。应加大耕地社会生态功能的宣传力度,让人们认识到耕地保护关乎国泰民安和社会可持续发展,形成人人自觉保护耕地的社会氛围。同时,应重视耕地的人文保护,融入了人类文明的耕地才能为人们提供农耕文化、农村独特景观等,特别是为正在日益兴起的农村休闲产业发展创造机会。

二是在国家层面实行耕地保护的经济补偿,构建耕地保护的社会共同责任机制。耕地空间分布的不均衡性以及耕地利用比较利益低等因素,导致耕地保护越多、生产粮食越多的地区,失去的非农发展机会越多,付出的耕保成本越高。应把责任上升到全国层面,由整个社会来分摊成本,体现耕地保护的公平。

(二) 开展建设用地供给侧改革,减少建设对耕地的占用

一是改革建设用地的供地机制,保证新增建设用地的节约集约利用。要在规划管控上突出节约集约用地,改革现行的建设项目供地制度,防止新的低效和闲置用地的产生,特别是严防"批而未用"。要从总量调控、区域调控和分类调控 3 个方面调控土地供应,实现有限的土地资源在各区域、各行业间的节约利用;积极探索长期租赁、先租后让和租让结合的用地方式,杜绝企业随意扩大用地规模需求。

二是回归建设用地单位的耕地占补平衡责任主体,坚持产能为耕地

占补的核心，切实发挥占补平衡政策对建设占用耕地的调控作用。要改变建设用地单位并不直接承担耕地的补充任务的现象，回归建设用地单位的耕地占补平衡责任主体和国土部门行使耕地保护监管的本位职能，建立以占用耕地产能及耕地社会保护成本为依据的耕地开垦费核算机制，引导建设项目少占耕地。

（三）推行生态化土地整治，提升土地整治的耕地提质效果

一是把生态理念贯穿于土地整治始终。从设计、施工，到后期管护的每个环节，都要把生态需求融于其中，比如沟渠、生产道等农田基础设施，不宜过分追求水泥的硬化，应给青蛙、蚯蚓等生物留有栖身之地，以及化肥农药使用时的逃生通道和避难场所，实现生物多样性保护工程与土地平整工程、农田水利工程、道路交通工程的相互融合。

二是坚持土地整治的生态系统整体观，因地制宜地推行生态化技术。不仅要遵循“山水林田湖草”生命共同体的客观规律，还要追求“田、沟、路、林、渠”的耕地生态系统整体协调，把耕作层地力的培育与提升、农田水环境的保护、污染土壤的修复、耕作生产条件的改善统筹在一起，实现耕地生产与生态功能的协调统一[25]。不同地域条件下的耕地生态系统有其自身的明显特征，耕地生态系统的潜在威胁因素不同，镶嵌在青山绿水之间的耕地也蕴含着独有的农耕文化气息与人文特征。应科学诊断不同地域条件下耕地生态系统的主要潜在威胁因素，针对当地的农耕文化，有针对性地研发相应的生态化整治技术。

三是推进配套制度的创新。包括创新经营权流转机制，避免整治区田块的再次细碎化；创新承包地分配制度，积极探索按区位、产能进行成片分配的方法；创新农田基础设施后期生态管护，加强农田基础设施的日常维护与管理。同时，要创新土地整治运行机制，改变“各投其资，各负其责，各司其职，各记其功”的现状，实现部门间的协同，聚合项目资金，形成土地整治合力。

（四）充分调动农户的耕地保护积极性，培育耕地保护的行为主体

一是进一步加大“三农”扶持力度，优化城镇化环境，加速耕地流转的进程。保证农户耕地耕种能获得应有经济报酬是对他们耕地保护行为的最根本支持。国家应进一步加大对“三农”的扶持力度，确保农民生产的经济效益，从而提高农民耕地生产的积极性。人均耕地越少，家庭耕地规模就越小，人们进行耕地保护性投入的概率就越低[26]。实现经营权的流转是解决家庭承包责任制分散承包与现代农业规模经营之间矛盾的必由之路，也是实现耕地利用中保护的重要方式。转移农民市民化难是目前影响耕地流转的一个最主要因素[27-28]，优化城镇化环境，实现转移农民的市民化，促进经营权流转的长久化，实现城镇化、农业现代化与耕地保护的“多赢”。

二是加快农村社会保障制度建设，促进农村土地由保障功能向资本功能转变。对土地不同功能的定位，密切影响着人们对土地利用的心态、行为和土地利用效果[29]。在承包地对农户的生存等社会保障功能未能得到替代之前，农户不会也不敢轻易放弃承包地经营权，难以实现长期稳定的流转。因此，要加快城乡一体化社会保障制度建设步伐，使得土地不再是农民最主要的生活保障，促进农村土地由保障功能向资本功能转变。

三是加强农村集体经济组织建设，培育对农户耕地保护的监管主体。作为集体土地所有者的村集体经济组织，沿袭了传统的村落历史脉络，具有地域与血缘的先天性特征，村民与村落的发展和村集体经济组织的兴衰荣辱与共，已成为我国农村社会发展的基本“生命共同体”[30]，对保护区域内耕地具有义不容辞的责任，并在协调个人与集体利益、局部与整体利益矛盾中具有得天独厚的优势。因此，应改变村集体经济组织有法律地位无法人地位的现状，加强农村集体经济组织建设，培育对农户耕地保护的监管主体，也可破解农田公共基础设施管护的现实难题。

(五) 加强土壤健康建设,强化耕地产能之本

一是正确诊断威胁我国土壤健康的主要因素,在客观评估土壤健康状态的基础上,制定科学的对策措施。土壤酸化、次生盐渍化、土壤污染和水土流失都是影响土壤健康的主要表现,但不同地域环境制约土壤健康的因素与表现不同。因此,应全面开展我国的土壤健康体检与病因诊断,系统掌握威胁我国土壤健康的种种潜在因素,制定相应的对策措施。

二是完善管理制度,防止土壤退化和污染。土壤健康受损,特别是重金属污染和农业面源污染,其危害并不比空气污染和水污染轻,而治理难度更大。要着眼于以防为主,加强土壤环境监督管理[31],统筹好土壤资源保护与经济建设、肥力维护与农业持续发展、土壤生态建设与生物多样性保护、土壤环境污染与人居环境安全的关系,坚持土壤利用与土壤保护同步。建议把耕地保护归入国家惠农政策的目标设计之中,制定农业面源污染防控等耕地质量保护激励对策,实现惠农政策与耕地保护二者目标取向上的共赢。

参考文献

[1] 刘彦随,乔陆印. 中国新型城镇化背景下耕地保护制度与政策创新[J]. 经济地理,2014,34(4):1 - 6.

[2] 杜亚敏,王昊,陈正. 浅议当前耕地保护的制约因素及破解途径[J]. 国土资源情报,2016(1):23 - 27.

[3] 赵小风,黄贤金,钟太洋,等. 耕地保护共同责任机制构建[J]. 农村经济,2011(7):19 - 22.

[4] 金晓斌,丁宁,唐健,张志宏,等. 新增建设用地土地有偿使用费征收标准调整对耕地保护效果影响的计量分析——以江苏省为例[J]. 地理科学,2011,31(7):817 - 822.

[5] 张一鸣. 耕地保护制度的转型与对策研究——构建以经济激励为核心的耕地保护[J]. 中国农业资源与区划,2014,35(3):26-31.

[6] 郭珍. 中国耕地保护制度:实施绩效评价、实施偏差与优化路径[J]. 郑州大学学报(哲学社会科学版),2017,50(1):64-68,159.

[7] 陈美球,刘桃菊,吴萍. 耕地占补平衡政策落实的现实困境与完善对策[J]. 中州学刊,2016(5):50-53.

[8] Lichtenberg E, Ding C. Assessing Farmland Protection Policy in China [J]. Land Use Policy, 2008 , 25 (1): 59-68.

[9] Wang H, Tao R, Wang L L, et al. Farmland Preservation and Land Development Rights Trading in Zhejiang, China [J]. Habitat International, 2010, 34(4): 454-463.

[10] 董祚继. 新时期耕地保护的总方略[J]. 中国土地,2017(2):8-11.

[11] 陈美球. 耕地保护的本质回归[J]. 中国土地,2017(4):12-14.

[12] 陈美球. 完善耕地保护机制,构建生态粮仓的对策思考[J]. 上海国土资源,2017,38(1):1-3.

[13] 钟太洋,黄贤金,陈逸. 基本农田保护政策的耕地保护效果评价[J]. 中国人口·资源与环境,2012,22(1):90-95.

[14] 张红宇,黄其正,颜榕. "米袋子"省长负责制评述[J]. 中国农村经济,1996(5):23-27.

[15] Lester Brown. Who will feed China: Wake-up Call for a Small Planet [R]. New York: W. W. Norton & Company, 1995.

[16] 田孟. 耕地占补平衡的困境及其解释——基于国家能力的理论视角[J]. 南京农业大学学报(社会科学版),2015,15(4):122-130,135.

[17] Nickerson, C, Daniel H. Protecting Rural Amenities through Farmland Preservation Programs [J]. Agricultural and Resource Economics Review, 2003, 32(1): 129-144.

[18] 赵凯,张瑞,曹慧. 耕地保护补偿资金运行机制研究[J]. 农业现代化研究,2015,36(6):960-967.

[19] 李边疆，王万茂. 地方政府的博弈行为与耕地保护——一个基于公共物品私人供给模型的分析框架[J]. 中国软科学，2006(4)：39 - 45.

[20] 裘双双，岳文泽. 县域批而未用土地的监测研究[J]. 中国土地科学，2016，30(2)：31 - 40.

[21] 严金明，夏方舟，杨丹凤. 新型城镇化背景下中国土地整治的转型发展研究[J]. 土地经济研究，2014(1)：21 - 32.

[22] 陈美球，周丙娟，邓爱珍. 当前农户耕地保护积极性的现状分析与思考[J]. 中国人口・资源与环境，2007(1)：114 - 118.

[23] 陈能场，郑煜基，何晓峰，等.《全国土壤污染状况调查公报》探析[J]. 农业环境科学学报，2017，36(9)：1689 - 1692.

[24] 刘永红，叶顺法，许晨昊. 农业面源污染对耕地土壤环境造成的危害[J]. 中国农业信息，2016(6)：100 - 103.

[25] 郧宛琪，朱道林，汤怀志. 中国土地整治战略重塑与创新[J]. 农业工程学报，2016，32(4)：1 - 8.

[26] 陈美球，冯黎妮，周丙娟，等. 农户耕地保护性投入意愿的实证分析[J]. 中国农村观察，2008(5)：23 - 29.

[27] Chen M Q, Zhong T Y, Zhou B J, et al. Empirical Research on Farm Households' Attitude and Behaviour for Cultivated Land Transferring and it's Influencing Factors in China [J]. Agricultural Economics, 2010, 56(9): 409 - 420.

[28] 钱龙，钱文荣，郑思宁. 市民化能力、法律认知与农村宅基地流转——基于温州试验区的调查与实证[J]. 农业经济问题，2016，37(5)：59 - 68，111 - 112.

[29] 陈美球，周丙娟，徐安庆. 适时促进农村土地由保障功能向资本功能的转变[J]. 江西农业大学学报(社会科学版)，2005，4(4)：16 - 17.

[30] 陈美球，廖彩荣. 农村集体经济组织："共同体"还是"共有体"？[J]. 中国土地科学，2017，31(6)：27 - 33.

[31] 庄国泰. 我国土壤污染现状与防控策略[J]. 中国科学院院刊，2015，30(4)：477 - 483.

生计资本分化对农户宅基地流转意愿的影响因素研究*

——基于江西省的实证分析

一、引 言

随着城镇化和工业化进程的推进、农村居住人口的减少，我国的农村宅基地面积不减反增[1]，大量农村宅基地闲置或低效利用，不仅浪费宝贵的土地资源，还影响村庄基础的配套建设与村容村貌的改善，阻碍着农村建设用地整治的开展[2-3]。促进宅基地流转，盘活闲置用地，已成为当前农村土地资源管理的一项重点任务[4]，也是改善农村生活环境、推进新农村建设的内在需求[5-6]。农户作为宅基地的使用主体，在宅基地流转过程中扮演着关键角色，充分掌握农户的流转意愿及其影响因素，是构建宅基地流转机制的基础[7]。为此，农户宅基地流转意愿及其影响因素研究一直是学术界的一个研究热点[8-12]。现阶段，农户的生计分化已成为农村一个突出的社会现象，而农户生计资本和配置结构是农户决策选择的重要依据[13-14]，不同的生计依赖直接影响农户对宅基地的眷恋程度，进

---

* 本文曾刊发于《农林经济管理学报》2018 年第 1 期，参与撰写的还有邝佛缘和鲁燕飞。

而可能产生宅基地流转意愿的变化。已有研究表明，不同生计资本配置类型农户对宅基地的依赖程度具有明显的差异性[15]。近年来，学术界已开始涉及农户分化与宅基地流转意愿之间关联性研究，但更多的是从兼业角度分析不同兼业农户宅基地流转意愿的影响因素[9,12]，且大多采用典型的二元 logistic 或者 probit 模型，从二元(愿意和不愿意)对农户宅基地流转意愿影响因素进行的研究，忽略了农户流转意愿的强弱是一种多级呈现的现象。

江西省作为传统的农业大省，长期的生产生活习惯，造就了"沿路而建、临水而居、依田而住"散乱的农村宅基地布局，宅基地利用效率低[16]。本文利用江西省专题调研获取的 587 份问卷，运用英国国际发展机构(DFID)构建的"自然资本、物质资本、人力资本、社会资本和金融资本"五元可持续性生计分析框架[17-18]，尝试运用能反映意愿强弱的 Ordered probit 模型来分析生计资本分化对农户宅基地流转意愿的影响，以期为促进宅基地流转、深化农村宅基地改革提供参考依据。

二、数据来源与样本特征

(一) 数据来源

数据来源于课题组的专题调研。调研采取分层随机抽样方法，按总人口、人均 GDP、耕地面积、耕地面积比重(耕地面积占土地面积的比重)、农业人口占省区总人口比重、农业产值占省区 GDP 的比重六个指标对全省各县(市、区)进行聚类，共分成 3 个层次，每个层次随机抽取 5 个县，共选取了玉山县、渝水区、横峰县、武宁县、德兴市、章贡区、万载县、遂川县、南昌县、于都县、石城县、湘东区、南康区、南丰县和新干县等 15 个县(区)进行调查,每个县随机选择 2 个村,每个村发放问卷 20 份,采取入户访谈的方式进行。课题组共发放调查问卷 600 份,其中有效问卷 587 份,有效率达 97.83%。调研内容主要包括调研对象的性别、年龄、受教育水平等被调查者基本情况,农户家庭劳动力等人力资本结构,耕地的数量和质量等自然资本情况,宅基地资源等物质资本情况,农户家庭社会关系网络等社会资本情况,农户收入水平等金融资本情况以及农户宅基地流转意愿等情况。

是否有偿是影响农户宅基地流转意愿的决定性因素。针对当前农村宅基地流转"隐性市场"普遍存在的事实[19],本次调查把宅基地流转的条件界定为:按当地"隐性市场"交易价格的有偿流转,把隐性市场显化,流出户可得到等值的经济补偿;流转对象界定为:闲置不用的宅基地,主要包括"一户多宅"户的闲置宅基地,也包括已在外购置房屋,主动放弃宅基地的"一户一宅"户的闲置宅基地。

(二) 样本特征

调研区域样本的基本特征如表 1 所示,受访农户年龄主要集中在 41～60岁,占调研区域样本总量的 50.25%;农户的文化程度总体上偏低,70.02%的农户文化程度为初中及以下;农户宅基地数量主要还是以 1 处为主,占总体样本的 70.02%;农户家庭主要以小户为主,75.98%的农户家庭人口数不超过 5 口人;农户的家庭年收入普遍以低收入为主,高收入比重很小,69.17%的农户家庭年收入低于 5 万元,8.69%的农户家庭年收入高于 10 万元;农户的实际种植的耕地方面,大部分农户还是以小规模种植为主,80.75%的农户耕种面积不超过 5 亩。

表 1　样本的基本特征

项目	类别	频数	比重	项目	类别	频数	比重
年龄	≤30 岁	143	24.36%	家庭人口数量	≤3 人	141	24.02%
	31～40 岁	87	14.82%		4 人	188	32.03%
	41～50 岁	179	30.49%		5 人	117	19.93%
	51～60 岁	116	19.76%		≥6 人	141	24.02%
	≥61 岁	62	10.56%	家庭年收入	1 万元以下	73	12.44%
文化程度	小学	170	28.96%		1 万～3 万元	193	32.88%
	初中	241	41.06%		3 万～5 万元	140	23.85%
	高中	96	16.35%		5 万～10 万元	130	22.15%
	高中以上	80	13.63%		10 万元以上	51	8.69%
宅基地处数	1 处	411	70.02%	实际耕种面积	≤3 亩	381	64.91%
	2 处	150	25.55%		3～5 亩	93	15.84%
	3 处及以上	26	4.43%		>5 亩	113	19.25%

三、研究方法

(一) 农户生计资本评价方法

1. 生计资本评价指标

本文采取英国国际发展机构(DFID)构建的五维可持续性生计分析框架,参考已有学者对生计资本指标的研究成果[8,14,20-21],并结合研究区域农户的特征,构建了农户生计资本量化指标体系(表 2)。人力资本是人们用于谋生的劳动力、知识技能和健康状况等资源禀赋,主要从劳动力的数量和质量两方面来衡量,本文选取了户均劳动力水平、劳动力的文化水平和 50 岁以上劳动力比重 3 个指标来衡量;自然资本是指支持人们生存发展的生产资料，农户的耕地资源禀赋是自然资本的重要衡量指标，本研究主要从耕地的质量和数量两方面衡量，选取了 3 个指标：承包耕地中水田的比重、耕地的土壤肥力、耕地地块间的相互距离；物质资本是便于人们生产生活的基础设施和物资设备等资源，农户的固定资产和农业器械是主要衡量指标，本研究选取了 3 个指标：宅基地的处数、是否购买城镇商品房和自家是否拥有农机具；金融资本是指用于购买生产性和生活消费性物品的现金以及可获得的借贷款机会等，本研究通过家庭年收入水平、家庭存款与上年对比、家庭外借款项情况 3 个指标来衡量；社会资本是人们通过社会这个媒介所形成的社会关系网络，所能用于实现自身生计目标的社会资源禀赋，本研究通过 3 个指标：家庭亲朋好友数量、农户姓氏在村里的情况和家庭党员的数量来衡量。

表 2　农户生计资本指标体系说明与描述性统计

生计资本	生计指标	指标说明或赋值	均值	指标权重
人力资本	户均劳动力水平	农户家庭劳动力人数/家庭总人口数	0.736	0.208
	劳动力的文化水平	高中及以上的劳动力人数/劳动力总数	0.284	0.387
	50 岁以上劳动力比重	大于 50 岁的劳动力人数/劳动力总数	0.240	0.405
自然资本	承包耕地中水田的比重	承包耕地中水田面积/承包耕地总面积	0.766	0.300
	耕地的土壤肥力	很差＝1；较差＝2；一般＝3；较好＝4；很好＝5	3.390	0.344
	耕地地块间的相互距离	都比较近＝1；一般＝2；都比较远＝3	2.095	0.357
物质资本	宅基地的处数/处	农户家庭所拥有的宅基地的数量	1.344	0.399
	是否购买城镇商品房	否＝0；是＝1	0.208	0.378
	自家是否拥有农机具	否＝0；是＝1	0.472	0.223

（续表）

生计资本	生计指标	指标说明或赋值	均值	指标权重
金融资本	家庭年收入水平/万元	≤1=1;1～3=2;3～5=3;5～10=4;>10=5	2.818	0.373
	家庭存款与上年对比	减少了=1;差不多=2;增加了=3	2.196	0.333
	家庭外借款项情况	没有=1;数额较小=2;数额较大=3	2.480	0.294
社会资本	家庭亲朋好友数量	很少=1;一般=2;较多=3	2.443	0.262
	农户姓氏在村里的情况	小姓=1;一般=2;大姓=3	2.290	0.288
	家庭党员的数量	没有=1;1人=2;≥2人=3	1.303	0.450

2. 生计资本量化

研究采用极差标准化方法对指标进行标准化处理，采用离差最大法确定各分项生计资本指标的权重[22]。

$$Z_{ij}=(X_{ij}-\text{Min }X_{ij})/(\text{Max }X_{ij}-\text{Min }X_{ij}) \tag{1}$$

式(1)中 Z_{ij} 表示经过标准化后的指标值，X_{ij} 为某分项生计资本具体衡量指标的指标值；i 为接受调查的农户，j 为某分项生计资本的具体衡量指标的指标项。

$$W_j=\sum_{i=1}^{m}\sum_{k=1}^{m}|Z_{ij}-Z_{kj}|/\sum_{j=1}^{n}\sum_{i=1}^{m}\sum_{k=1}^{m}|Z_{ij}-Z_{kj}| \tag{2}$$

式(2)中 W_j 为某生计资本具体衡量指标的权重，i 为接受调查的农户，j 为某分项生计资本具体衡量指标项，m 为接受调查农户的总数，n 为某分项生计资本指标的总项数；k 为第 i 个农户所对应的某分项生计资本的产值。各生计资本指标的权重计算结果见表 2。

$$C_i=\sum_{j=1}^{n}Z_{ij}W_j \tag{3}$$

式(3)中 C_i 为某分项生计资本产值；而农户生计资本总产值为五项生计

资本产值之和。

（二）生计资本分化对农户宅基地流转意愿的影响分析

研究通过问题“愿不愿意流转宅基地”来获取农户的宅基地流转意愿，流转意愿设计“很不愿意”“不愿意”“无所谓”“愿意”和“很愿意”五元选项，并对意愿依次取值为1、2、3、4、5，是典型的有序多分类响应变量，研究采用Ordered probit模型进行计量分析。Ordered probit模型的函数形式表示如下：

$$y^* = \beta_0 + \beta x_i + u \tag{4}$$

式(4)中 y^* 为被解释变量，即农户的宅基地流转意愿；i 是农户个体，x_i 是可能影响被解释变量的一组解释变量向量，即具体的15项生计资本指标；β 是相应的未知系数，β_0 是常数项；u 是服从正态分布的随机扰动项。样本中 y^* 是无法直接观察的潜在变量，需要用可以观察到的变量 y_i 表示。假设 $\gamma_1 < \gamma_2 < \cdots < \gamma_{n-1}$ 表示阈值，本研究中 $n=5$，因此有 $\gamma_1, \gamma_2, \gamma_3, \gamma_4$ 四个阈值，y_i 与潜变量 y^* 的关系是

$$y_i = \begin{cases} 1, & 当\ y_i^* < \gamma_1 \\ 2, & 当\ \gamma_1 \leqslant y_i^* < \gamma_2 \\ 3, & 当\ \gamma_2 \leqslant y_i^* < \gamma_3 \\ 4, & 当\ \gamma_3 \leqslant y_i^* < \gamma_4 \\ 5, & 当\ y_i^* \geqslant \gamma_4 \end{cases} \tag{5}$$

四、研究结果与分析

（一）农户生计资本分化的现状

根据表2，对587户农户的各项生计资本逐一计算、汇总并进行描述

性统计分析，结果见表 3 和图 1，总体上符合正态分布的统计学基础要求。

表 3　农户生计资本量化产值的描述性统计

生计资本类型	极值差	均值	中位数	标准差
人力资本	1.000	0.360	0.356	0.172
自然资本	0.914	0.631	0.651	0.191
物质资本	1.000	0.252	0.223	0.211
金融资本	1.000	0.586	0.574	0.205
社会资本	1.000	0.443	0.419	0.197
生计资本总产值	3.531	2.273	2.269	0.463

1. 生计资本总产值的分化

从五类生计资本的均值看，当前农户生计资本均值从高到低分别是自然资本、金融资本、社会资本、人力资本和物质资本。农户生计资本总产值的最大最小值相差 3.531，样本标准差高达 0.463，表明农户间生计资本总量的分化程度较高。从拟合的正态分布曲线来看，生计资本总产值接近正态分布；农户生计资本总产值处于小于 1.90、1.90～2.60 和大于 2.60 区间的比重分别为 19.93％、57.41％和 22.66％。

2. 各类生计资本的分化

五类生计资本的分化程度存在差异，差异程度从高到低依次是物质资本、金融资本、社会资本、自然资本和人力资本。

① 人力资本的分化　农户人力资本产值最大最小相差较大，均值(0.360)比中位数(0.356)大，51.62％的农户人力资本产值低于平均值，说明超过一半的农户人力资本产值低于平均水平。从拟合的正态分布曲线看，人力资本接近正态分布，48.38％的农户产值集中在 0.28～0.50，28.96％的农户产值小于 0.28，22.66％的农户产值大于 0.50。

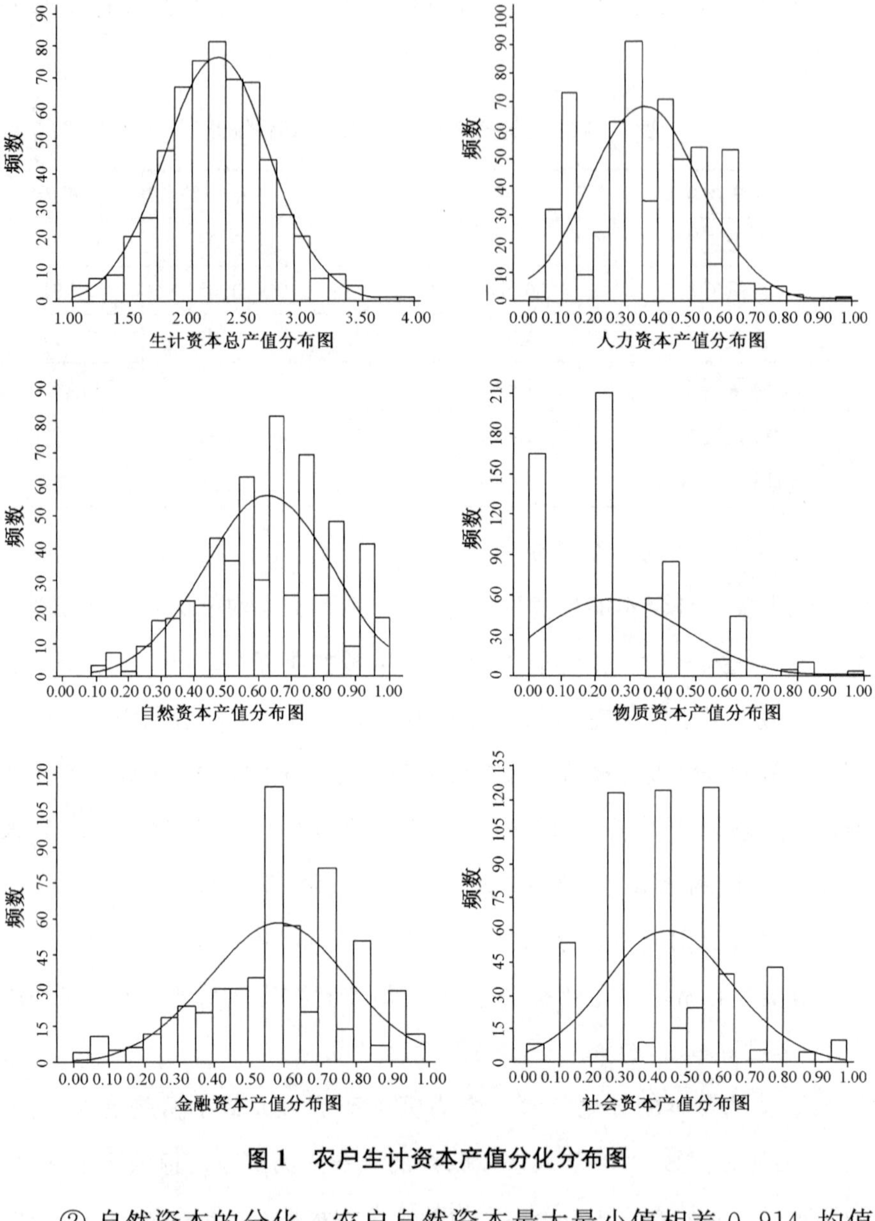

图 1　农户生计资本产值分化分布图

② 自然资本的分化　农户自然资本最大最小值相差 0.914，均值(0.631)比中位数(0.651)稍小，53.83%的农户自然资本高于平均值，说明超过半数农户自然资本超过平均值。从正态分布拟合趋势看，自然资

本接近正态分布，49.74%的农户产值在0.50～0.75，22.66%的农户产值小于0.50，27.60%的农户产值大于0.75。

③ 物质资本的分化　农户物质资本产值最大最小相差较大，均值(0.252)比中位数(0.223)大，63.88%的农户物质资本产值低于平均值，说明超过一半的农户物质资本产值低于平均水平。由正态分布的拟合效果可知，物质资本正态分布拟合效果差，产值分布较为分散，38.16%的农户产值小于0.20，37.82%的农户产值集中在0.20～0.40，24.02%的农户产值大于0.40。

④ 金融资本的分化　农户金融资本最大最小值相差较大，均值(0.586)比中位数(0.574)大，50.09%的农户金融资本低于平均值，由正态分布曲线可知，金融资本较接近正态分布，农户的金融资本贫富差距依然严峻，低产值和高产值所占比重均较小。63.20%的农户产值集中在0.40～0.75，17.38%的农户产值低于0.40，19.42%的农户产值大于0.75。

⑤ 社会资本的分化　农户社会资本最小最大值相差较大，均值(0.443)大于中位数(0.419)，54.51%的农户社会资本低于平均值，说明超过半数的农户社会资本产值低于平均水平。从正态分布曲线可知，社会资本正态分布拟合效果差，32.03%的农户产值低于0.35，28.62%的农户产值集中在0.35～0.50，39.35%的农户产值大于0.50。

(二) 农户宅基地的流转意愿

农户的宅基地流转意愿情况见表4。有54.35%的农户愿意流转宅基地(含很愿意和愿意两个选项)，只有21.12%的农户不愿意(含很不愿意和不愿意两个选项)，总体上农户的流转意愿较高。

表 4 农户宅基地流转意愿情况

宅基地流转意愿	数量	比重(%)	合　计	
			数量	比重(%)
很不愿意	36	6.13	124	21.12
不愿意	88	14.99		
无所谓	144	24.53	144	24.53
愿意	170	28.97	319	54.35
很愿意	149	25.38		
合　计	587	100.00	587	100.00

(三)生计资本分化对农户宅基地流转意愿的影响分析

本研究采用 Stata12.0 软件,以农户宅基地流转意愿为被解释变量,农户的生计资本指标为解释变量,进行 Ordered probit 回归分析。模型的 P 值(Prob>chi^2=0.0000)说明模型整体通过了 1%的显著水平检验,拟对数似然比(Log pseudolikelihood= −858.49569)和伪判决系数(Pseudo R^2=0.0297)可说明模型的整体拟合优度比较好[23]。根据模型结果(表 5),分析如下:

1. 自然资本指标中,“承包耕地中水田的比重”和“耕地地块间的相互距离”分别呈 5%水平显著正相关和 1%的显著负相关,即农户承包耕地中水田的比重越大,耕地地块间的距离越小,农户越愿意流转宅基地。可能原因是农户拥有的耕地资源越好,越能体会到土地资源的珍贵,对目前日益粗放利用的宅基地越感到可惜,也就越希望能通过流转盘活,促进宅基地的利用。据边际效应可知,水田占耕地的比重每增加一个单位,能使农户宅基地流转意愿“很不愿意”“不愿意”和“无所谓”的概率分别下降 4.0%、5.3%和 3.4%左右,“愿意”和“很愿意”的概率分别上升2.5%和 10.3%;耕地地块间距离每减少一个单位,能使农户宅基地流转意愿“很

表 5 生计资本影响农户宅基地流转意愿的结果

生计资本	生计指标	估计系数	边际效应				
			很不愿意	不愿意	无所谓	愿意	很愿意
人力资本	户均劳动力水平	0.267 (0.218)	−0.032 (0.026)	−0.042 (0.034)	−0.027 (0.022)	0.019 (0.016)	0.081 (0.066)
	劳动力的文化水平	0.048 (0.162)	−0.006 (0.019)	−0.008 (0.026)	−0.005 (0.016)	0.003 (0.012)	0.015 (0.049)
	50 岁以上劳动力比重	0.066 (0.174)	−0.008 (0.021)	−0.010 (0.027)	−0.007 (0.018)	0.005 (0.013)	0.020 (0.053)
自然资本	承包耕地中水田的比重	0.339* (0.152)	−0.040* (0.018)	−0.053* (0.024)	−0.034* (0.016)	0.025* (0.012)	0.103* (0.046)
	耕地的土壤肥力	−0.005 (0.151)	0.001 (0.006)	0.001 (0.008)	0.000 (0.005)	0.000 (0.004)	−0.001 (0.016)
	耕地地块间的相互距离	−0.206** (0.058)	0.024** (0.008)	0.032** (0.009)	0.021** (0.006)	−0.015** (0.005)	−0.063** (0.017)
物质资本	宅基地的处数	0.206** (0.078)	−0.024* (0.010)	−0.032** (0.012)	−0.021** (0.008)	0.015* (0.006)	0.063** (0.024)
	是否购买城镇商品房	−0.079 (0.112)	0.009 (0.013)	0.012 (0.018)	0.008 (0.011)	−0.006 (0.008)	−0.024 (0.034)
	自家是否拥有农机具	−0.223* (0.091)	0.026* (0.011)	0.035* (0.015)	0.022* (0.009)	−0.016* (0.007)	−0.068* (0.028)

(续表)

生计资本	生计指标	估计系数	边际效应				
			很不愿意	不愿意	无所谓	愿意	很愿意
金融资本	家庭年收入水平	0.021 (0.038)	−0.002 (0.005)	−0.003 (0.006)	−0.002 (0.004)	0.001 (0.003)	0.006 (0.012)
	家庭存款与上年对比	0.167* (0.065)	−0.020* (0.008)	−0.026** (0.010)	−0.017* (0.007)	0.012* (0.005)	0.051** (0.020)
	家庭外借款项情况	−0.237** (0.071)	0.028** (0.009)	0.037** (0.011)	0.024** (0.008)	−0.017** (0.006)	−0.072** (0.022)
社会资本	家庭亲朋好友数量	0.114 (0.081)	−0.014 (0.010)	−0.018 (0.013)	−0.012 (0.008)	0.008 (0.006)	0.035 (0.025)
	农户姓氏在村里的情况	−0.017 (0.059)	0.002 (0.007)	0.003 (0.009)	0.002 (0.006)	−0.001 (0.004)	−0.005 (0.018)
	家庭党员的数量	−0.081 (0.093)	0.010 (0.011)	0.013 (0.015)	0.008 (0.009)	−0.006 (0.007)	−0.025 (0.028)

注：*、** 表示显著水平分别为5%，1%；括号中的数值为估计系数的稳健性标准误。

不愿意”“不愿意”和“无所谓”的概率分别下降 2.4%、3.2%和2.1%，“愿意”和“很愿意”的概率分别上升 1.5%和 6.3%。

2. 物质资本指标中，“宅基地的处数”和“自家是否拥有农机具”分别呈 1%水平的显著正相关和 5%水平的显著负相关，即农户宅基地的数量越多，家庭拥有农机具资源越差，越愿意流转宅基地。根据调研可知，宅基地资源丰富的农户，越希望通过提高宅基地的利用效益来盘活资本，在农村部分地区，农户利用宅基地获取的家庭经营性收入已成为家庭总收入的重要组成部分[24]。农户拥有农机具资源越多，其从事农业劳作的积极性越强，需要存放农机具的场所就越多，且由于农业的不稳定、高风险等特点，农户对宅基地的流转往往趋于保守，更不愿意流转宅基地。据边际效应结果可知，农户宅基地的数量每增加一个单位，能使农户宅基地流转意愿“很不愿意”“不愿意”和“无所谓”的概率分别下降 2.4%、3.2%和 2.1%，“愿意”和“很愿意”的概率分别上升 1.5%和 6.3%；农机具资源每减少一个单位，能使农户宅基地流转意愿“很不愿意”“不愿意”和“无所谓”的概率分别下降 2.6%、3.5%和 2.2%，“愿意”和“很愿意”的概率分别上升 1.6%和 6.8%。

3. 金融资本指标中，“家庭存款与上年对比”和“家庭外借款项情况”分别呈 5%水平的显著正相关和 1%的显著负相关，即农户家庭存款与上年对比情况越好，家庭外借钱款越少，越愿意流转宅基地。经济条件越好的农户，生计途径越趋于多元化，抵抗外来风险的能力更强，宅基地对于这部分农户的保障性作用逐渐弱化，农户更加注重宅基地权属的经济效益，更希望通过开放宅基地流转市场，来获取经济收益从而改善居住环境。具体说，农户家庭存款与上年对比情况每增加一个单位，能使农户宅基地流转意愿“很不愿意”“不愿意”和“无所谓”的概率分别下降 2.0%、2.6%和 1.7%，“愿意”和“很愿意”的概率分别上升 1.2%和 5.1%；家庭外借钱款每减少一个单位，能使农户宅基地流转意愿“很不愿意”“不愿意”和“无所谓”的概率分别下降 2.8%、3.7%和 2.4%，“愿意”和“很愿意”的概率分别上升 1.7%和 7.2%。

4. 在农户的人力资本和社会资本的具体生计指标中，没有一项指标达到显著水平的影响，这可能是因为农村的人力资本大都属于兼业状态，而社会资本相对薄弱，还不足以影响农户对宅基地流转的决策[14]。

五、结论与政策启示

（一）主要研究结论

本文利用江西省 587 份问卷，构建了生计资本量化指标体系，利用离差最大法确定生计资本指标的权重，运用 Ordered probit 回归模型，探讨农户生计资本分化及其对农户宅基地流转意愿的影响。本文得到以下结论：

（1）当前农户不同类型生计资本的分化程度不同，分化程度从高到低依次是物质资本、金融资本、社会资本、自然资本和人力资本。

（2）从农户流转意愿来看，21.12%的农户不愿意流转宅基地，54.35%的农户愿意流转宅基地，总体上农户的宅基地流转意愿较高。

（3）自然资本中的“承包耕地中水田的比重”、物质资本中的“宅基地的处数”、金融资本中的“家庭存款与上年对比”三个指标与农户宅基地流转意愿呈显著正相关，而自然资本中的“耕地地块间相互距离”、物质资本中的“自家是否拥有农机具”、金融资本中的“家庭外借款项情况”三个指标呈显著负相关。

（二）政策启示

宅基地流转不仅是提升农村建设用地利用效益的内在需求，也是多数农户的真实意愿，关键在于国家应制定相关政策制度来规范和促进宅基地的流转。目前，我国正在开展农村宅基地使用制度改革的积极探索，各地设计宅基地使用改革的政策制度时，应充分考虑和尊重农户的意愿，特别是正视当前农户生计资本分化的社会现象，根据生计资本分化对宅基地流转意愿的影响规律，有针对性地制定相应政策给予激励。

(1) 针对农户宅基地流转意愿与“水田占耕地的比重”呈正相关、与“耕地地块间相互距离”呈负相关的规律，应进一步加大农地整治力度，继续完善高标准基本农田建设，因地制宜地开展“旱改水”工程，进而提高农户水田的比重，并促进经营权流转，通过适度规模经营减少“耕地地块间相互距离”。

(2) 针对农户宅基地流转意愿与“宅基地的处数”呈正相关的规律，则应加强“一户多宅”的规范管理，通过有偿使用、有偿退出等手段促进“一户多宅”户多余宅基地的流转。

(3) 针对宅基地流转意愿与“自家是否拥有农机具”呈负相关的规律，则应加强农业生产配套设施用地的配置，解决农机具的存放问题。

(4) 针对宅基地流转意愿与“家庭存款与上年对比”呈正相关、与“家庭外借款项情况”呈负相关的规律，则应加大农村社会经济的发展力度，通过改善农户生活条件来提升农户的宅基地流转意愿。

致谢：感谢参与调研与数据收集的各位老师与同学：高雪萍、廖彩荣、李志朋、黄玉娇、谢晓文、刘馨、刘静、彭欣欣、刘洋洋、夏淑芳、王成量、王思琪、胡雯、严静娴、付霖炜、肖芳文、刘君、陈燕、全镇新、张媛。

参考文献

[1] 严金明,王晨.基于城乡统筹发展的土地管理制度改革创新模式评析与政策选择——以成都统筹城乡综合配套改革试验区为例[J].中国软科学,2011(7):1-8.

[2] 宋伟,陈百明,张英.中国村庄宅基地空心化评价及其影响因素[J].地理研究,2013,32(1):20-28.

[3] 郑红玉,卓跃飞,吴次芳,等.基于减量化目标的农村宅基地整理分区及模式优选[J].农业工程学报,2017,33(12):270-277.

[4] 陈美球,吴萍.农村宅基地管理中的难题与解困措施[J].中国土地,2016(1)31-32.

[5] 陈士银,周飞,吴明发.论新农村建设与农村宅基地合理利用[J].安徽农业科学,2007,35(14):4354-4356.

[6] 上官彩霞,冯淑怡,吕沛璐,等.交易费用视角下宅基地置换模式的区域差异及其成因[J].中国人口·资源与环境,2014,24(4):107-115.

[7] 吴明发.宅基地使用权流转机制研究[D].南京:南京农业大学,2012.

[8] 赵国玲,杨钢桥.农户宅基地流转意愿的影响因素分析——基于湖北二县市的农户调查研究[J].长江流域资源与环境,2009,18(12):1121-1124.

[9] 黄忠华,杜雪君.农户非农化、利益唤醒与宅基地流转:基于浙江农户问卷调查和有序Logit模型[J].中国土地科学,2011,25(8):48-53.

[10] 李伯华,刘艳,张安录,等.城市边缘区不同类型农户对宅基地流转的认知与响应——以衡阳市酃湖乡两个典型村为例[J].资源科学,2015,37(4):654-662.

[11] 陈美球,徐星璐,朱美英.农户对农村宅基地流转的认知与意愿——基于江西省254户农户调查[J].热带地理,2014,34(4):505-510.

[12] 钱龙,钱文荣,郑思宁.市民化能力、法律认知与农村宅基地流转——基于温州试验区的调查与实证[J].农业经济问题,2016(5):59-68.

[13] 李广东,邱道持,王利平,等.生计资产差异对农户耕地保护补偿模式选择的影响——渝西方山丘陵不同地带样点村的实证分析[J].地理学报,2012,67(4):

504 - 515.

[14] 周丙娟,叶琦,诸培新.农户分化下的宅基地退出意愿及选择偏好实证分析——基于江西省 314 个农户调研[J].农林经济管理学报,2017,16(2):216 - 223.

[15] 关江华,黄朝禧,胡银根.农户宅基地流转意愿差异及其驱动力研究——基于农户可持续生计视角[J].资源科学,2013,35(11):2266 - 2272.

[16] 陈美球,何维佳,刘桃菊,等.当前农户农村居民点用地集约利用意愿的实证分析——以江西省为例[J].中国农村经济,2009(8):63 - 69.

[17] Chambers R, Conway G. Sustainable Rural Livelihoods: Practical Concepts for the 21st Century [M]. IDS Discussion Paper 296. Brighton, Institute of Development Studies (UK), 1992.

[18] Ellis F. Rural Livelihoods and Diversity in Developing Countries [M]. London: Oxford University Press, 2000: 78 - 90.

[19] 诸培新,叶琦.农户分化下农民宅基地退出意愿差异性研究——基于江苏省 886 个样本数据[J].农林经济管理学报,2015,14(3):279 - 288.

[20] 彭清,王成,邓春.承包农户耕地转出潜力及空间组织经营模式——基于农户生计资本视角[J].资源科学,2017,39(8):1477 - 1487.

[21] 邝佛缘,陈美球,鲁燕飞,等.生计资本对农户耕地保护意愿的影响分析——以江西省 587 份问卷为例[J].中国土地科学,2017,31(2):58 - 66.

[22] 马永红,周荣喜,李振光.基于离差最大化的决策者权重的确定方法[J].北京化工大学学报,2007,34(2):177 - 180.

[23] 张甜.Stata 统计分析与行业应用案例详解[M].北京:清华大学出版社,2014.

[24] 陈利根,王琴,龙开胜.农民宅基地福利水平影响因素的理论分析[J].农村经济,2011(12):13 - 16.

农户生态耕种的现状与激励对策*

——基于江西省2028户农户化肥农药使用行为的专题调研

发展现代生态农业，既是生态文明建设的主要内容和关键基石，也是实现由农业大国向农业强国转变的内在需求。作为耕地的耕种主体，农户是否采取生态耕种行为，不仅关系着生产源头环节的农产品质量是否安全，更决定着现代生态农业的成败，也影响着耕地数量、质量、生态“三位一体”保护目标能否实现[1]。因此，深入掌握广大农户生态耕种行为特征及其影响因素，进而提出相应的激励对策，是发展现代生态农业的一项基础性课题。化肥农药的滥用是当前威胁生态耕种最突出的因素，化肥农药的滥用不仅引发日益严重的面源污染、农田土壤酸化、耕地质量下降，并导致河流湖泊出现水体富营养化，而且威胁着农产品安全，对人们的健康产生影响[2-5]。当前，我国是世界上最大的农药化肥生产国和消费国，单位面积农药用量是发达国家平均用量的2倍，化肥施用强度也已远远高于国际公认的化肥施用安全上限[6]。众多研究表明，农药化肥的滥用已成为威胁我国农业生态环境健康、制约现代生态农业发展的最主要因素之一[7-9]。因此，从化肥农药使用的角度来分析农户的生态耕种行为具有典型的现实意义。

---

* 本文曾刊发于《土地经济研究》2017年第2期，参与撰写的还有刘桃菊、李志朋和鲁燕飞。

江西省是我国传统农业大省，是1949年以来两个从未间断向国家贡献粮食的省份之一，农药化肥使用量逐年递增的现象较为突出，从1993年到2015年，农药从3.96万吨增加到9.39万吨，化肥施用量从103.2万吨增加到143.6万吨。以江西省为例，从农药化肥使用角度研究农户的生态耕种行为，具有典型代表性。本文基于2028份问卷调研，系统了解现阶段农户化肥农药使用现状，在充分考虑农户对激励措施愿望的基础上，提出促进农户合理使用化肥农药的激励对策，以期为推行农户生态耕种的政策制定提供决策参考。

一、农户化肥农药使用的现状

为了深入认识农户化肥农药使用的现状，课题组开展了“农户化肥农药使用”专题调研。调研以问卷调查为主，结合实地走访和座谈会等方式进行。课题组按经济发展水平、地形地貌特征进行分层随机抽样，选取了赣州市的章贡区、于都县、石城县、南康区、赣县，上饶市的德兴市、横峰县、玉山县，吉安市的遂川县、新干县，新余市的分宜县、渝水区，南昌市的南昌县、新建区，萍乡市的安源区、湘东区，九江市的武宁县，宜春市的万载县和抚州市的南丰县等9市19县作为调查样点，每个县选取4个村，每个村调查30户农户，问卷内容涉及农户的基本信息及如何选取农药类型、如何确定使用量、使用方法以及对农药认识、化肥农药合理使用激励政策的期望等相关内容。一共发放问卷2280份，共收回问卷2112份，其中有效问卷2028份，有效问卷率为96.02%。

1. 农户对化肥农药使用的基本认知比较正确

由表1可知，91.07%的农户认为化肥不是越多越好，93.74%的农户认为农药不是越多越好，目前水塘江河水质普遍变差，66.57%的农户认为是与增加化肥农药使用量有关，对于可能含有一些重金属添加剂残留的大型养猪场粪肥，72.83%的农户不放心使用，这说明绝大多数的农户对化肥农药使用有正确的基本认知。

表 1　农户对化肥农药使用量的认知

问题	选项	样本数	百分比(%)
你认为化肥施用是否越多越好?	不是	1846	91.03
	是	182	8.97
你认为农药使用是否越多越好?	不是	1901	93.74
	是	127	6.26
目前水塘江河水质普遍变差，你认为是否与农户增加化肥农药使用量有关?	有关	1350	66.57
	无关	678	33.43
大型养猪场的粪肥，可能会含有一些重金属添加剂的残留，你会放心使用吗	放心	551	27.17
	不放心	1477	72.83

2. 农户对化肥农药使用量存在逐年增加的趋势

表 2 表明，57.59%的农户化肥使用量是年年差不多，有 31.46%的农户是越来越多，只有 10.95%的农户是越来越少；56.76%的农户农药使用量是年年差不多，有 29.68%的农户是越来越多，只有 13.56%的农户是越来越少。农户对化肥农药使用量存在逐年增加的趋势。

表 2　与往年相比，农户使用化肥农药量的变化情况

		年年差不多	越来越多	越来越少
化肥	样本数	1168	638	222
	比例	57.59%	31.46%	10.95%
农药	样本数	1151	602	275
	比例	56.76%	29.68%	13.56%

3. 化肥农药使用量的决策多缺乏科学依据

由表3可见，目前农户对化肥农药使用量的决策依据多元化，将近一半的农户是凭自己的经验，其次是参阅使用说明书，然后依次是技术人员的指导、“别人施多少，我就施多少”的从众行为和化肥价格。参阅使用说明书和技术人员的指导是合理科学的渠道，约占1/3，即只有三成左右农户化肥农药使用量的决策具有科学依据。

表3　农户化肥农药使用量的决策

		凭自己的经验	别人施多少，我就施多少	化肥价格	技术人员的指导	参阅使用说明书
化肥	样本数	942	258	83	286	459
	比例	46.45%	12.72%	4.09%	14.10%	22.64%
农药	样本数	864	294	119	319	432
	比例	42.60%	14.50%	5.87%	15.73%	21.30%

4. 病虫害防治效果是农户农药类型选择的首要因素

从表4看出，超过一半的农户是从农药效果角度选择农药，毒性强、病虫害防治效果好是第一选择，说明在大多数农户心中，保障农作物产量是首要任务，“见效快、效果好”是选择农药的衡量标准，只有不到1/5的农户选择价格低廉的农药，说明在选择农药类型时，农户并不主要受价格约束，而是首先考虑药效。

表4　农户对农药种类的选择

问题	选项	样本数	百分比(%)
你是如何选择农药种类？	毒性强，病虫害防治效果好	1087	53.60
	价格低廉	384	18.93
	低毒低残留	557	27.47

5. 影响农户合理使用化肥和农药的因素有所区别

化肥农药对增加产量、解决人们对农产品的巨大需求有着不可替代的作用，而化肥农药合理使用是发挥化肥农药的增产功能和抑制由化肥农药过量使用而导致的负面影响的客观要求。课题组以应用测土配方施肥技术或依据说明书使用作为判断化肥农药使用是否合理的指标，运用定量模型分别分析了农户化肥和农药合理使用行为的影响因素。

二、模型选取

选取二元 logistic 回归模型来分析。为消除变量间的共线性误差，采用方差扩大因子法进行多重共线性诊断。用 X_i 表示自变量(具体变量见表 5)，p 表示农户合理使用化肥农药的概率，则

$$p=\frac{e^{f(x)}}{1+e^{f(x)}} \tag{1}$$

$$1-p=\frac{1}{1+e^{f(x)}} \tag{2}$$

由此可得出农户合理使用化肥农药的比率为

$$\frac{p}{1-p}=e^{f(x)} \tag{3}$$

将(3)转化成线性方程式得：

$$y=\ln\left[\frac{p}{1-p}\right]=\beta_0+\beta_1X_1+\beta_2X_2+\cdots\cdots+\beta_{12}X_{12}+\mu \tag{4}$$

(4)式中，β_0 为回归截距：$X_1, X_2, \cdots, X_{12}$是有关自变量；$\beta_1, \beta_2, \cdots, \beta_{12}$为相应自变量的回归系数；$u$ 为随机干扰项。

表 5 变量说明表

化肥使用行为			农药使用行为		
一级变量	二级变量	变量定义	一级变量	二级变量	变量定义
农户个人特征	性别(X_{11})	男＝1,女＝0	农户个人特征	性别(X_{21})	男＝1,女＝0
	年龄(X_{12})	≤25 岁＝0,＞25 岁且≤35 岁＝1,＞35 岁且≤45 岁＝2,＞45 岁且≤55 岁＝3,＞55 岁＝4		年龄(X_{22})	≤25 岁＝0,＞25 岁且≤35 岁＝1,＞35 岁且≤45 岁＝2,＞45 岁且≤55 岁＝3,＞55 岁＝4
	文化程度(X_{13})	小学及以下＝0,初中＝1,高中＝2,中专及以上＝3		文化程度(X_{23})	小学及以下＝0,初中＝1,高中＝2,中专及以上＝3
	家庭年收入(X_{14})	≤2 万元＝0,＞2 万元且≤4 万元＝1,＞4 万元且≤6 万元＝2,＞6 万元＝3		家庭年收入(X_{24})	≤2 万元＝0,＞2 万元且≤4 万元＝1,＞4 万元且≤6 万元＝2,＞6 万元＝3
	家庭农业劳动力比重(X_{15})	≤20%＝0,＞20%且≤40%＝1,＞40%且≤60%＝2,＞60%且≤80%＝3,＞80%＝4		家庭农业劳动力比重(X_{25})	≤20%＝0,＞20%且≤40%＝1,＞40%且≤60%＝2,＞60%且≤80%＝3,＞80%＝4
家庭特征	家庭耕地经营规模(X_{16})	≤2 亩＝0,＞2 亩且≤4 亩＝1,＞4 亩且≤6 亩＝2,＞6 亩且≤8 亩＝3,＞8 亩且≤10 亩＝4,＞10 亩＝5	家庭特征	家庭耕地经营规模(X_{26})	≤2 亩＝0,＞2 亩且≤4 亩＝1,＞4 亩且≤6 亩＝2,＞6 亩且≤8 亩＝3,＞8 亩且≤10 亩＝4,＞10 亩＝5
	耕地细碎化程度(X_{17})	无耕地＝0,≤2＝1,＞2 且≤4＝2,＞4 且≤6＝3,＞6 且≤8＝4,＞8 且≤10＝5,＞10＝6		耕地细碎化程度(X_{27})	无耕地＝0,≤2＝1,＞2 且≤4＝2,＞4 且≤6＝3,＞6 且≤8＝4,＞8 且≤10＝5,＞10＝6
	农业收入占总收入比重(X_{18})	≤20%＝0,＞20%且≤40%＝1,＞40%且≤60%＝2,＞60%且≤80%＝3,＞80%＝4		农业收入占总收入比重(X_{28})	≤20%＝0,＞20%且≤40%＝1,＞40%且≤60%＝2,＞60%且≤80%＝3,＞80%＝4

(续表)

化肥使用行为			农药使用行为		
一级变量	二级变量	变量定义	一级变量	二级变量	变量定义
化肥使用知识认知	是否了解过量使用化肥的负面影响(X_{19})	是=1,否=0	农药使用知识认知	是否了解过量使用农药的负面影响(X_{29})	是=1,否=0
	是否认为化肥使用越多越好(X_{110})	是=1,否=0		是否认为农药施用越多越好(X_{210})	是=1,否=0
	是否了解测土配方施肥技术(X_{111})	是=1,否=0		是否认为农药过量使用会污染土壤(X_{211})	是=1,否=0
	是否认为化肥过量使用会污染土壤(X_{112})	是=1,否=0	用药习惯	近10年来更换农药种类的频率(X_{212})	从来不换=0,偶尔换=1,经常换=2
施肥习惯	近10年来更换化肥种类的频率(X_{113})	从来不换=0,偶尔换=1,经常换=2		实际农药使用量与说明书的使用量相比(X_{213})	更少=0,差不多=1,更多=2
	实际化肥施用量与说明书的使用量相比(X_{114})	更少=0,差不多=1,更多=2		与上年比较,农药使用量的变化(X_{214})	越来越少=0,差不多=1,越来越多=2
	与上年比较,化肥施用量的变化(X_{115})	越来越少=0,差不多=1,越来越多=2			

表 6　模型回归结果

化肥使用行为						农药使用行为					
自变量	回归系数(B)	标准差(S. E.)	Wald 值	显著性概率(Sig)	发生比 Exp(B)	自变量	回归系数(B)	标准差(S. E.)	Wald 值	显著性概率(Sig)	发生比 Exp(B)
X_{11}	0.065	0.120	0.291	0.589	1.067	X_{21}	−0.063	0.062	1.010	0.315	0.939
X_{12}	−0.384	0.259	2.208	0.137	0.681	X_{22}	−0.175	0.140	1.561	0.212	0.839
X_{13}	0.121	0.169	0.515	0.473	1.129	X_{23}	0.150	0.087	2.946	0.086	1.162
X_{14}	−0.375	0.117	10.248	0.001***	0.688	X_{24}	−0.033	0.056	0.341	0.559	0.968
X_{15}	−0.214	0.124	2.977	0.084*	0.807	X_{25}	0.047	0.068	0.470	0.493	1.048
X_{16}	0.198	0.094	4.442	0.035**	1.219	X_{26}	0.261	0.050	27.646	0.000***	1.298
X_{17}	−0.370	0.260	2.031	0.154	0.691	X_{27}	−0.035	0.116	0.089	0.765	0.966
X_{18}	0.138	0.113	1.487	0.223	1.147	X_{28}	0.201	0.058	11.885	0.001***	1.222
X_{19}	−0.142	0.299	0.225	0.635	0.868	X_{29}	0.320	0.138	5.366	0.021**	1.377
X_{110}	−0.415	0.452	0.842	0.359	0.661	X_{210}	−0.835	0.227	13.538	0.000***	2.304
X_{111}	1.934	0.245	62.251	0.000***	0.145	X_{211}	−0.107	0.135	0.632	0.427	0.898
X_{112}	−0.032	0.248	0.017	0.896	0.968	X_{212}	0.534	0.173	9.531	0.002***	1.706
X_{113}	0.576	0.327	3.104	0.078*	1.779	X_{213}	0.094	0.095	0.993	0.319	1.099
X_{114}	−0.467	0.252	3.447	0.063*	0.627	X_{214}	0.320	0.138	5.366	0.021	1.377
X_{115}	−0.675	0.216	9.783	0.002***	0.509						
常量	−3.794	.821	21.336	.000	0.023	常量	−2.615	0.310	71.251	0.000	0.073

注：*，**，*** 分别表示统计检验上分别达到 10%、5%、1%的显著性水平。

由表 6 可知:(1) 施肥习惯对农户合理使用化肥行为的影响最大,科学的施肥习惯是合理使用化肥的关键,而对农药基本知识的认知对农户合理使用农药行为的影响最大,对农药基本知识的认知有利于帮助农户合理使用农药。(2) 家庭从事农业劳动力的比重越低、家庭年收入越低的农户和耕地经营规模越大、对化肥施用技术越了解的农户,其化肥使用行为越合理。(3) 耕地经营规模越大、农业收入占总收入比重越高的农户,其农药使用行为越合理。

三、激励农户合理使用化肥农药的对策建议

(一) 农户对激励措施的愿望

充分了解农户对合理使用化肥农药激励措施的愿望,对于具体政策的制定具有积极的参考意义。至于如何激励农户合理使用化肥农药,不论是学术界还是实践界,比较认同的激励措施主要集中在四个方面[10-12]:一是推广科学施肥技术,二是增加使用农家肥,三是推广使用低毒低残留农药,四是增加冬季绿肥的种植面积。为此,课题组设置了四个问题,分别是“要推广科学施用化肥、控制化肥施用量,最应采取的措施是什么?”“要鼓励农户积极使用农家肥,最应采取的措施是什么?”“要鼓励农户科学选择高效低毒低残留农药,最应采取的措施是什么?”和“要积极推广冬季绿肥种植,最应采取的措施是什么?”,这四个问题用于考察农户对科学使用化肥农药激励措施的愿望,总体结果见表 7。

表 7 农户对合理使用化肥农药激励政策的愿望

问题	选项	样本数	百分比(%)
要推广科学施用化肥、控制化肥施用量,最应采取的措施是什么?	提供便利的科技指导与服务	1015	50.05
	加强相关知识的培训	696	34.32
	明确农民承包地永久不变	317	15.63
要鼓励农户积极使用农家肥,最应采取的措施是什么?	提供并组织有效的农家肥供应源	820	40.43
	政府给予相应补贴激励	1031	50.84
	提高化肥价格	177	8.73
要鼓励农户科学选择高效低毒低残留农药,最应采取的措施是什么?	提供便利的科学指导与服务	503	24.80
	提供专用的廉价农药	558	27.51
	政府给予相应的补贴激励	637	31.41
	逐渐在市场上取消高毒高残留农药	244	12.03
	明确农民承包地永久不变	86	4.25
要积极推广冬季绿肥种植,最应采取的措施是什么?	政府免费提供种子	464	22.89
	政府给予相应补贴激励	1055	52.00
	提供便利的科学指导与服务	441	21.76
	明确农民承包地永久不变	68	3.35

从表 7 可以看出,农户对政府各类支持的需求明显高于对承包地本身产权完整的需求,在涉及“明确农民承包地永久不变”的问题中,其选择比例均最低,而涉及“政府给予相应补贴激励”的问题,其选择比例都最高。在推广科学施用化肥技术方面,有 50.05%的农户选择“提供便利的科技指导与服务”,34.32%的农户选择“加强相关知识的培训”,反映农户对技术指导与服务的迫切需求。在使用农家肥和推广冬季绿肥中,希望政策补贴激励的农户都超过了 50%,表明农户对使用成本很在意。

(二) 农户合理使用化肥农药的激励对策

从农户的化肥农药使用现状看,农户的生态耕种形势并不容乐观,农户虽然普遍认识到过量使用化肥农药对生态环境产生的危害，但大部分农户在确定化肥农药使用量时缺乏科学依据，存在化肥农药使用量逐年增加的趋势。因此，必须制定相应的激励政策，一方面引导农户合理使用化肥农药，实现生态耕种，另一方面在生产环节确保农产品质量安全，为生态农业发展和生态文明建设奠定基础。根据专题调研的研究结论，结合实地走访和座谈会的反馈意见，特提出以下激励农户合理使用化肥农药的对策建议。

1. 正视化肥农药使用的经济外部性，把农户合理使用化肥农药激励融入国家惠农政策目标之中

一方面，化肥农药的不合理使用具有明显的经济负外部性，化肥农药使用不合理导致的面源污染、农田生态环境的破坏、农产品质量安全隐患等不良后果，不只是由化肥农药使用者承担，而是由社会共同承担，具备典型的经济负外部性特征。另一方面，维持健康的耕地资源，确保耕地能为全社会提供丰富的农耕文化、开放空间、农村独特景观、生物栖息、空气与地下水净化等公共自然福利，以及耕地的产粮保障带来的社会稳定心态，耕地保护又表现出典型的经济正外部性。无论是抑制化肥农药不合理使用引发的经济负外部性，还是保障耕地保护带来的经济正外部性，客观上都离不开政府的宏观调控。因此，应把农户化肥农药合理使用的激励融于国家惠农政策目标之中，加大国家的扶持力度。在国家“以工促农、以城带乡”宏观战略背景下，强农惠农政策在逐年强化，扶助资金也在大幅度增加，但目前的政策设计多基于调动农户的生产积极性和促进农民增收的目标，忽视了对耕地质量保护，特别是农户化肥农药合理使用激励的实质性支持。因此，建议在国家整体惠农政策的顶层设计中，把激励农户合理使用化肥农药、促进耕地质量保护融入国家惠农政策目标之中。

2. 重视化肥农药基本知识的宣传,促进农户养成良好施肥习惯

农户的化肥农药使用基本知识及施肥习惯对合理使用化肥农药行为影响密切,要彻底改变"化肥农药经销商推销广告远远超过化肥农药基本知识宣传"的现状,需利用各种宣传手段,特别是新媒体,举办各类知识讲座与培训,加大对广大农户化肥农药基本知识的宣传,以及对科学使用化肥农药的基本常识的普及,让更多农户了解过量使用化肥农药对生态环境产生的种种不良影响,自觉养成科学施用化肥农药的习惯。

3. 回归基层农业技术推广的本质职能,发挥政府在农业技术推广中的主体作用

化肥农药的合理使用,需要相应的科学技术作支撑,这些科技的推广与普及,政府承担着义不容辞的主体作用。这是因为,一方面,相对于第二、三产业,农业是弱势产业,且在我国从事农业的劳动力多是受教育程度较低的群体,他们自身没有能力完全掌握科学的化肥农药使用技术;另一方面,化肥农药的使用,不仅影响农产品的产量,更会对农产品的安全和农田生态环境产生影响,表现出一定的社会公益性特征,政府加强对化肥农药使用的监管并提供相应的指导服务,也是国际社会普遍的做法。然而,目前我国政府在农业技术推广中并没有发挥出应有的主体作用,特别是直接服务于广大农户的基层农业推广组织,由于机构和人员激励机制的不健全,个别地方的"农技推广站"甚至异化为"化肥农药推销站",推销的化肥农药越多,他们的"业绩"越高,经济收益越好。建议改革现行的农业科技推广机制,发挥政府在农业技术推广中的主体作用,让基层"农技推广站"回归本位,真正发挥其推广先进农业技术的功能,引导广大农户科学使用化肥农药。

4. 加大以测土配方施肥为代表的科学施肥技术,提升化肥使用效率

测土配方施肥是在分析土壤供肥能力的基础上,根据种植作物需肥

特点和肥料释放规律，确定施肥的种类、配比和用量，促使化肥在农业生产中的正面作用最大化，成为公认的科学施肥核心技术[13]。深入调研发现，虽然国家全面推行测土配方施肥技术已有十多年时间，但实际推广应用效果并不乐观，要统筹测土、配方、专用肥生产厂商、推广应用、农户接纳等各环节工作，形成合力，真正让测土配方施肥技术发挥出应有的成效。

5. 培育新型农民与鼓励适度规模经营并举，优化合理使用化肥农药的环境

传统农户、种田大户、家庭农场、联户经营、现代农业企业等多种农业经营主体的并存，是我国相当长时期内耕地经营的现实。一方面，针对分散经营，应加大新型农民的培育力度，提高他们的文化水平和接受先进农业技术的理念与能力，普及科学使用化肥农药的基础知识，使其掌握化肥农药使用的先进农业技术；另一方面，针对规模经营能促进农户合理使用化肥农药的规律，进一步坚持土地流转的国家政策导向，鼓励不同地方因地制宜地开展土地流转，采取政府引导与市场调节相结合的方法，加快承包地经营权的流转，促进规模化经营。

6. 完善冬季绿肥种植的激励对策，切实调动农户绿肥种植的积极性

冬季绿肥种植是我国地力培育与恢复的优良传统，对提高土壤肥力、优化茬口布局、减少对化肥的依赖具有重要作用，但近年来江西省冬季种植绿肥的面积越来越少。虽然国家实施了"耕地保护与质量提升补助政策"，其中涉及绿肥种植示范区建设补助，但效果甚微，一是江西省对这一政策的落实并不普遍，调研中很少有人知道这一政策；二是种植绿肥需要投入一定的劳动力来管理，如紫云英必须及时开沟排渍、翻耕腐化，而劳动力紧缺是当前农村一个突出问题。通过与农户的深度访谈发现，如果政府能免费发放种子，且按实际种植面积给予相应的奖励，农户还是愿意

种植冬季绿肥的。因此，完善冬季绿肥种植的激励对策，完全可以调动农户绿肥种植的积极性。

参考文献

[1] 陈美球. 耕地保护的本质回归[J]. 中国土地，2017(4)：12 - 14.

[2] 陈梦娇，陈美球，鲁燕飞，王立国，黄玉娇. 鄱阳湖区农户农业面源污染认知及其影响因素分析[J]. 土地经济研究，2016，(1)：85 - 97.

[3] 王建兵，程磊. 农业面源污染现状分析[J]. 江西农业大学学报(社会科学版)，2008(3)：35 - 39.

[4] Cabrera L, Costa F, Primel E. Risk Estimate of Water Contamination by Pesticide in South of Brazil [J]. Quim. Nova, 2008(31): 1982 - 1986.

[5] Liu X, Zhang Y, Han W, et al. Enhanced Nitrogen Deposition over China [J]. Nature, 2013, 494(7438): 459 - 462.

[6] 纪月清，张惠，陆五一，等. 差异化、信息不完全与农户化肥过量施用[J]. 农业技术经济. 2016(2)：14 - 22.

[7] 朱淀，孔霞，顾建平. 农户过量施用农药的非理性均衡：来自中国苏南地区农户的证据[J]. 中国农村经济，2014，(8)：17 - 29，41.

[8] 田云，张俊飚，何可，丰军辉. 农户农业低碳生产行为及其影响因素分析——以化肥施用和农药使用为例[J]. 中国农村观察，2015，(4)：61 - 70.

[9] 闵继胜，孔祥智. 我国农业面源污染问题的研究进展[J]. 华中农业大学学报(社会科学版)，2016，(2)：59 - 66，136.

[10] 沈倩岭，黄善明. 耕地保护中的农民激励问题研究[J]. 农村经济，2011，(6)：36 - 39.

[11] 杨业光. 农村居民点整理区域农户化肥投入变化研究[D]. 南京农业大学，2013.

[12] 娄博杰，宋敏，韩洁. 农户农药使用行为特征及规范化建议——基于东部 6 省调研数据[J]. 中国农学通报，2014，(23)：124 - 128.

[13] 李莎莎，朱一鸣，马骥. 农户对测土配方施肥技术认知差异及影响因素分析——基于11个粮食主产省2172户农户的调查[J]. 统计与信息论坛，2015，30(7)：94-100.

农户分化对环境友好型技术采纳影响的实证研究*

——基于554户农户对测土配方施肥技术应用的调研

因化肥过量使用而日益严重的农业面源污染，已成为我国生态环境污染最主要的污染源之一[1-2]，不仅导致河流湖泊水体富营养化，还会加剧大气污染，甚至引发耕地土壤酸化，破坏土壤生态系统，直接威胁国家粮食安全[3]。为此，2015年农业部下发《到2020年化肥使用量零增长行动方案》，明确提出到2020年，化肥利用率达到40%以上，力争实现农作物化肥使用量零增长。环境友好型技术的推广应用，是提升化肥利用率，实现化肥使用量零增长目标最根本的途径。农户作为农业生产活动的主体，是化肥使用和环境友好型技术应用的决策主体[4-5]，他们对环境友好型技术的采纳行为，对于环境友好型技术的应用至关重要。伴随着城镇化的快速推进，农户分化已成为当前我国农村的一个突出社会现象[6]。农户分化不仅带来了农村社会经济的变化，而且因对农业依赖程度的不同而表现出农业生产行为的差异，也会反映在对环境友好型技术的关注和响应的差异上[7]。

测土配方施肥技术作为一项相对成熟的环境友好型技术[8]，以“缺什么补什么，缺多少补多少”实现精确施肥，既增加农作物缺乏的营养元素，

---

* 本文曾刊发于《中国农业大学学报》2018年第6期，参与撰写的还有王思琪、彭欣欣和刘桃菊。

又可减少农业面源污染物排放量，多年的推广应用已在促进农户增收、农业增效和减缓农业面源污染方面表现出积极的成效[9-11]。尽管学术界已对农户测土配方施肥技术采纳意愿及行为展开了较多研究[12-14]，但大多把农户作为一个整体看待，而忽略了农户分化这一社会现象。江西省是传统的农业大省，是全国水稻主产区，也是最早推广应用测土配方施肥技术的省份之一，2005 年开始引进测土配方施肥技术，2009 年在全省范围内全覆盖推广，2005—2015 年已累计应用 36810.68 万亩。为此，本文以江西省为研究对象开展专题调研，利用水稻种植户调查数据，系统认识农户分化对环境友好型技术采纳影响规律，以期为促进农户环境友好型技术的采纳行为，实现我国化肥使用减量化目标提供参考。

一、数据来源与样本特征

（一）数据来源

本研究数据来源于课题组的专题调研。在综合考虑地区经济发展水平、地理位置、兼业程度等因素的基础上，偏向测土配方施肥重点示范县、农业生产大县以及配方肥销量较好的地区来确定样本县，共选取了南昌县、奉新县、高安县、万年县、余干县、鄱阳县、兴国县、新干县等 8 个县进行调查。调研采取随机抽样的方式，即在每个样本县选择一个乡镇，每个乡镇中确定两个行政村，每个村发放问卷 40 份，于 2016 年暑假期间采取入户访谈方式进行。调查内容包括被访问者基本信息、农户家庭情况、农户对科学施肥的认知及施肥习惯、测土配方施肥技术采纳意愿等。共发放问卷 640 份，收回问卷 586 份，其中有效问卷 554 份，问卷回收率为 91.56%，有效问卷率为 94.54%。

(二) 农户分化类型划分与样本农户分化特征

农户分化是农户由传统的同质性农业经营分化为农、工、商等不同经营内容的异质性过程，是农户依据自身资源禀赋对家庭劳动力在农业生产与非农业生产之间重新配置的结果。其突出特征是职业分化，职业分化进一步引发农民的收入水平和收入结构呈现差异，具体表现为农户由单纯的农业经营户逐渐分化出亦工亦农的各种兼业户，从而形成纯农户、兼业户、非农户并存且不断演化的局面[15]。本研究参考农户类型划分已有成果[16-18]，依据家庭生计类型与非农收入比重将农户划分为纯农户、Ⅰ兼户、Ⅱ兼户和非农户四种类型，具体划分标准见表 1。554 个样本农户中，纯农户和非农户所占比例分别为 13.72%和 22.02%，兼业农户的比例为 64.26%，其中，Ⅱ兼户所占比例较高，达到 49.46%。

表 1　农户类型划分标准

农户类型	划分标准		频数	百分比/%
	生计类型	非农收入比重/%		
纯农户	单一种植、养殖	0～10	76	13.72
Ⅰ兼户	短期务工、种养殖	10～50	82	14.80
Ⅱ兼户	长期务工、种养殖	50～90	274	49.46
非农户	单一务工	90～100	122	22.02

按农户分化类型对 554 个样本农户主要特征进行归类，结果见表 2。从表中可知，在性别上，Ⅱ兼户和非农户男性比例要低于其他类型农户，这与这两类农户外出务工者多为男性劳动力的现象吻合；在年龄上，纯农户平均年龄达 55.18，明显高于其他类型农户，反映了“老人农业”凸显的现状，同时纯农户平均受教育程度也最低；在家庭人口结构上，四种类型农户的户均总人口数量和户均劳动力数量，总体上差异不大，但都呈现非农收入比重随总人口和劳动力增加而增加的趋势；在家庭年收入上，则表

现出家庭年收入随非农收入比重增加而增加的明显规律，说明非农就业是当前农户收入的主要途径；在承包地规模上，Ⅰ兼户的耕地经营规模明显高于其他类型农户，这符合Ⅰ兼户家庭人口平均年龄低于纯农户、家庭收入以农业为主的实际。

表 2　样本农户分化特征

样本基本特征	纯农户	Ⅰ兼户	Ⅱ兼户	非农户	全部样本
性别	0.84	0.83	0.75	0.75	0.78
年龄/岁	55.18	49.49	48.66	47.13	49.34
受教育程度	1.47	1.54	1.55	1.62	1.56
家庭总人口/人	5.24	5.37	6.23	6.33	5.99
家庭劳动力/人	3.13	3.34	3.96	4.03	3.77
家庭年收入/万元	4.64	6.90	7.56	9.44	7.47
耕地经营面积/hm^2	0.36	0.53	0.33	0.25	0.35

备注：性别中男＝1，女＝0；受教育程度中小学及以下＝1，初中＝2，高中＝3，大专及以上＝4。

（三）样本农户测土配方施肥采纳行为

表 3 反映了不同分化类型农户测土配方施肥技术的采纳行为。从表中可以看出，存在农户对农业依赖度越高，其采纳测土配方施肥技术的比例越高的一般规律：不论是“未采纳”比例，还是“部分采纳”比例和“完全采纳”比例，对农业依赖度高的纯农户和Ⅰ兼户存在惊人的相似，且“未采纳”比例低于“部分采纳”和“完全采纳”的比例，而对农业依赖度低的Ⅱ兼户和非农户的“未采纳”比例非常相似，均高于“部分采纳”和“完全采纳”的比例，但非农户的“完全采纳”比例却远高于Ⅱ兼户，这很可能是因为非农户受教育程度更高，且耕地经营面积更少，农产品主要用于自家消费。

表 3　农户测土配方施肥技术采纳行为

测土配方施肥技术采纳	农户类型(样本量、百分比)			
	纯农户	Ⅰ兼户	Ⅱ兼户	非农户
未采纳	32(42.11%)	34(41.46%)	170(62.04%)	78(63.93%)
部分采纳	28(36.84%)	30(36.59%)	80(29.20%)	26(21.31%)
完全采纳	16(21.05%)	18(21.95%)	24(8.76%)	18(14.75%)

二、模型构建与计量检验

(一) 模型设定

本文通过设置问题"您是否采用了测土配方施肥技术"来衡量农户测土配方施肥技术的采纳行为,采纳行为按未采纳、部分采纳和完全采纳 3 个等级设置答案,属于递进顺序的有序多分类变量。故研究采用 Ordered-probit 回归模型进行分析。

Ordered-probit 模型的函数形式表示:

$$y^* = \beta_0 + \beta x_i' + u \tag{1}$$

式(1)中,i 是农户个体,y^* 代表其因变量,x_i 是可能影响因变量的一组解释变量向量,β 是相应的未知系数,β_0 是常数项;u 是服从正态分布的随机扰动项。样本中 y^* 是无法直接观察的潜在变量,需要用可以观察到的变量 y_i 表示。假设 $\gamma_1 < \gamma_2 < \cdots < \gamma_{n-1}$ 表示阈值,本研究中 $n=3$,因此有 γ_1,γ_2 两个阈值,y_i 与潜变量 y^* 的关系是:

$$y_i = \begin{cases} 1, & \text{若 } y_i^* < \gamma_1 \\ 2, & \text{若 } \gamma_1 \leqslant y_i^* < \gamma_2 \\ 3, & \text{若 } y_i^* \geqslant \gamma_2 \end{cases} \tag{2}$$

（二）变量选取

农户的技术采纳行为是各种因素综合作用的一个动态过程。除了兼业分化特征外，农户是否采纳新技术还是一个基于成本—收益的分析过程[19]。参考相关文献[20-21]，采用新技术的成本主要包括农户为学习新技术而需投入一定的时间、精力和金钱所形成的学习成本以及农户为获取新技术而支付的交易成本。此外，农户的年龄、教育、劳动力非农比例、耕地规模等也是不容忽视的影响因素。同时，农户选择新技术还可能受到外部环境，如乡邻行为、测土服务等方面的影响。因此，本文除了以兼业分化为主变量外，还选取了个人基本特征、家庭及生产经营特征、学习成本、技术认知与可获得性、外部环境等 5 类变量。其中，个人特征变量包括性别、年龄及受教育程度；农户家庭及生产经营特征包括科技示范户、劳动力非农比例、耕地经营面积、地块分散程度；学习成本变量包括技术理解能力和经济能力；技术认知与可获得性变量包括技术认知、技术指导和技术获得；外部环境变量包括测土服务、外界影响、技术应用效果评价和面源污染认知。被解释变量为农户采纳测土配方施肥行为。变量的设定与具体描述见表 4。

表 4　模型变量说明及描述性统计

类别	变量名称	变量定义及赋值	均值	标准差
因变量 Y	实际采纳行为 Y	是否采用了测土配方施肥？未采纳＝1，部分采纳＝2，完全采纳＝3	1.57	0.721
个人基本特征 I	性别 I_1	女＝0，男＝1	0.78	0.417
	年龄 I_2	农民实际年龄	49.34	8.724
	受教育程度 I_3	小学及以下＝1，初中＝2，高中＝3，大专及以上＝4	1.56	0.626

（续表）

类别	变量名称	变量定义及赋值	均值	标准差
家庭及生产经营特征 F	科技示范户 F_1	您家是否为科技示范户：否=0，是=1	0.07	0.262
	非农收入比重 F_2	非农收入占家庭总收入的比值	0.64	0.299
	劳动力非农比例 F_3	常年在外打工人数占家庭总人数的比例	0.26	0.402
	耕地经营面积 F_4	实际经营的耕地面积	0.35	0.304
	地块分散程度 F_5	耕地面积/耕地块数	1.04	0.973
学习成本 C	技术理解力 C_1	是否能够理解施肥建议卡上的信息：一点都不理解=1；不太理解=2；能够大概理解=3；能够全面理解=4	2.15	0.949
	经济能力 C_2	采纳测土配方技术的经济能力：非常不好=1；比较不好=2；一般=3；比较好=4；非常好=5	2.98	1.268
技术认知与可获得性 T	技术认知 T_1	是否听说过测土配方施肥技术：否=0，是=1	0.44	0.497
	技术指导 T_2	农户与农技人员联系是否方便：特别不方便=1；不方便=2；一般=3；比较方便=4；特别方便=5	2.12	1.048
	技术获得 T_3	是否能较方便地购买到配方肥：否=0，是=1	0.52	0.500
外部环境 E	测土服务 E_1	是否有技术人员为您家测过土：未测过土=0，测过土=1	0.15	0.355
	外界影响 E_2	乡邻行为对你采纳测土配方施肥行为的影响：很小=1；较小=2；一般=3；较大=4；很大=5	3.46	1.346
	技术应用效果评价 E_3	对当前测土配方技术满意度如何：很不满意=1；不太满意=2；一般=3；比较满意=4；很满意=5	2.42	0.903
	面源污染认知 E_4	认为过量施用化肥是否会造成农业面源污染：一点都不影响=1；没多大影响=2；有一点影响=3；影响很大=4	2.66	0.912

（三）计量检验

为了保证回归结果有效，则自变量之间不能存在多重共线性。研究拟采用容忍度指标（TOL）和方差膨胀因子（VIF）等用于诊断多重共线性。一般认为，方差膨胀因子（VIF）值越大，说明变量间的多重共线性越严重，若 VIF≤5，可认为变量间不存在严重的多重共线性问题。通过 stata 进行多重共线性诊断，发现容忍度的最小值为 0.709>0.1，方差膨胀因子的最大值为 1.411<5（表 5），说明变量之间不存在多重共线性问题。

表 5　多重共线性检验

解释变量	容忍度 TOL	方差膨胀因子 VIF
性别 I_1	0.853	1.173
年龄 I_2	0.777	1.287
受教育程度 I_3	0.798	1.253
科技示范户 F_1	0.807	1.240
非农收入比重 F_2	0.810	1.234
劳动力非农比例 F_3	0.897	1.115
耕地经营面积 F_4	0.791	1.264
地块分散程度 F_5	0.795	1.257
技术理解力 C_1	0.921	1.085
经济能力 C_2	0.826	1.211
技术认知 T_1	0.760	1.317
技术指导 T_2	0.709	1.411
技术获得 T_3	0.824	1.214
测土服务 E_1	0.842	1.188
外界影响 E_2	0.766	1.305
技术应用效果评价 E_3	0.752	1.329
面源污染认知 E_4	0.805	1.242

三、模型估计结果

本研究运用 stata13.0 统计软件对农户调查数据进行 Ordered-probit 回归分析，结果见表 6。由表中可知，P 值（$Prob>chi^2=0.0000$）说明模型通过了 1%的显著水平检验，对数似然比（Log likelihood＝－453.27223）和伪判决系数（Pseudo $R^2=0.1430$），说明模型整体拟合优度较好，具有统计学意义。

表 6　农户测土配方施肥技术采用行为模型估计结果

解释变量	估计系数	标准误差
性别 I_1	0.111	0.142
年龄 I_2	−0.055***	0.007
受教育程度 I_3	0.056	0.091
科技示范户 F_1	0.803***	0.213
非农收入比重 F_2	−0.701***	0.192
劳动力非农比例 F_3	0.179	0.123
耕地经营面积 F_4	0.006	0.013
地块分散程度 F_5	−0.121*	0.066
技术理解力 C_1	0.146**	0.057
经济能力 C_2	0.130***	0.046
技术认知 T_1	0.185	0.122
技术指导 T_2	−0.046	0.060
技术获得 T_3	0.312***	0.117
测土服务 E_1	0.012	0.155
外界影响 E_2	−0.072	0.044

（续表）

解释变量	估计系数	标准误差
技术应用效果评价 E_3	0.172**	0.068
面源污染认知 E_4	0.022	0.064
/cut1	−1.681	0.559
/cut2	−0.561	0.556
LR chi^2(17)	151.23	
Prob>chi^2	0.0000	
Pseudo R^2	0.1430	

注：***、**、*分别表示在1%、5%、10%的统计水平上显著。

由表6可知，家庭非农收入比重（F_2）与农户年龄（I_2）、是否科技示范户（F_1）、经济能力（C_2）、技术获得（T_3）等5个因素通过了1%的显著水平检验。说明由农户兼业分化而导致的家庭非农收入比重变化对农户测土配方施肥技术采纳行为产生了显著影响，并表现出随家庭非农收入比重的增加而降低农户对测土配方施肥技术的采纳。另外，技术理解力（C_1）、技术应用效果评价（E_3）等2个因素通过了5%的显著水平检验；承包地的地块分散程度（F_5）则通过了10%的显著水平检验。

为了进一步分析农户分化对测土配方施肥技术采用行为的影响，分别对不同分化类型农户采纳测土配方施肥技术行为进行了Ordered-probit模型分析，具体结果见表7。

表7　不同分化类型农户测土配方施肥技术采用行为模型估计结果

解释变量	纯农户		Ⅰ兼户		Ⅱ兼户	
	估计系数	标准误差	估计系数	标准误差	估计系数	标准误差
性别 I_1	0.064	0.875	0.553	0.816	0.212	0.220
年龄 I_2	−0.102***	0.030	−0.114***	0.031	−0.037***	0.012

（续表）

解释变量	纯农户		Ⅰ兼户		Ⅱ兼户	
	估计系数	标准误差	估计系数	标准误差	估计系数	标准误差
受教育程度 I_3	1.287***	0.495	−0.185	0.380	0.046	0.143
科技示范户 F_1	−1.142	1.099	2.705***	0.835	−0.079	0.387
劳动力非农比例 F_2	2.952**	1.392	−2.218	1.365	0.197	0.137
耕地经营面积 F_3	0.109	0.077	−0.032	0.051	0.003	0.019
地块分散程度 F_4	−1.409***	0.549	−0.491**	0.219	−0.012	0.092
技术理解力 C_1	0.059	0.212	−0.213	0.231	0.149*	0.084
经济能力 C_2	0.471**	0.201	0.737***	0.247	0.375***	0.087
技术认知 T_1	−0.003	0.746	0.689	0.539	0.202	0.178
技术指导 T_2	−0.259	0.303	−0.128	0.248	0.096	0.098
技术获得 T_3	0.241	0575	0.274	0.495	0.518***	0.176
测土服务 E_1	1.957***	0.702	−0.095	0.492	0.228	0.264
外界影响 E_2	0.038	0.189	0.084	0.189	−0.089	0.078
技术应用效果评价 E_3	0.120	0.307	0.904***	0.287	.0258**	0.106
面源污染认知 E_4	0.732***	0.255	−0.294	0.309	−0.140	0.101
/cut1	−0.817	2.168	−3.198	2.353	0.899	0.840
/cut2	1.716	2.168	−0.634	2.269	2.166	0.850
LR chi^2	84.950		92.260		75.790	
Prob>chi^2(16)	0.000		0.000		0.000	
Pseudo R^2	0.527		0.528		0.159	

对比表 7 与表 6 可以发现，分化后的农户测土配方施肥技术采用行为的影响因素发生了明显变化，进一步说明了农户分化对其环境友好型技术采纳行为具有明显影响，不同分化类型农户测土配方施肥技术采纳行为的影响因素表现出相应的差异性。

（1）纯农户测土配方施肥技术采纳行为影响因素分析。农户的年龄、受教育程度、地块分散程度、测土服务及面源污染认知等 5 个因素达到了 1%的极显著影响。其中，年龄越大的农户，越不愿意采纳测土配方施肥。这可能因为年龄较大者从事农业生产的时间比较长，积累的农业生产经验比较丰富，要改变其农业生产行为比较困难，且年龄较大的农户思想和观念也较为保守，对新技术的理解和接受能力要低于年龄较小者，自然不倾向于采纳测土配方施肥技术；受教育层次越高的农户，越愿意采纳测土配方施肥，这是因为教育有利于加强对农业新技术的认识；地块分散程度越大的农户，越不易于采纳测土配方施肥，这是因为地块分散不利于规模经营，也不便于测土配方施肥的应用，表明当前地块分散现象会阻碍测土配方施肥技术的推广；测土服务越好的地方，其农户越愿意采纳测土配方施肥，这也充分说明技术服务对技术推广的重要性；对面源污染认知越深刻的农户，越愿意采纳测土配方施肥，这符合认知是行为先导的规律，也说明普及面源污染的科普知识对测土配方施肥技术推广具有促进作用。另外，劳动力非农比例和经济能力 2 个因素达到了 5%水平的显著影响，都呈正相关，即劳动力非农比例越高、经济能力越强的农户，越愿意采纳测土配方施肥。

(2) Ⅰ兼农户测土配方施肥技术采纳行为影响因素分析。农户的年龄、是否科技示范户、经济能力和技术应用效果评价等 4 个因素达到了 1%的极显著影响。其中，年龄呈负相关，是否科技示范户、经济能力和技术应用效果评价呈正相关；地块分散程度达到了 5%水平的显著影响，呈负相关。与纯农户比较，显著影响因素少了农户受教育程度、劳动力非农比例、测土服务和面源污染认知 4 个，增加了是否科技示范户和技术应用效果评价 2 个因素，且均是显著的正相关影响，说明Ⅰ兼农户对测土配方施肥技术的效果非常关注。

(3) Ⅱ兼农户测土配方施肥技术采纳行为影响因素分析。农户的年龄、经济能力和技术获得等3个因素达到了1%的极显著影响。其中，年龄呈负相关，经济能力和技术获得呈正相关；技术应用效果评价达到了5%水平的显著影响，呈正相关；技术理解力也达到了10%水平的显著影响，呈正相关。与纯农户比较，显著影响因素少了农户受教育程度、劳动力非农比例、地块分散程度、测土服务和面源污染认知5个因素，增加了技术获得、技术应用效果评价和技术理解力3个因素，且均呈正相关；与Ⅰ兼农户比较，显著影响因素少了是否科技示范户、地块分散程度2个因素，增加了技术获得、技术理解力2个因素，说明Ⅱ兼农户对测土配方施肥技术本身的关注很大。

四、主要结论

本文基于江西省的554户农户调查数据，运用Ordered-Probit模型，以测土配方施肥技术为例，实证研究了农户分化对环境友好型技术采纳行为的影响。得出以下几点结论：

(1) 农户分化对环境友好型技术采纳行为具有明显影响。家庭非农收入比重的变化是农户分化的主要表现，而研究表明，家庭非农收入比重变化对农户采纳环境友好型技术行为有极显著影响，并表现出因家庭非农收入比重的增加而降低农户对环境友好型技术的采纳度。

(2) 分化后形成的不同类型农户，其环境友好型技术采纳行为的影响因素存在差异。农户分化后相应会形成纯农户、Ⅰ兼户、Ⅱ兼户和非农户四种类型，非农户基本不务农，不在研究范围之内。而纯农户、Ⅰ兼户、Ⅱ兼户的环境友好型技术采纳行为影响因素表现出一定的差异：纯农户的影响因素包括农户的年龄、受教育程度、地块分散程度、测土服务、面源污染认知、劳动力非农比例、经济能力等7个因素；Ⅰ兼农户的影响因素包括农户的年龄、是否科技示范户、经济能力、技术应用效果评价、地块分散程度等5个因素；Ⅱ兼农户的影响因素包括农户的年龄、经济能力、技术获得、技术应用效果评价、技术理解力等5个因素。

(3) 分化后形成的不同类型农户，随着家庭非农收入比重的变化，其环境友好型技术采纳行为的影响因素变化存在一定规律与趋势。一是无论哪种类型农户，农户的年龄、学习技术的经济能力都分别呈现出显著的负相关、正相关，说明年龄和经济能力对环境友好型技术采纳行为的影响并不会因分化而发生变化，均表现出年龄越大、经济能力越弱，环境友好型技术采纳度越低的规律；二是农户受教育程度、劳动力非农比例、地块分散程度、测土服务、面源污染认知的影响，表现出随家庭非农收入比重增加而减弱的趋势；三是技术应用效果评价、技术理解力和技术可获性等与技术本身密切相关因素的影响，表现出随家庭非农收入比重增加而增强的趋势。

参考文献

[1] 刘宁.关乎中华民族生存之基的大事[J].求是,2013(21):58-59.

[2] Zhenyao Shen, Qian Liao, Qian Hong, Yongwei Gong. An Overview of Research on Agricultural Non-point Source Pollution Modelling in China[J]. Separation and Purification Technology, 2012,84(9): 104-111.

[3] Liu X, Zhang Y, Han W, Tang A. Enhanced Nitrogen Deposition over China [J]. Nature, 2013, 494(7438): 459-462.

[4] Long H, Li T. The Coupling Characteristics and Mechanism of Farmland and Rural Housing Land Transition in China[J]. Journal of Geographical Sciences, 2012, 22(3): 548-562.

[5] 梁流涛,冯淑怡,曲福田.农业面源污染形成机制:理论与实证[J].中国人口·资源与环境,2010,20(4):74-80.

[6] 诸培新,叶琦.农户分化下农民宅基地退出意愿差异性研究——基于江苏省886个样本数据[J].农林经济管理学报,2015(03):279-288.

[7] 龙冬平,李同昇,于正松.农业技术扩散中的农户采用行为研究:国外进展与国内趋势[J].地域研究与开发,2014,33(5):132-139.

[8] 张维理,武淑霞,冀宏杰,Kolbe H.中国农业面源污染形势估计及控制对策[J].中国农业科学,2004,37(7):1008-1017.

[9] 韩会平.农户采用测土配方施肥技术的影响因素分析[D].南京农业大学,2010.

[10] 李莎莎,朱一鸣,马骥.农户对测土配方施肥技术认知差异及影响因素分析——基于11个粮食主产省2172户农户的调查[J].统计与信息论坛,2015,30(07):94-100.

[11] 魏建林,董筱丹,谭德水,江丽华,崔荣宗,肖建军.农户采用测土配方肥行为的影响因素分析——以山东省平原县为例[J].中国农学通报,2015,31(27):276-284.

[12] 褚彩虹,冯淑怡,张蔚文.农户采用环境友好型农业技术行为的实证分析——以有机肥与测土配方施肥技术为例[J].中国农村经济,2012(3):68-77.

[13] 高辉灵,梁昭坚,陈秀兰,徐学荣.测土配方施肥技术采纳意愿的影响因素分析——基于对福建省农户的问卷调查[J].福建农林大学学报(哲学社会科学版),2011,14(01):52-56.

[14] 罗小娟,冯淑怡,石晓平,曲福田.太湖流域农户环境友好型技术采纳行为及其环境和经济效应评价——以测土配方施肥技术为例[J].自然资源学报,2013,28(11):1891-1902.

[15] 李宪宝,高强.行为逻辑、分化结果与发展前景——对1978年以来我国农户分化行为的考察[J].农业经济问题,2013(02):56-65.

[16] 赵晓峰,何慧丽.农村社会阶层分化对农民专业合作社发展的影响机制分析[J].农业经济问题,2012(12):38-43.

[17] 王利平,王成,李晓庆. 基于生计资产量化的农户分化研究——以重庆市沙坪坝区白林村 471 户农户为例[J]. 地理研究,2012(05):945 - 954.

[18] 刘洪仁,杨学成. 转型期农民分化问题的实证研究[J]. 中国农村观察,2005(04):74 - 80.

[19] 孔祥智,方松海,庞晓鹏,马九杰. 西部地区农户禀赋对农业技术采纳的影响分析[J]. 经济研究,2004(12):85 - 95.

[20] Bekele W, L Drake. Soil and Water Conservation Decision Behavior of Subsistence Farmers in the Eastern Highlands of Ethiopia: A Case Study of the Hunde-Lafto Area[J]. Ecological Economics, 2003, 46(3): 437 - 451.

[21] Deininger K. Collective Agricultural Production: A Solution for Transition Economies? [J]. World Development. 1995, 23(8): 1317 - 1334.

农户分化、代际差异对生态耕种采纳度的影响*

在耕地资源数量、质量、生态“三位一体”保护中，生态保护是核心，因为只有处于良好生态环境中的耕地才能维持耕地质量和生产能力[1]。在家庭承包责任制下，农户作为最直接的耕地利用主体，其耕种行为已成为耕地生态保护的关键[2-3]，推行耕地的生态耕种行为已成为耕地生态保护的方法。农户的生态耕种行为取决于由认知、意愿和行为态度三个维度构成的生态耕种采纳度，深入了解农户的生态耕种采纳度及其影响规律对于促进农户生态耕种行为具有重要意义。随着我国工业化和城镇化的推进，农户分化与代际差异已成为两大社会突出现象[4]。一方面，农村劳动力外出就业机会增多，农户的收入水平稳步提升，非农收入增加使原本同质的农户出现分化，而农户分化的两个基本向度是职业分化和经济分化，农户职业、经济收入等都会改变农户对耕地的价值认识和依赖程度，进而影响农业投入意愿与力度、耕地生态价值等[5-6]。另一方面，新老两代农户代际分化日益显现[7]，生态耕种的认知、意愿、行为逐步差异化，必然影响耕地的生态保护[8]。基于此，了解农户分化和代际差异对生

* 本文曾刊发于《中国人口·资源与环境》2019 年第 2 期，参与撰写的还有袁东波、邝佛缘、吴秋艳和谢贤鑫。

态耕种采纳度的影响规律，对耕地生态保护有着重要意义[9]。目前针对生态耕种采纳度的研究尚不多见，但围绕耕地生态耕种的认知、意愿和行为等的相关研究已取得一定成果。主要成果有从认知水平分析对农户耕地生态保护的影响因素[10]；从农户兼业角度对农户的生态耕种行为与耕地功能进行差异化分析[11]；从耕地规模、收入结构等角度划分农户类型，对农户生态耕种投入进行差异化分析[12]；将农户划分成不同户类，进而研究其对生态耕种的影响规律[13]；研究还发现不同年龄区间农户的生态耕种意愿稍有不同，且农户的生态耕种意愿与其行为采纳之间稍有差距[14]。已有成果为农户生态耕种采纳度研究提供了一定的思路与基础，但仍存在一些问题值得探讨：① 多数研究主体为耕种意愿与态度，而耕种行为作为最直接影响耕地质量的因素所受关注较少；② 针对代际差异的农户生态耕种行为研究尚不多见；③ 少有研究将农户分化与代际差异两大社会现象统一起来进行横向比较，更缺乏将两者交互影响进行深入分析。江西省是我国传统的农业生产大省，是全国 13 个粮食主产区之一，也是 1949 年以来 2 个未间断向国家贡献粮食的省份之一。鉴于此，本文以江西省为例，通过问卷调研，深入分析农户分化、代际差异对农户生态耕种采纳度的影响规律，以期为加强耕地生态保护，制定耕地生态保护相关政策提供参考依据。

一、理论分析与研究假设

（一）农户分化对生态耕种采纳度的影响

农户农业收入占家庭总收入比重越高，其农户分化程度越浅，农业收入占家庭总收入比重越低，其农户分化程度越深（后文简称“浅分化”“深分化”)。根据新古典经济学的“理性人”视角,以效益最大化对农户生态耕种采纳度进行探讨。不同分化程度的农户需要的耕地功能不同,产生的耕种效益也不同[15],农户在耕地经营中的投入行为可划分为生态性投入行为和非生态性投入行为两种。生态性投入行为是指有利于耕地质量不下降的行为,使耕地生产力能够长期保持并得到提高,更多发挥耕地的保障功能;非生态性投入行为是指对耕地长期生产力产生毁坏性作用的行为,例如大量施用农药、化肥等,虽然这样能提升耕种的短期收益,但长期大量使用农药、化肥会造成农业面源污染等,不利于耕地的可持续利用[16],及更多发挥耕地的生产功能。因此,农户生态耕种采纳度取决于其生态性投入行为和非生态性投入行为的优先排序(后文简称“排序”),生态性投入行为越多,生态耕种采纳度越高。深分化农户需要的耕地收益较低,且生态性投入行为对劳动力投入、农田基础建设投入等成本更高,只有选择“短期”收益才能促使他们效益最大化,因此非生态性投入行为的排序逐步靠前,深分化农户群体更多地选择非生态性投入行为,这为消极的生态耕种采纳度提供了解释。

本文又在行为经济学的“非理性人”视角分析此影响,得到了相同的结果。耕地情感可以影响人们的耕种行为[17],浅分化农户不论在物质还是精神上,仍然非常依赖耕地,对耕地的情感较深;而深分化农户与城市逐步亲密,对耕地的情感减弱。耕地是农户于农村生活的重要依托,在可持续利用的前提下,深分化农户进行生态性投入行为的“情感”较低。在前景理论视角下,耕地对于深分化农户来说是迟早会“失去”的资产,此时反射效应促使“赌一把”短期收益高的非生态性投入行为;而耕地对于浅分化农户则是一个稳固的“保障”,因此通过确定效应形成持续的生态性投入行为(见图1)。

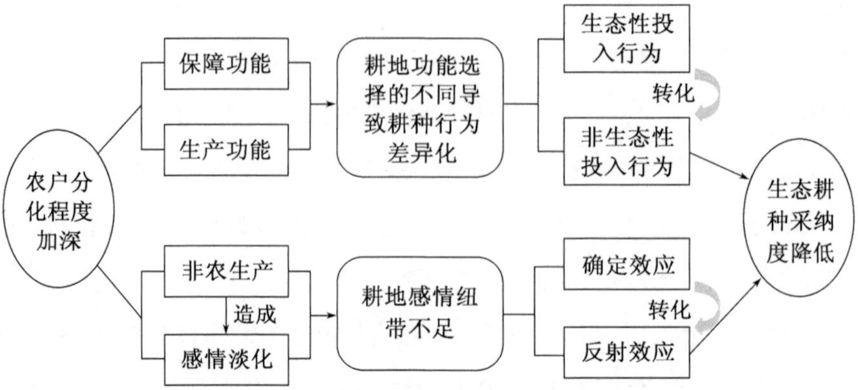

图1　农户分化对生态耕种采纳度作用机理

由此，本文提出研究假设1：控制其他因素不变，分化程度与农户生态耕种采纳度负相关。

（二）代际差异对生态耕种采纳度的影响

相关学者已总结出不同的代群之间的实际差异，是代表了代际差异的代效应、年龄效应与时代效应共同作用的结果[18-19]，而时代效应主要反映社会中各代群的“共同变化”，对农户生态耕种采纳度的影响可以忽略，因此仅考虑前两种效应。

代效应造成了代群之间在行为认知上的分化[20]，新生代农户受教育程度，农业新知识、新技术接受能力以及可持续发展观念等方面都要优于老一代农户。年龄效应则与个体履历无关，单指年龄不同的个体在历事过程中对自身心理特征产生差异化。由于老一代农户年龄相对较大，更不愿意改变耕种习惯，具有更为守旧的耕种行为；而新生代农户对耕种长期投资意愿较大，耕种收入期望较高，愿意尝试更多的耕地质量改良技术，接受耕种技术培训，这同样可以为他们积极的生态耕种采纳度提供解释（见图2）。

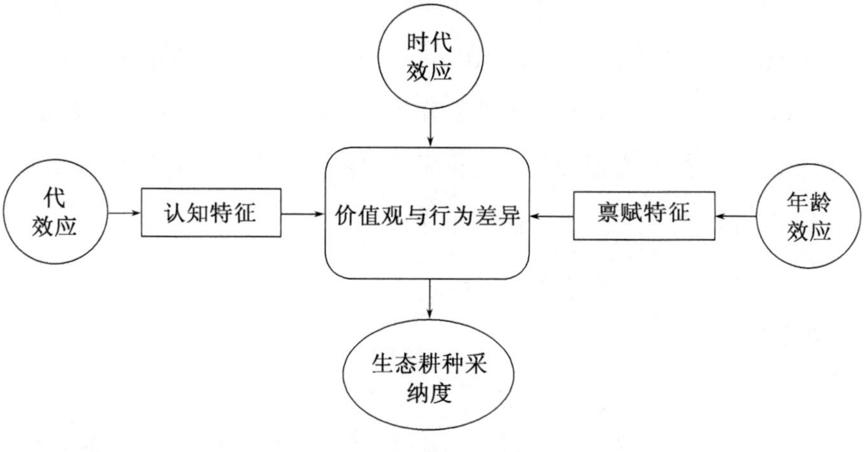

图 2　代际差异对生态耕种采纳度作用机理

由此，本文提出假设 2：控制其他因素不变，新一代农户具有更高的生态耕种采纳度。

（三）农户分化、代际差异对生态耕种采纳度的交互影响

代际差异是否可通过分化渠道作用于农户生态耕种采纳度？本文将这种机制归纳为“逆转效应”与“循环效应”，“逆转效应”对深分化农户的生态耕种采纳度产生抑制作用，而“循环效应”对浅分化农户的生态耕种采纳度产生促进作用，造成两者接受度的“剪刀差”，具体如下：

深分化农户，耕地效益期望更低，对耕种投资意愿较弱，故他们在代际差异中的耕种投入行为排序发生一定程度的逆转，即耕地的非生态性投入行为不向生态性投入行为转化或转化程度不足；另外，耕地的生产功能对于深分化农户禀赋条件更能产生效益最大化，由此在代际差异中其耕地功能同样发生逆转，即耕地的生产功能并不完全向保障功能转化；最后深分化农户与城市的联系逐步强化，对耕地的情感依赖降低，因而在代际差异的作用下，耕地情感同样会发生一定程度的逆转，使其对生态耕种采纳度的作用减弱。

更高的务农边际收益是生态耕种行为的重要动因，而对于浅分化农户，耕地是他们于农村的重要资源，耕地使用时生态耕种采纳度更高。新生代农户相比老一代农户在农业新知识、新技术接受能力等方面更强，这为浅分化农户的生态耕种行为提供了良好的理论基础。最终通过代际差异机制对生态耕种采纳度产生促进作用(见图 3)。

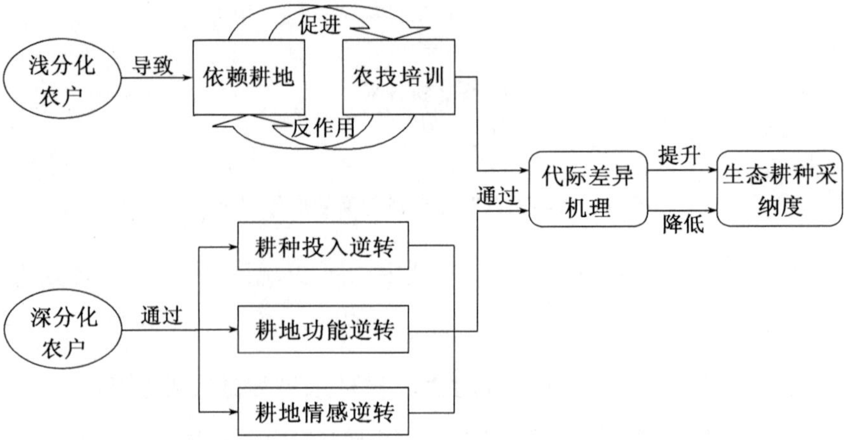

图 3　分化调节效应对生态耕种采纳度作用机理

由此，本文提出研究假设 3:代际差异对农户生态耕种采纳度的作用受农户分化的影响，即农户分化在此作为调节变量发挥分化调节效应，浅分化农户的代际差异变化使其农户生态耕种采纳度的边际效果更强。

二、数据来源与研究设计

(一) 数据来源

根据江西省三种主要地形地貌的分布特征，课题组于 2017 年 1—3 月在鄱阳湖平原、吉泰盆地和丘陵地带选取调研样本点，调研采用分层随机抽样的方法在江西省选取了44个县市(区),每个县市(区)随机抽取两个村,每个村发放25～30份问卷。课题组共发放2370份问卷,回收问卷2176份,剔除存在矛盾、信息不全等问题的问卷,共有2068份有效问卷,问卷回收率为91.81%,问卷有效率为95.04%。问卷涉及了农户的家庭禀赋特征、农药使用方法与习惯以及农户对生态耕种认知、意愿、行为等相关内容。

(二)变量设计与描述统计

1. 被解释变量

生态耕种采纳度。农户对某一行为的采纳度,取决于其认知、意愿与行为决策,其中认知是前提,意愿是条件,行为是结果,认知与意愿态度虽不直接形成生态耕种,却为更多的生态耕种提供了契机,因此本文从认知、意愿和行为态度三个维度对生态耕种采纳度进行衡量。本文借鉴已有研究[21],构建了生态耕种采纳度的评价指标体系,利用层次分析—熵值定权法,先通过层次分析法衡量一级指标权重,之后利用客观赋权的熵值法确定二级指标权重(见表1)。

表1　生态耕种采纳度评价指标体系

变量名称	一级指标	二级指标	二级指标定义
生态耕种采纳度	认知态度(0.0881)	化肥施用是否越多越好(0.0940)	是=0;否=1
		农药使用是否越多越好(0.0940)	是=0;否=1
		是否了解农药安全间隔期(0.2267)	是=1;否=0
		是否了解生态耕作(0.5853)	是=1;否=0
	意愿态度(0.1947)	是否愿意使用重金属超标的猪场粪肥(0.1429)	是=0;否=1
		是否愿意进行生态耕作(0.8571)	是=1;否=0

（续表）

变量名称	一级指标	二级指标	二级指标定义
	行为态度(0.7172)	选择农药种类(0.8000)	价格低廉、毒性强、病虫害防治效果好=0;低毒低残留的专用农药=1
		农药空瓶袋等处理方式(0.2000)	自己丢掉、埋起来、烧掉=0;送到指定地点或等人来收=1

2. 核心解释变量

农户分化程度。本文借鉴陆学艺[22]对农户的职业划分，参考中国社会科学院农村发展所2002年以农户家庭农业收入比重为划分标准的研究方式，即农业收入占家庭总收入90%以上为纯农户，赋值为1;农业收入比重在50%～90%的为一兼农户，赋值为2;农业收入比重在10%～50%的为二兼农户，赋值为3;农业收入比重在10%以下的为非农户，赋值为4[2,4]。赋值增大意味着非农收入比重的提高，即代表分化程度的加深。

代际差异。通常学者以1980年前后出生划分新老两代农户的界限[23]。但考虑“代效应”中价值观形成的滞后性[24]，本文在岁数上后延5岁，以1975年出生为界，若户主为1975年之前出生，则代际差异取值为0，反之为1，并按照不同年龄划分组别通过独立样本t检验，其中，以43岁左右作为分界点的两组样本的t检验值最显著，显示分组合理。

3. 控制变量

考虑其他可能影响农户生态耕种采纳度的因素，本文将控制变量归纳为四个维度：① 户主特征变量。男性视野一般更开阔，对于生态性投入行为意愿更强[25];务农年限越长对农业耕作越了解，但耕种行为也越依赖经验。② 家庭特征变量。家庭总人口数越多，家庭需求越大，耕种行为因需求的不同而发生改变。家庭劳动力比重决定在应对家庭需求时可通过劳动改善家庭的能力，也直接对生态耕种采纳度起作用。③ 耕地特征变量。农户耕种面积越大，越有利于通过增加生态性耕种行为实现长期收益；而耕种面积越大，其投入成本越高，可能会使农户倾向非生态性耕作投入[26]。④ 规模特征变量。加入农民合作社有利于减少农户农业生产经营活动的盲目性，并提升其组织性和计划性[27]，本文变量为有实际合作的农民合作社；家庭农场是农户借助政府和市场等外部条件变化，不断调整和优化耕作方式，从而满足日益增长的家庭需求[28]，故规模特征会影响农户生态耕种采纳度。本文模型中主要变量的说明与统计性描述见表 2。

表 2　主要变量说明与统计性描述

变量解释	变量名称	英文代码	变量定义	均值	标准差	最大值	最小值
因变量	生态耕种采纳度	*Adoption*	由层次分析—熵值定权法计算得到	0.394	0.326	1	0
核心解释变量	农户分化程度	*Occup*	纯农户=1，一兼农户=2，二兼农户=3，非农户=4	2.814	0.957	4	1
	代际差异	*Intergen*	1975 年之前出生=0，1975 年及之后出生=1	0.240	0.427	1	0
控制变量	家庭总人口	*Pop*	家庭总人口数(人)	5.332	2.075	40	1
	家庭劳动力比重	*Manpower*	家庭劳动力/家庭总人口数	0.373	0.199	1	0
	性别	*Sex*	女=0，男=1	0.744	0.437	1	0

（续表）

变量解释	变量名称	英文代码	变量定义	均值	标准差	最大值	最小值
	务农年限	*Agricultural*	实际务农时间（年）	22.738	12.824	67	0
	耕种面积	*Area*	实际种植面积（亩）	8.980	45.873	1700	0
	家庭农场	*Farm*	是＝1；否＝0	0.011	0.105	1	0
	加入合作社	*Cooperative*	是＝1；否＝0	0.035	0.185	1	0

（三）实证检验模型

考虑到生态耕种采纳度为0～1的双向归并数据，其条件分布并非正态分布，故在基准回归及后续分析中，本文采用针对归并数据更常用的Tobit模型，具体设置如式(1)，同时利用极大似然估计(MLE)对方程系数进行估计：

$$Adoption_i = \beta_0 + \beta_1 Occup_i + \beta_2 Intergen_i + \beta_3 Occup_i \times Intergen_i + \beta_4 Controls' + u_i \quad (1)$$

式中，i表示户主个体，*Adoption*、*Occup*和*Intergen*分别表示生态耕种采纳度、农户分化程度和代际差异，$Occup \times Intergen$表示农户分化程度与代际差异的交互项，$Controls'$表示控制变量所构成向量的转置，u_i为随机扰动项。若假设1～假设3合理，则(1)式中β_2应为正且显著，β_1、β_3应为负且显著。

三、实证结果

（一）回归结果与分析：关键因素的挖掘

本文接下来通过前期设计的回归模型对假设1～假设3进行检验。

由于方程中含二元交互项，为避免多重共线的干扰，本文采取中心化的方式进行处理。由表 3 给出的模型 1 是将控制变量作为解释变量得到的回归模型；模型 2 是在模型 1 的基础上加入核心解释变量及其交互项；模型 3 是考虑农户分化程度的内生性，引入工具变量采用 IV-Tobit 模型；模型 4 是考虑可能存在的“弱工具变量”问题，因此采用对弱工具变量更不敏感的有限最大似然方法(LIML)对模型进行估计。

表 3　假设 1～假设 3 检验结果：农户分化、代际差异与生态耕种采纳度

变量名称	(1)	(2)	(3)	(4)
	Tobit	Tobit	IV-Tobit	LIML
农户分化程度	—	−0.204*** (0.006)	−0.152*** (0.057)	−0.150*** (0.057)
代际差异	—	0.149*** (0.040)	0.292* (0.162)	0.295* (0.162)
农户分化程度×代际差异	—	−0.055*** (0.017)	−0.117*** (0.192)	−0.119* (0.070)
家庭总人口	0.005 (0.004)	0.007** (0.003)	0.006** (0.003)	0.006** (0.003)
性别	0.042** (0.165)	0.003 (0.130)	0.012 (0.016)	0.012 (0.016)
家庭劳动力比重	−0.001 (0.379)	−0.110*** (0.030)	−0.087** (0.039)	−0.087** (0.039)
务农年限	−0.002*** (0.001)	−0.001** (0.001)	−0.001** (0.001)	−0.001** (0.001)
耕种面积	0.000 (0.000)	−0.000*** (0.000)	−0.000* (0.000)	−0.000* (0.000)
家庭农场	0.257*** (0.070)	0.123** (0.055)	0.130** (0.056)	0.130** (0.056)
加入合作社	0.043*** (0.031)	−0.040 (0.031)	−0.016 (0.041)	−0.016 (0.041)
对数似然值	−607.822	−103.459	—	—
Pseudo R^2	0.033	0.835	—	—

注：*、**、*** 分别表示 10%、5%、1%的显著性水平，表中括号外估计结果为边际效应，括号中为普通标准误。

根据表3中(1)列，个人特征变量中，性别在5%水平上显著且系数为正，说明男性更注重耕地的可持续利用，偏好生态耕种行为，与前人研究结论一致[25]；务农年限在1%水平上显著且系数为负，说明务农时间越久，越倾向于“老旧固守”的非生态耕种行为。规模特征变量中，认定为家庭农场与加入合作社的系数估计值均为正且在1%水平上显著，说明统一性管理、规模化经营能有效推广生态性投入行为，与前人研究结果较为一致[27-28]。

按照设计，在模型1的基础上，加入农户分化程度、代际差异及其二元交互项。由(2)列结果可知，农户分化程度在1%的置信区间上显著，边际效应为−0.204，表明分化程度加深会使农户的生态耕种采纳度降低，且农户分化每加深1个单位(即农户每进行一个层次的职业转化，例如从纯农户转化为一兼农户)，其生态耕种采纳度的条件均值降低0.204个单位，假设1得以验证。而代际差异虚拟变量的边际效应为0.149，且在1%的置信区间上显著，表示新生代农户相比于老一代农户具有更积极的生态耕种采纳行为，假设2得以验证。且在样本中，生态耕种采纳度的均值为0.394(见表2)，这意味着在控制其他因素不变的条件下，新生代农户的生态耕种采纳度比平均水平高了37.8%(0.149/0.394＝0.378)。二元交互项在1%的置信区间上显著且系数为负，表明相对于分化程度更深的农户而言，浅分化农户的代际差异变化使其农户生态耕种采纳度的边际效果更强，假设3得以验证。并且Pseudo R^2 从模型1到模型2呈现递增的趋势，说明模型的整体拟合优度有较大提高，意味着农户分化、代际差异及其二元交互项对于农户的生态耕种采纳度有良好解释力度。

(二) 内生性检验

因为数据不可能捕捉到农户的所有个人特征变量，它们的遗漏可能导致农户分化程度与随机扰动项相关，而这将使得 OLS 估计量不一致。而且，较高的生态耕种采纳度能带来长期效益，促进农户分化，而分化程度的加深又会影响农户的生态耕种采纳度。换言之，它们可能存在反向因果关系，农户分化程度可能是一个“内生变量”[29]，因此应考虑变量的内生性问题。为准确估计农户分化对生态耕种采纳度的影响，需引入“工具变量”以解决可能存在的内生偏误。首先，农户的受教育年限（*Edu*）可能与农户分化程度有直接影响，且由于本文研究的调查对象为农户户主，他拥有耕种行为决策权，因此可以避免因低教育水平家庭成员的要求而被迫产生非生态耕种行为，使教育年限变量对农户生态耕种采纳度的作用仅通过农户分化渠道来实现。其次，耕地破碎度（*Broken*）在可能对农户分化产生影响的前提下能够有效避免上述双向因果关系。经分析，教育年限及耕地破碎度与农户分化程度都高度相关，与随机扰动项及代际差异等变量均不相关，教育年限与耕地破碎度亦不相关，因此可将教育年限、耕地破碎度作为农户分化的工具变量，第一阶段的回归方程如(2)式所示：

$$Occup_i=\varphi_0+\varphi_1 Edu_i+\varphi_2 Broken_i+Controls'\varphi+\Lambda_i \tag{2}$$

在第二阶段，利用拟合值所得的全效应模型如(3)式所示：

$$Adoption_i=\chi_0+\chi_1 Intergen_i+\chi_2 Oc\hat{c}up_i+\chi_3 Intergen_i\times Occup_i+Controls_i'\alpha+\Gamma_i \tag{3}$$

式中，$Oc\hat{c}up$ 为第一阶段中农户分化程度的拟合值。通过 IV-Tobit 模型以及对弱工具变量更不敏感的有限最大似然方法（LIML）对式(3)进行估计。在工具变量检验方面，最小特征值为 19.326，大于经验临界值 10，因此可认为不存在弱工具变量陷阱；而 Anderson-Rubin 统计量为 6.42，落入所对应的卡方分布接受域，这支持了工具变量为外生的假设。

估计结果见表3(3)列、(4)列。

纠正内生性偏误后，代际差异与分化调节效应对农户生态耕种采纳度的影响程度增强，农户分化程度对农户生态耕种采纳度的影响程度减弱。故基准模型回归中低估了代际差异对浅分化农户的作用，而高估了农户分化程度对农户生态耕种采纳度的作用。但是总体回归结果依然支持本文研究假设。

(三) 稳健性检验

前文研究结论对于不同农户群体是否有所差异？本文按受访户主的性别、是否为家庭农场及是否加入农村合作社进行了分样本回归，Tobit回归结果见表4。

表4　分样本回归结果

变量名称	(1)		(2)		(3)	
	男性	女性	是家庭农场	非家庭农场	加入农村合作社	未加入农村合作社
农户分化程度	−0.193*** (0.008)	−0.213*** (0.014)	−0.178 (0.235)	−0.197*** (0.007)	−0.217 (0.033)	−0.197*** (0.007)
代际差异	0.147*** (0.047)	0.210*** (0.075)	−0.169 (0.481)	0.177*** (0.040)	−0.049 (0.240)	0.174*** (0.040)
农户分化程度×代际差异	−0.050** (0.020)	−0.072** (0.031)	0.107 (0.317)	−0.061*** (0.017)	0.039 (0.117)	−0.060*** (0.017)
样本容量	1538	530	23	2045	73	1995
Pseudo R^2	0.740	1.028	0.107	0.810	0.649	0.806

注：*、**、*** 分别表示10%、5%、1%的显著性水平，括号中为普通标准误。

由表4的(1)～(3)列可知，代际差异、农户分化程度与分化调节效应的分样本回归结果基本稳健，本文的研究假设均得到了较稳健的模型结果支持。但三者的作用效果在“是否为家庭农场”与“是否加入农村合作社”的子样本中却呈现出新的表征，它在“是家庭农场”与“加入农村合作社”的农户中并不显著。究其原因，已成为家庭农场或者加入农村合作社的农户，具有较强的风险抵御能力和经济实力，耕种行为方面具有长远的眼光及判断选择能力，能有效选择使耕地生产力能够长期保持并得到提高的耕种行为。故代际差异与农户分化并未发挥作用，分化调节效应也并未得以体现。

四、结论与政策启示

农户作为最直接的耕地利用主体，充分了解农户生态耕种采纳度的影响因素对耕地生态保护和维持耕地生态平衡具有重要意义。本文从农户的微观角度出发，考虑了农户分化和代际差异两大社会现象，阐明了两者及其分化调节效应对生态耕种采纳度的作用机制，并通过实证得到主要结论如下：① 务农年限长，成为家庭农场的农户对生态耕种行为有更高的采纳度，反映出耕种经验与规模对生态耕种行为的积极影响；② 随着农户分化程度的加深，农户会具有更为消极的生态耕种采纳行为，并且代际差异亦会通过农户分化的调节效应对农户产生影响，即浅分化农户的代际差异变化使其农户生态耕种采纳度的边际效果更强；③ 新生代农户相比于老一代农户，对于生态耕种行为会有更为强烈的采纳意愿，且在纠正内生偏误后该作用效果增强，实际调查情况和实证结果也都表明代际差异是造成农户生态耕种采纳度不同的主要原因。

基于上述结论可知，提升农户生态耕种采纳度的积极性，不仅要关注农户的资源禀赋，更要注重农户分化、代际差异及其分化调节效应的影响。为此，本文提出以下 3 条建议：① 鼓励农户家庭借助土地、劳动力和资本要素市场的发育，通过对其家庭劳动力的合理配置，发展成为家庭农场，实现规模化经营，提高农户的生态耕种采纳度。② 对浅分化农户，政府应在产业合作组织设立、扩大经营规模等方面给予支持，降低农户的耕种风险，提升农户农业收入；对深分化农户，建立健全流转市场，加强和规范流转管理，促进耕地流转，释放有效劳动力。③ 对老一代农户，应考虑其更依赖经验判断的特点，加强耕地保护基本政策、农业补贴政策等宣传，提高农户生态耕种采纳度。农户分化程度加深的同时，自然会通过分化本身及分化调节效应实现生态耕种采纳度的调节。但就代际差异而言，如何针对新生代农户与老一代农户的差异进行多元化的政策反哺，又如何处理深分化农户的“逆转效应”问题，都将是下一步研究工作值得深入探讨的。

参考文献

[1] 陈美球. 耕地保护的本质回归[J]. 中国土地，2017(4)：12－14.

[2] 邝佛缘，陈美球，鲁燕飞，等. 生计资本对农户耕地保护意愿的影响分析——以江西省 587 份问卷为例[J]. 中国土地科学，2017，31(2)：58－66.

[3] 王喜，梁流涛，陈常优. 不同类型农户参与耕地保护意愿差异分析——以河南省传统农区周口市为例[J]. 干旱区资源与环境，2015，29(8)：52－56.

[4] 刘炎周，王芳，郭艳，等. 农民分化、代际差异与农房抵押贷款接受度[J]. 中国农村经济，2016(9)：16－29.

[5] 谢贤鑫，陈美球，李志朋，等. 不同类型农户农药使用特征及影响因素——以江西省为例[J]. 江苏农业科学，2017，45(18)：289－293.

[6] 杨志海，王雅鹏，麦尔旦·吐尔孙. 农户耕地质量保护性投入行为及其影响因素分析——基于兼业分化视角[J]. 中国人口·资源与环境，2015，25(12)：105－112.

[7] 杨志海，王雨濛. 不同代际农民耕地质量保护行为研究——基于鄂豫两省 829 户农户的调研[J]. 农业技术经济，2015(10)：48－56.

[8] 袁东波，陈美球，李志朋，等. 基于农药化肥使用视角分析不同兼业类型农户耕地质量保护行为[J]. 浙江农业科学，2018，59(02)：310－314.

[9] 王利敏，欧名豪. 粮食主产区农户耕地保护现状及认知水平分析——基于全国10个粮食主产区1198户农户的问卷调查[J]. 干旱区资源与环境，2013，27(03)：14－19.

[10] 陈梦娇，陈美球，鲁燕飞，等. 鄱阳湖区农户农业面源污染认知及其影响因素分析[J]. 土地经济研究，2016(01)：85－97.

[11] 王一超，郝海广，张惠远，等. 农牧交错区农户生计分化及其对耕地利用的影响——以宁夏盐池县为例[J]. 自然资源学报，2018，33(02)：302－312.

[12] 杨玉竹，邵景安，钟建兵. 山区农户耕地投入影响因素分析[J]. 西南大学学报(自然科学版)，2016，38(2)：104－112.

[13] 谢花林，程玲娟. 地下水漏斗区农户冬小麦休耕意愿的影响因素及其生态补偿标准研究——以河北衡水为例[J]. 自然资源学报，2017，32(12)：2012－2022.

[14] 陈美球，刘桃菊，黄建伟. 农户耕地保护行为对农业补贴政策的响应分析[J]. 农村经济，2013(2)：7－10.

[15] 陈美球，吴月红，刘桃菊. 基于农户行为的我国耕地保护研究与展望[J]. 南京农业大学学报(社会科学版)，2012，12(3)：66－72.

[16] 李志朋. 农户农药化肥使用行为及其影响因素研究[D]. 江西农业大学，2016.

[17] 王亚运，蔡银莺. 不同主体功能区农户家庭耕地利用功能对土地流转行为的影响[J]. 中国人口·资源与环境，2017，27(07)：128－138.

[18] 卡尔·曼海姆. 卡尔·曼海姆精粹[M]. 徐彬，译. 南京：南京大学出版社，2005.

[19] Lyons S, Kuron L. Generational Differences in the Workplace: A Review of the Evidence and Directions for Future Research[J]. Journal of Organizational Behaviour, 2014, 35(S1): S139－S157.

[20] Dencker J C, Joshi A, Martocchio J J. Towards a Theoretical Framework Linking Generational Memories to Workplace Attitudes and Behaviors[J]. Human Resource Management Review, 2008, 18(3): 180－187.

[21] 李磊，贾磊，赵晓雪，等. 层次分析—熵值定权法在城市水环境承载力评价中的应用[J]. 长江流域资源与环境，2014，23(4)：456 - 460.

[22] 陆学艺. "三农"新论：当前中国农业农村农民问题研究[M]. 北京：社会科学文献出版社，2005.

[23] 何可，张俊飚. 农业废弃物资源化的生态价值——基于新生代农民与上一代农民支付意愿的比较分析[J]. 中国农村经济，2014(05)：62 - 73，85.

[24] 何军. 代际差异视角下农民工城市融入的影响因素分析——基于分位数回归方法[J]. 中国农村经济，2011(06)：15 - 25.

[25] 蔡弘，黄鹂. 农业女性化下农村妇女生产参与及其生产意愿研究——安徽省调查实例[J]. 人口与发展，2017，23(2)：2 - 13.

[26] 曹慧，赵凯. 代际差异视角下粮农保护性耕作投入意愿的影响因素分析[J]. 西北农林科技大学学报(社会科学版)，2018，18(01)：115 - 123.

[27] 莫华，曾福生. 现代农业视角下农民专业合作社发展水平评估研究——基于湖南数据的实证[J]. 农业现代化研究，2017，38(3)：421 - 428.

[28] 张建雷. 家庭农场发展的多重动力机制分析[J]. 西北农林科技大学学报(社会科学版)，2018，18(01)：34 - 40.

[29] 方颖，赵扬. 寻找制度的工具变量：估计产权保护对中国经济增长的贡献[J]. 经济研究，2011，46(5)：138 - 148.

社会网络、信息成本与农户生态耕种采纳意愿的研究*

传统的“高投入、高消耗”耕地利用方式已日益成为制约我国耕地资源可持续利用的主要因素[1]，而遵循生态系统基本原理、避免人为地对耕地系统产生不可逆干扰后果的生态耕种，是实现耕地资源在保护中利用、在利用中保护的重要途径[2]。因此，推行生态耕种不仅是数量、质量与生态“三位一体”耕地保护的客观要求[3]，也是实现我国农业可持续发展的内在需求。我国是一个传统农业大国，农业人口基数大，在未来相当长的时期内，农户仍然是耕地的主要经营主体[4]。我国农村又是一个熟人社会，人们通过不断重叠、蛛网式的社会关系网络相互影响。我国工业化、城镇化的快速推进，导致农村社会网络关系在日益发生变化，且信息化水平的不断提高，使社会网络因传递路径短、效率高等特点而对农户行为产生更大的影响[5]，如农户通过社会网络形成的互动学习会对技术采纳的意愿产生深刻影响[6]。信息化对农村社会网络的影响很大程度上取决于信息的成本，而信息成本受到信息的传播与扩散程度的影响[7]，若信息成本带来的影响未得到足够重视，可能会造成技术推广应用的偏差，进而影

---

* 本文曾刊发于《中国农业大学学报》2019 年第 11 期，参与撰写的还有刘艳婷、邝佛缘和刘桃菊。

响农户对技术的采纳意愿[8]。但实际上,农村社会网络和信息成本存在相互影响的关系,如 Fukuyama[9]的研究表明,当一个家庭遭遇信息成本过高而采取非正规保险时很大程度上是受到其家庭社会网络的影响,Carter 等[10]研究发现社会网络对于缓解信息成本负向影响具有显著作用,郭格等[11]对节水灌溉技术中社会网络的机制进行研究,认为社会网络具有缓解外部冲击的功能。因此,在农村社会网络日益变化和信息化水平不断提高的现阶段,掌握社会网络、信息成本对农户生态耕种采纳意愿的影响规律,对于提高农户的生态耕种意愿的政策制定,进而实现我国耕地资源可持续利用具有积极的现实意义。

尽管学术界直接针对农户生态耕种采纳意愿及其影响因素的研究并不多,但诸如环境友好型技术、农药化肥减量化、低碳农业技术、绿色生产技术等与生态耕种相类似的内容研究较多。已有研究表明,农户自身因素[12-15](年龄、兼业程度、受教育程度、风险偏好等)、生产资源与环境因素[16-18](耕地禀赋、劳动力资源、经营结构等)、区域社会经济因素[19-20](区域社会水平、文化观念、信息获取渠道等)、新技术及其推广因素[21-23](政府激励、技术宣传与培训、新技术效果的示范等)等会影响农户对相关技术的采纳意愿。但是,从社会网络和信息成本 2 个角度对农户技术采纳意愿影响的研究并不多。为此,本研究以江西省这个传统农业大省为研究对象,利用专题调研所获取的 2068 份问卷调查数据,在研究社会网络和信息成本对农户生态耕种采纳意愿影响的基础上,通过加入交互项,进一步分析在农户生态耕种采纳意愿中是否存在社会网络对信息成本的调节效应,从而系统地掌握社会网络、信息成本对农户生态耕种采纳意愿的影响规律,以期为有关农户生态耕种意愿激励政策的制定提供参考。

一、数据来源与样本情况

根据江西省3种主要地形地貌的分布特征，课题组于2017年1—3月在鄱阳湖平原、吉泰盆地和丘陵地带选取调研样本点，调研采用分层随机抽样的方法在江西省选取了44个县(市、区)，每个县(市、区)随机抽取两个村，每个村发放25～30份问卷。课题组共发放2370份问卷，回收问卷2176份，剔除存在矛盾、信息不全等问题的问卷，共有2068份有效问卷，问卷回收率为91.81%，问卷有效率为95.04%。问卷主要涉及农户的基本信息及农户对生态耕种的认知等内容。为了准确获得受访者对生态耕种的认识，调研采取入户面对面调查，在详细介绍生态耕种内涵的基础上，让受访者自行完成问卷。

通过对2068份有效问卷分析发现，男性比例远高于女性，样本中男性占74.37%，女性占25.63%，被访者男性人数将近女性的3倍。被访者年龄总体偏大，样本多数处于45～60岁，占样本总数的54.26%；而30～45岁有615人，占样本总数的29.74%；30岁及以下仅有96人，占4.64%。这与中国农村年轻人多外出务工的现状吻合。文化水平普遍不高，以小学和初中为主，二者比重之和高达86.75%。有超过68%的被访者务农年限在16年以上，反映了大部分被访者有较长期的务农经历。是新型农业经营主体[①]的家庭与不是新型农业经营主体家庭的比例接近1∶4，表明当前农村新型农业经营主体兴起已成趋势。绝大部分家庭劳

① 本研究所指新型农业经营主体指的是家庭农场和专业合作社，满足其中一种及以上类型的农户，即认定为是新型农业经营主体。

动力比重①在50%以上。家庭人均年收入主要集中在2万元以下，5万元以上比重最低。耕地的块均面积越大，所占比重越低，反映了研究区耕地破碎化现象明显，耕地适度规模化经营有待进一步发展。以上特征与江西省的实际情况基本相符(表1)。

表1　样本基本情况

变量	分组	农户数	占比/%	变量	分组	农户数	占比/%
性别	男	1538	74.37	新型农业经营主体	是	398	19.25
	女	530	25.63		否	1670	80.75
年龄	≤30岁	96	4.64	劳动力比重	≤20%	20	0.97
	>30且≤45岁	615	29.74		>20%且≤50%	241	11.65
	>45且≤60岁	1122	54.26		>50%且≤80%	1036	50.10
	>60岁	235	11.36		>80%	771	37.28
文化程度	小学	1041	50.34	家庭人均年收入	≤1万	789	38.15
	初中	753	36.41		>1万且≤2万	821	39.70
	高中	182	8.80		>2万且≤5万	427	20.65
	中专及以上	92	4.45		>5万	31	1.50

① 本研究所指劳动力比重=家庭劳动力人数/家庭总人数，其中将年龄在16～60岁的个体认定为家庭劳动力。

(续表)

变量	分组	农户数	占比/%	变量	分组	农户数	占比/%
务农年限	≤5 年	237	11.46	耕地破碎度	≤0.067 hm^2	1438	69.54
	>5 且≤10 年	236	11.42		>0.067 且≤0.133 hm^2	422	20.41
	>10 且≤15 年	174	8.41		>0.133 且≤0.2 hm^2	117	5.65
	>15 年	1421	68.71		>0.2 hm^2	91	4.40

二、研究方法

(一)模型构建

农户是否愿意采纳生态耕种属于二元选择变量,而二元 Probit 模型是一种利用累积正态分布函数的变形来规避线性概率模型无界性问题的虚拟被解释变量模型估计方法,主要用于处理因变量是二元选择的情况,即因变量取 0 或 1[24],因此本研究运用二元 Probit 选择模型来实证分析社会网络、信息成本对农户生态耕种采纳意愿的影响。农户愿意采纳生态耕种赋值为 1,不愿意采纳生态耕种赋值为 0。Probit 模型的基本形式如下:

$$Y=\beta_0+\beta_1 X_1+\beta_2 X_2+\cdots+\beta_{13} X_{13}+\mu \tag{1}$$

式中:Y 为因变量,表示农户生态耕种意愿(不愿意=0,愿意=1)。β_0 为常数项,$X_1,X_2,\cdots,X_{13}$ 为自变量,$\beta_1,\beta_2,\cdots,\beta_{13}$ 为自变量系数,μ 为随机扰动项。从而影响农户生态耕种行为的二元离散选择模型可以表示为

$$P_i=E\left(Y=\frac{0}{X_1},X_2\cdots X_{13}\right)=F(\beta_0+\beta_1X_1+\beta_2X_2+\cdots+\beta_{13}X_{13})\quad(2)$$

式中：P_i 为一定影响条件下农户做出某种选择的概率，$E(X)$为某一影响选择的因素在既定条件下针对这一选择的数学期望，$F(X)$为形如 $\frac{1}{\sqrt{2\pi}}=\int_{\infty}^{I_i}e^{-t^2/2}dt$ 的累计概率分布函数。

（二）变量选择

1. 核心解释变量

社会网络变量。主要包括信息渠道个数和示范户效果。信息渠道的个数多少代表着农户间交流对彼此生产的影响大小，是决定农户是否愿意进行生态耕种的重要考虑因素。当农户获取生态耕种信息的渠道数越多，看到周围农户进行生态耕种获取较大收益且有良好的示范效果时，农户更愿意进行生态耕种[25]。

信息成本变量。主要包括解读信息难度、获取信息时间耗费、获取信息难度。本研究借鉴已有研究[26]，当农户获取生态耕种信息难度很大，并且时间耗费很长，解读生态耕种信息的难度较大时，农户往往认为获取该信息成本太大，更不愿意进行生态耕种。

2. 控制变量

考虑其他可能影响农户生态耕种意愿的因素，本研究将控制变量归纳为 2 个维度：一是农户个人特征：男性是主要劳动力，对于生态性投入行为意愿更强[13]；农户年龄越大，越会尽量避免可能出现的风险，减少损失，越不愿意进行生态耕种；文化程度越高的农户可能对生态耕种的认知越清晰，其意愿越强；加入合作社的农户更期望采纳生态耕种以提高农作物的附加值[27]。二是家庭经营特征：农户耕地面积越大，越有利于通过增加生态性耕种行为实现长期收益，农户更愿意进行生态耕种[28]；非农收入比重越大，表明农业收入并不是主要生活来源，农户越不愿意进行生态耕种；家庭年收入是农户是否愿意采纳生态耕种的重要考量；外出务工比重越大意味着农户对土地的依赖程度越低，越不愿意进行生态耕种。主要变量的设定与说明见表 2。

表 2　变量设定与说明

变量名称		变量定义	均值	标准差
因变量	生态耕种意愿	愿意=1;不愿意=0	0.59	0.49
社会网络	信息渠道个数	1 个=1;2 个=2; 3 个=3;4 个以上=4	1.59	0.78
	示范户效果	效果明显=1;不明显=0	0.21	0.37
信息成本	解读信息难度	容易=0;困难=1	0.74	0.44
	获取信息时间耗费	少=0;多=1	0.19	0.40
	获取信息难度	容易=0;困难=1	0.26	0.42
农户个人特征	性别	女=0;男=1	0.74	0.44
	年龄	农户实际年龄	49.06	10.30
	文化程度	小学=1;初中=2;高中=3; 大专以上=4	1.67	0.81
	加入合作社	是否加入合作社:是=1;否=0	0.04	0.19
家庭经营特征	耕种面积	实际种植的耕地面积(hm^2)	0.60	3.06
	非农收入比重	家庭非农收入占总收入的比例	0.79	0.89
	家庭年收入	农户家庭实际年收入/万元	6.92	5.64
	外出务工比重	外出务工人数/家庭人口总人数	0.63	0.20

三、结果与分析

（一）模型整体检验结果

表 2 中，信息成本由解读信息的难度、获取信息时间耗费、获取信息的难度组成，首先对这 3 个变量进行测量。对于信息成本首先需要进行主成分分析，本研究使用 SPSS20.0 统计软件中的因子分析进行主成分分析。检验结果显示，KMO 值是 0.863，Bartlett 球形度检验的 X^2 为 399.0499（$P<0.0001$）。由此可知，这 3 个变量可做主成分分析。

在进行 Probit 回归分析之前，需检验社会网络、信息成本、交互项之间会因为高度相关而导致的多重共线性问题。一般认为，VIF 数值越大，变量间共线性越严重，当 0＜VIF＜10，不存在多重共线性。经检验发现，1.015＜VIF＜2.917，说明模型自变量间均不存在多重共线性问题，无须剔除或调整自变量，这为下一步模型的回归分析提供了前提条件。

（二）模型回归分析结果

本研究运用 stata11.0 统计软件对数据进行 Probit 回归分析，在检验交互效应之前，将控制变量、社会网络和信息成本进行中心化处理。本研究采用递进法，模型 1 以控制变量作为全部的解释变量，模型 2 在模型 1 的基础上加入社会网络这一解释变量，模型 3 和模型 4 又分别加入信息成本、社会网络和信息成本的交互项这一新的解释变量。从表 3 中的模型结果看，4 个模型的 Hosmer-Lemeshow 检验 P 值都＞0.1，说明该数据的拟合程度良好。模型 1、模型 2、模型 3 和模型 4 中各自变量的显著性和系数符号基本保持一致，体现出较好的模型稳健性。

表 3　模型估计结果

自变量	模型 1	模型 2	模型 3	模型 4
	系数（边际效应）	系数（边际效应）	系数（边际效应）	系数（边际效应）
信息渠道个数		0.139** (0.0525)	0.143** (0.0539)	0.143** (0.0538)
示范户效果		0.308*** (0.1166)	0.306*** (0.1154)	0.322*** (0.1215)
信息成本			−0.109*** (−0.0412)	−0.102*** (−0.0395)
信息渠道个数×信息成本				0.124** (0.0467)
示范户效果×信息成本				0.112** (0.0444)
年龄	−0.027** (−0.0226)	−0.025* (−0.0220)	−0.025* (−0.0220)	−0.025* (−0.0220)
文化程度	0.195** (0.0751)	0.149* (0.0563)	0.148* (0.0555)	0.153* (0.0576)
加入合作社	0.191 (0.0741)	0.190 (0.0719)	0.183 (0.0690)	0.183 (0.0689)
耕种面积	0.167*** (0.0643)	0.173*** (0.0655)	0.174*** (0.0656)	0.173*** (0.0653)
非农收入比重	−0.023* (−0.0255)	−0.025* (−0.0295)	−0.026* (−0.0297)	−0.039* (−0.0347)
家庭年收入	0.007 (0.0003)	0.003 (0.0013)	0.003 (0.0012)	0.006 (0.0023)
外出务工比重	−0.055 (−0.0210)	−0.033 (−0.0112)	−0.003 (−0.0113)	−0.003 (−0.0113)
Hosmer-Lemeshow 检验 *P* 值	0.535	0.477	0.650	0.796
Prob>chi^2	0.0000	0.0000	0.0000	0.0000
Pseudo R^2	0.3294	0.3375	0.3428	0.3812

注：*、**、*** 分别表示 10%、5%、1%的显著性水平，表中括号外估计结果为普通标准误，括号中为边际效应。

第一，模型1的结果表明，个人特征中，年龄对农户生态耕种意愿具有负向影响，说明年龄较大的户主受传统农业生产模式的影响更不愿意生态耕种；文化程度出现边际递增效应，说明具备高文化水平的劳动力拥有相对丰富的见识与阅历，更容易接受和掌握生态耕种。家庭经营特征中，耕地面积出现边际递增现象，说明规模化经营能有效提高农户生态耕种积极性[28]；非农收入比重在10%水平上显著且系数为负，说明非农收入比重高的农户对土地的依赖程度较低，从事生态耕种的可能性更低。

第二，模型2的结果表明社会网络对农户生态耕种采纳意愿产生显著影响。各控制变量的符号及显著性与模型1基本保持一致，体现出模型具有较好的稳健性。信息渠道个数对农户生态耕种意愿具有正向作用且在5%的统计水平上显著。示范户效果的回归系数为0.308，且它每增加一个百分点将使农户生态耕种意愿上升11.66%，出现边际递增效应。这与现有的研究成果相符，一般来说，在农村信息传递的渠道途径较窄，主要是农户之间的交流，农户相互交流能够提高农户关于新技术能力的积累，提高他们对新技术的认知，农户会和其他农户面临着相似的决策问题，且其他农户得到的结果较好，因而视示范户效果的决策行为为自己的参照。

第三，模型3中加入解释变量信息成本，回归结果显示该变量系数为－0.109，且通过1%的显著性检验，即信息成本对农户生态耕种采纳意愿具有显著的负向影响。认为获取和解读利用生态耕种政策信息成本越高的农户，越不愿意生态耕种。这主要是因为农户没有足够的知识和技能去获取、解读和利用生态耕种政策信息，因而害怕出现决策失误而选择放弃生态耕种，而且获取信息的成本远高于选择生态耕种获取收益的成本，过高的风险使得农户更不愿意采纳生态耕种。

第四，模型 4 中添加了社会网络和信息成本的交互项以期检验社会网络对信息成本的调节作用。从模型 4 的估计结果可以发现，信息成本对农户生态耕种采纳意愿的系数为负且通过了 1%的显著性水平检验。而社会网络与信息成本的交互变量通过了 5%统计水平的显著性检验且系数为正。说明社会网络在信息成本的负向关系中存在一定的调节效应，缓解了信息成本过高对农户生态耕种采纳意愿的负向影响。可能的原因是农户通过社会互动交流，不仅加快了信息的传播与扩散，也提高了信息获取效率，通过路径去破解农户的信息约束，降低获取信息成本，进而提高农户生态耕种意愿。也有可能通过示范户效果去模仿邻里的生态耕种行为，了解与掌握生态耕种的操作原理，进而降低生态耕种信息成本，提高生态耕种采纳意愿。

四、主要研究结论

本研究利用江西省 2068 份样本农户数据进行实证分析，运用二元 probit 模型探究社会网络、信息成本对农户生态耕种意愿的影响，结果表明：第一，社会网络对农户生态耕种采纳意愿呈现正向影响，是提高农户生态耕种采纳意愿的有效因素。第二，信息成本对农户生态耕种采纳意愿呈负向影响，表现为获取信息成本越高，农户对生态耕种采纳意愿越低。第三，社会网络具有调节信息成本的负向影响作用，在一定程度上能够减缓信息成本过高对农户生态耕种意愿降低的影响。第四，户主性别、年龄、文化程度、耕种面积、非农收入比重也是影响农户生态耕种意愿的重要因素。因此，要提高广大农户生态耕种意愿，一方面，应加强农村社会网络建设，在推进各类信息交流平台建设的同时，借助各类合作社或家庭农场(专业种植大户)的示范作用提升农户的生态耕种意愿。另一方面,应加大各类生态耕种技术的宣传推广力度,有效地降低农户对相关信息的获取成本。不仅要发挥传统的宣传栏、广播、传单等宣传手段,还要积极探索微信、短信等现代媒体手段进行宣传,让广大农民随时都能获取相关信息。

参考文献

[1] 刘宁. 关乎中华民族生存之基的大事[J]. 求是,2013(21):58-59.

[2] 陈美球,袁东波,邝佛缘,吴秋艳,谢贤鑫. 农户分化、代际差异对生态耕种采纳度的影响[J]. 中国人口·资源与环境,2019,29(2):82-89.

[3] 陈美球,刘桃菊,李志朋. 农户生态耕种的现状与激励对策:基于江西省 2028 户农户化肥农药使用行为的专题调研[J]. 土地经济研究,2017(2):103-117.

[4] 陈锡文. 实施乡村振兴战略,推进农业农村现代化[J]. 中国农业大学学报:社会科学版,2018,35(1):5-12.

[5] Watts D J, Strogatz S H. Collective Dynamics of Small-world Networks[J]. Nature,1998,393(6684):440-442.

[6] 王学婷,何可,张俊飚,童庆蒙,程文能. 农户对环境友好型技术的采纳意愿及异质性分析:以湖北省为例[J]. 中国农业大学学报,2018,23(6):197-209.

[7] 耿宇宁,郑少锋,陆迁. 经济激励、社会网络对农户绿色防控技术采纳行为的影响:来自陕西猕猴桃主产区的证据[J]. 华中农业大学学报:社会科学版,2017(6):59-69,150.

[8] Asrat S, Yesuf M, Carlsson F, Wale E. Farmers' Preferences for Crop Variety Traits: Lessons for On-farm Conservation and Technology Adoption [J]. Ecological Economics, 2010, 69(12), 2394-2401.

[9] Fukuyama F. Social Capital, Civil Society and Development[J]. Third World Quarterly, 2001, 22(1): 7-20.

[10] Carter M R. Social Capital and Coping with Economic Shocks: An Analysis of Stunting of South African Children[J]. World Development, 2003, 31(7): 1147 - 1163.

[11] 郭格,陆迁,李玉贝.外部冲击、社会网络对农户节水灌溉技术采用的影响:基于甘肃张掖的调查数据[J].干旱区资源与环境,2017,31(12):33 - 38.

[12] 王思琪,陈美球,彭欣欣,刘桃菊.农户分化对环境友好型技术采纳影响的实证研究:基于554户农户对测土配方施肥技术应用的调研[J].中国农业大学学报.2018,23(6):187 - 196.

[13] 吴雪莲,张俊飚,何可,张露.农户水稻秸秆还田技术采纳意愿及其驱动路径分析[J].资源科学,2016,38(11):2117 - 2126.

[14] 吴萌,甘臣林,任立,陈银蓉.分布式认知理论框架下农户土地转出意愿影响因素研究:基于SEM模型的武汉城市圈典型地区实证分析[J].中国人口·资源与环境,2016,26(9):62 - 71.

[15] 郭利京,赵瑾.认知冲突视角下农户生物农药施用意愿研究:基于江苏639户稻农的实证[J].南京农业大学学报:社会科学版,2017,17(2):123 - 133,154.

[16] 程琳琳,何可,张俊飚.基于关系与结构嵌入的农户农业废弃物绿色处置行为分析[J].农业工程学报,2018,34(17):241 - 249.

[17] 徐婵娟,陈儒,姜志德.外部冲击、风险偏好与农户低碳农业技术采用研究[J].科技管理研究,2018,38(14):248 - 257.

[18] 杨志海.老龄化、社会网络与农户绿色生产技术采纳行为:来自长江流域六省农户数据的验证[J].中国农村观察,2018(4):44 - 58.

[19] 张永勋,闵庆文,王维奇,何璐璐,郑江闽.农户社会经济特征对农业种植意愿的影响:基于农业文化遗产保护目的的福州茉莉种植户研究[J].中国生态农业学报,2016,24(12):1714 - 1721.

[20] 王海.农户信贷对盐碱地治理技术采纳行为影响的区域差异性分析:以垦利、镇赉和察布查尔3县468农户为例[J].西南大学学报:自然科学版,2018,40(1):126 - 134.

[21] 冯晓龙，霍学喜. 社会网络对农户采用环境友好型技术的激励研究[J]. 重庆大学学报：社会科学版，2016，22(3)：72－81.

[22] 季柯辛，乔娟，耿宁. 农户技术采纳的一个关键影响因素：技术扩散模式[J]. 科技管理研究，2017，37(23)：159－165.

[23] 乔丹，陆迁，徐涛，赵敏娟. 信息渠道、学习能力与农户节水灌溉技术选择：基于民勤绿洲的调查研究[J]. 干旱区资源与环境，2017，31(2)：20－24.

[24] 高民. 信用评级模型的开发及 Probit 回归在模型中的应用[D]. 济南：山东大学. 2010.

[25] 朱清海，雷云. 社会资本对农户秸秆处置亲环境行为的影响研究：基于湖北省 L 县农户的调查数据[J]. 干旱区资源与环境，2018，32(11)：15－21.

[26] 杨卫忠. 农村土地经营权流转中的农户羊群行为：来自浙江省嘉兴市农户的调查数据[J]. 中国农村经济，2015(2)：38－51，82.

[27] 莫华，曾福生. 现代农业视角下农民专业合作社发展水平评估研究：基于湖南数据的实证[J]. 农业现代化研究，2017，38(3)：421－428.

[28] 曹慧，赵凯. 代际差异视角下粮农保护性耕作投入意愿的影响因素分析[J]. 西北农林科技大学学报：社会科学版，2018，18(1)：115－123.

实践探索篇

实践出真知。实践需求永远是创新的源泉，面对乡村振兴战略，基层群众最清楚土地使用制度的真实需求，也最明白需要什么内容的制度创新。近年来，各地在具体乡村振兴实践中，勇于创新探索乡村振兴对用地制度的现实需求，并取得了一定的成效。向基层学习，向群众学习，也是推进我国农村土地使用制度改革的重要路径。本篇共收集近三年形成的5篇调研报告。

《乡村振兴的黄溪实践及其启示》是对江西省修水县黄溪村由一个"上访村""贫困村"，华丽转身为远近闻名的"秀美乡村"的变化进行跟踪调研总结。黄溪实践具体可归纳为："确权确股不确地"助农业现代化，促进农业产业兴旺；"人—地—钱"挂钩推农村现代化，打造生态宜居环境；"村事村议"提社会治理成效，营造文明乡风。黄溪村振兴的成效是全方位的，不仅经济发展，物质生活水平明显提高，农村人均收入由2008年的1300元提高到2016年的8400元，由2008年负债200多万元，村干部连续5年拿不到工资，发展到现在集体资产超过2000万元，而且村民精神面貌发生了翻天覆地的变化，精神生活水平同样明显提高。黄溪实践对培育乡村振兴内生动力机制具有积极的启示，那就是"让集体强起来，让农民动起来，让土地活起来"，集体组织是乡村振兴的关键主体，广大农民才是乡村振兴的主人，土地使用制度的改革与创新是激活乡村振兴活力的重要切入点。

《以农村宅基地改革助乡村振兴的余江实践及其启示》是对全国农村土地制度改革试点余江县以农村宅基地改革助力乡村振兴的阶段性总结。余江县农村宅基地制度改革的做法可归纳为"政府引导，村组主导，农民参与；规划先行，统筹整合，经济调控"。通过宅基地改革，取得了实实在在的成效：农村宅基地管理基础得到夯实，农民建房更加规范，村庄生活环境得到改善，村庄建设用地节约集约利用水平明显提高，宅基地利用中的公平与效率得到了较好的协调。同时也提供相应的启示：一是要坚持系统理念，构建项目间的协同机制；二是要加强村集体经济组织建设，科学处理好村基层组织与理事会的关系；三是要重视区域居民点体系规划，加强民居文化的保护；四是要探索宅基地收储制度，创新跨集体经济组织使用制度；五是要及时跟进村庄后续管理，增加村民的改革获得感。

《以土地使用制度创新激发乡村振兴活力的四川青杠树村实践与启示》是对四川省成都市郫都区青杠树村借全国农村土地制度改革试点之机，推动乡村振兴的总结。青杠树村土地使用制度创新的主要做法包括以“小挂钩”优化农村建设用地，激活存量建设用地资源；完善集体建设用地的赋权机制，增加农民源于土地的收入；推行集体经营性建设用地入市，吸纳社会发展资金；创新耕地经营模式，促进一三产业融合；创新土地整治运行模式，形成土地整治合力。青杠树村土地使用制度创新实践提供了积极的启示：一是要坚持系统思维，形成创新合力；二是要坚持以人为本，切实为农民带来实惠；三是要坚持村民自治，强化土地使用制度创新主体建设。

《协同推进脱贫攻坚与乡村振兴的实践与启示》是基于江西省井冈山市、瑞金市和修水县“三地”的调研而形成的调研报告。“三地”协同推进脱贫攻坚与乡村振兴的主要做法可归纳为：融产业扶贫于产业兴旺之中，融移民扶贫于生态宜居村庄建设之中，促进志智双扶与乡风文明、治理有效的共建。“三地”实践对协同推进脱贫攻坚与乡村振兴有如下启示：一是要坚持系统思维，二是以土地使用制度创新为重要抓手，三是加强村集体组织建设是关键。

《民营资本参与农村产权交易市场建设的永嘉探索及其启示》是对浙江省 26 条改革典型经验之一的浙江省永嘉县引入民营资本参与农村产

权交易市场建设的经验总结。永嘉县农村产权交易改革的主要做法是组建专业队伍，专业的人做专业的事；多方联动协同，构建高效的农村产权交易机制；完善相关制度，规范企业运行行为；承担公益事务，赢得社会信誉；勇于探索创新，提升农村产权交易效益。永嘉县农村产权服务中心自2015年9月成立以来，已形成“以耕地、林地承包经营权流转交易鉴证为公益服务，集体经营性资产入市交易为主营业务，三产安置房全过程代理为特色”的业务体系，在促进和规范全县农村产权交易上发挥着关键作用。至2018年年底，永嘉县农村产权交易服务中心共成交1141宗，成交金额达11.9亿元，实现了“村集体经济壮大、企业高兴、政府满意、村民受益”的多主体共赢。一是切实培育了农村产权交易市场，盘活了农村土地资源；二是压缩了村干部寻租空间，营造了良好的乡村治理氛围；三是显化了农村资产，实现了集体资产的增值保值；四是壮大了村集体经济，增强了村集体组织能力；五是推动了土地流转，促进了农业现代化；六是破解了“三产安置房”难题，提升了资源利用效率。农村产权交易改革的“永嘉探索”对全国推动农村产权交易具有积极的启示作用，主要包括：企业运作是实现市场在农村产权交易中主导地位的有效路径；政府的扶持是推动农村产权交易的前提保障；“专业的人做专业的事”，借社会之力是解决乡村振兴人才短板的有效路径；为各地留地安置的处置提供了一个成功样板。

乡村振兴的黄溪实践及其启示*

中共十九大报告提出，要实施乡村振兴战略，按照产业兴旺、生态宜居、乡风文明、治理有效、生活富裕的总要求，加快推进农业农村现代化。这是决胜全面建成小康社会、全面建设社会主义现代化强国的一项重大战略任务，也是新时代“三农”工作的总纲领。近年来，江西省修水县黄溪村提出了“农业产业化、土地园林化、耕作机械化、住房城镇化、农民工人化”的“五化”发展目标，树立“家家有资产、户户有股份、人人有就业、年年有分红”的“四有”发展理念，并实实在在地付诸行动。短短几年，黄溪村就由一个“上访村”“贫困村”，华丽转身为远近闻名的“秀美乡村”，并于2016年实现全村脱贫，先后荣获“全国民主法治示范村”“全国一村一品示范村”“江西省生态示范村”“江西省美丽宜居村庄”，成为乡村振兴的一个典范。黄溪村的实践表明，实现乡村振兴必须“让集体强起来，让农民动起来，让土地活起来”，充分调动村集体的主观能动性，发挥农民的主人翁精神，激发土地要素的活力。

---

* 参与调研和报告撰写的还有廖彩荣、翁贞林和袁东波。

一、黄溪村乡村振兴的主要做法

黄溪村地处修水县马坳镇南部，三面环水，一面朝山，方圆 11.3 平方公里，拥有耕地 1326 亩，林地 3000 亩。现下辖 15 个村小组(含 1 个移民小组)，有村民 3100 余人。黄溪实践具体可归纳为："确权确股不确地"助农业现代化，促进农业产业兴旺；"人—地—钱"挂钩推农村现代化，打造生态宜居环境；"村事村议"提社会治理成效，营造文明乡风。

1. "确权确股不确地"，助力农业现代化

2009 年，多个土地整治项目在黄溪村实施，伴随田块平整和农田基础设施的配套，承包权的调整不可避免。以此为契机，黄溪村提出"确权确股不确地"模式，实行"确权不确地、分红按人头、补贴归原户、组级管理、村级整包"，即以村民小组为单位，确定耕地所有权，以户为单位，明确各农户拥有耕地承包经营权的份额(即每户耕地承包面积)，但不确定具体地块，承包权和经营权分离，承包权归农户所有，经营权则转化为股份，依据自愿、有偿原则，统一流转至村集体(村两委)，村集体遵循优先本组村民、打破组界的原则，集中成片流转，规模经营；流转费用由村集体、村小组、承租者三方依耕地质量协商确定，由承租者付给村集体，再通过村集体支付给村小组，年底以组为单位按人口进行股份分红。

"确权确股不确地"的做法表现出了强大的生命力。一是切实落实了承包地"三权"分置制度，加速了规模经营和现代农业经营主体形成。现代农业生产主体直接与村集体商谈，签订流转合同，确保稳定的流转期限，易形成规模经营，并激励企业增加投入。调研发现，江西欣宁蚕种科技有限公司之所以愿意落户于区位优势并不好的黄溪村，一个重要原因

就是省去了与各家各户耕地流转的谈判成本。二是凸显了土地村集体所有,利于公益建设和土地管理。各项建设不可避免要占用一定耕地,若与各家各户协商,是个繁杂的工作,还可能遇上个别“钉子户”。“确权确股不确地”,省去了与各家各户协商的环节,减少谈判成本,利于公益事业建设。土管所所长告诉我们:“过去,个别农户对承包地存在私有的认识误区,在自家承包地上违法建房和葬坟的现象屡禁不止。自推行‘确权确股不确地’后,黄溪村再也没有出现违法建房和随意葬坟现象,强化了土地用途管制,实现了管理上变‘被动’为‘主动’。”三是减少了分地成本。传统“确权确地”,追求绝对公平,工作量大,成本高,且易形成耕地互相插花,破碎度加大,生产条件变差。“确权确股不确地”则省去了分户田块划分成本。

在“确权确股不确地”的基础上,黄溪村通过完善生产体系和推行高效农业,共同推进农业现代化。一方面,优化生产环节抓效益。以蚕桑业为例,一是与江西省蚕桑茶叶研究所合作,把黄溪建成全省制种基地,目前黄溪蚕种产量占全省60%以上;二是引进了优良桑树品种、推广了高产栽培技术,使桑叶产量提高了近50%;三是改进了产业经营模式,推行“集中养殖低龄蚕,分户养殖高龄蚕”,解决了低龄蚕技术条件高、易死亡的问题,降低了农户养殖风险;四是与苏州丝绸厂直接建立原料供应关系。另一方面,大力发展生态高效农业。通过严格化肥农药使用,控产量,保品质,提高产品的市场竞争力。

2. “人—地—钱”挂钩,推进农村现代化

黄溪村把人口迁移、建设用地指标和政策资金整合在一起,充分利用国家移民、“增减挂钩”项目试点等政策,通过“人—地—钱”挂钩,促进要素的同步聚集,实现了农村现代化:一是科学编制村庄规划,推行迁村并点、整村搬迁,打造新型农村社区,实现人口集中;二是把移民建设用地指

标、"增减挂钩"返回用地指标集中用于新型农村社区建设;三是把移民搬迁资金、农民拆旧补助资金、新农村建设项目资金等统筹在一起,解决农民建房和社区基础设施建设的资金问题。村民方宝石告诉我们,建房用地是免费的,"增减挂钩"项目获得了10余万拆迁补偿,加上1.6万元扶贫补助,基本解决了搬迁与建房的资金问题。

黄溪村在农村现代化建设中,紧紧抓住"就业、就学、就医"核心工作。就业上,改善农田生产条件,农民要么骑摩托车种自家的地,要么到企业中当农业工人。同时人口聚集催生了超市、早餐店、茶楼、饭店、建材店等第三产业。2008年以前,全村青壮劳力都外出谋生,高峰时候有600多人在外,目前不到200人。就学上,以留住优秀教师为抓手确保教学质量,为每位老师提供30多平方米住房,并设立教师学业奖进行奖励;为解决生活之忧,还特聘请烧饭师傅。就医上,成立了村医务室,长年有4位医生坐诊,实现了村民小病不出村。

3. 村两委善谋"村事村议",提升社会治理成效

黄溪村发展转折点是2008年新村委班子的成立。这一年,曾当过3年副乡长,4年区企办主任,后又下海创业成功的徐万年,全票当选为黄溪村党总支书记。凭着自己在外创办企业多年的经验,徐万年提出"农业产业化、土地园林化、耕作机械化、住房城镇化、农民工人化"的"五化"发展目标和"家家有资产、户户有股份、人人有就业、年年有分红"的"四有"发展理念,并实实在在地付之于行动。他从改善干群关系、凝聚人心入手,跑项目、修大桥、建新村、创产业、引技术。村主任方小华,曾是南昌市第三建设公司的项目主管,领导过60多个工人做工程,熟悉项目建设。村书记思维敏锐,点子多,村主任各类建设项目业务熟悉,二人配合默契且清正廉洁,凭着一颗"让黄溪村共同富裕"的事业心,带领村两委一年365天坚守在工作岗位,形成了一个甘于吃亏、责任心强、乐于奉献的村

集体领导班子。为节省成本,村干部亲自跑厂家找原料,减少中间商的利润;为了确保黄溪大桥建设,村支书带头捐1万元,并日夜在工地监督,检查每包水泥和每根钢筋的质量;为了弥补资金缺口,村干部自己动手浇筑村庄道路。

村两委坚持“依法建制、以制治村、民主管理”社会治理工作原则,推行“四议四公开”工作法,即重大事务一律采取“党组织提议—两委会商议—党员大会审议—村民代表大会或村民大会决议”模式,做到“决议公开,村务公开,实施过程公开,实施结果公开”。每10户选举一个代表,实行“村民代表大会议事、支部决策、村委会执行”自治机制。这些年来,在中心村建设、流转土地、修路架桥等各项事务中,采取“一事一议”筹资200多万元,筹工筹劳1万多个。特别值得一提的是,该村独创了“三角章”财务监督审核制度(一个公章平均分为三份,分别由该村三个片区的村民推举一位为人正道、做事公正的代表掌管,只有在三个代表均对某财务议决无异议时,一起盖章才通过财务审核),此举切实保障了村民的知情权、监督权。

二、黄溪村乡村振兴的主要成效

黄溪村振兴发展的成效是全方位的。不仅经济发展,物质生活水平明显提高,农村人均收入由2008年的1300元提高到2016年的8400元;由2008年负债200多万元,村干部连续5年拿不到工资,发展到现在集体资产超过2000万元,而且村民精神面貌发生了翻天覆地的变化,精神生活水平同样明显提高。

1. 农业产业兴旺,农民生活水平显著提高

“确权确股不确地”不仅为现代农业提供了规模经营的土地条件,也使农民收入实现多样化,农户既有承包地的分红,也有作为农业产业工人的工资。在这里,勤劳就能致富。如陈乔华夫妇以前靠家中 2 亩田维持生计,一年只有 4000 元左右收入,现在丈夫在农业企业从事管理工作,年薪近 10 万,妻子参与蔬菜生产,每月收入 3000 元左右,全家年收入近 15 万。

目前黄溪已形成了具有市场竞争力的农业支柱产业。江西欣宁蚕种科技有限公司、修水县康绿蔬菜公司、江西南洋茶叶有限公司等多个现代农业龙头企业落户黄溪,促进了规模经营,发展壮大了蚕桑、蔬菜、花卉苗木、茶叶、水果五大支柱产业。其中,全村桑园面积已由 2008 年的 70 亩发展到现在的 800 多亩,产值由 7 万元猛增到 500 多万元,年纯收入 5 万元以上的蚕农就有 31 户。生态高效农业也初见成效。目前种植的 60 亩有机葡萄,其品质远近闻名,30 元一斤还供不应求;生产的蔬菜,其自然储存保鲜效果与口感完全与众不同,不少路过的旅客都会驻足黄溪采购。2017 年,一位 64 岁的蔬菜种植户,免费到各养蚕户中清理蚕粪,用作肥料,硬是用 8 分地种出了 3.8 万元产值的丝瓜。

2. 村庄生态宜居,土地利用效益明显提高

目前黄溪村的新型农村社区已完成三期建设,不仅水、电、交通、休闲广场、文化活动中心、农贸市场等基础生活设施齐全,还成为该县唯一有公租房、公墓、垃圾处理场的美丽乡村。现已落户了 503 余户,共计 2870 人,包括来自外村的深山、库区移民 138 户,本村分散村民 363 户,聚集了全村总人口的 93%,这些人在这里享受着与城里人一样的生活基础设施。有村民自豪地说:“这里既有完善的现代生活设施,又可享受农村清新的空气与优美的乡村风光。”尤其是小孩的教育,黄溪小学的教学质量

已跻身全县小学前十，每年毕业生的“5A”成绩超过50%，吸引了不少周边村庄孩子来此求学。在320多名学生中，外村学生占了15%。

通过迁村并点、建新拆旧，农村建设用地集中形成规模，优化了土地利用空间结构，提升了土地利用效率。原来村庄零散，农户圈占宅基地现象普遍。调研中，有一八口之家宅基地高达7.9亩。现社区建房统一安置，独家独院三层小洋楼，加上公共用地，户均也不到0.5亩。全村自然村庄已由原来的32个，减少至目前的11个。2008年全村2341人，2017年增至3100人，人口增加近800人，村庄用地反而减少了1000多亩，其中300多亩已复垦成农业用地。另外，农村社区统一规划建设，虽然前期一次性投资较大，但长期看来，其可大大节省建设成本。仅以村村通公路为例，若按该村原有的32个自然村庄进行修路，不仅要投入200多万元资金，还要占用30多亩土地，等一些村庄自然荒芜后，又要投钱对一些硬化的道路进行复垦，这无疑增加了发展成本。

3. 社会治理成效显著，乡村文明蔚然成风

2008年以前，黄溪村是有名的“上访村”“落后村”，是连村民说亲都会被嫌弃的地方。6年无法开展计划生育，村民因基本生活难以保障而经常上访，团伙盗窃、打架闹事不断。2008年之前的15年间就有60多个人因犯法被判刑。没有县乡领导愿意驻黄溪村，即使下乡调研也都绕着走。如今黄溪村零上访、零投诉，连续7年被评为县综合先进单位，2012年被评为第五批“全国民主法治示范村”。黄溪已成为对外宣传的一个窗口，几乎每天都有慕名而来的学习考察团。2017年7月30日，纪念“三个90周年”网络媒体大型主题宣传活动走进黄溪，黄溪的发展变化得到全国的30多家网媒记者的一致赞叹。

黄溪村的社会治理成效突出表现在两个方面：一是干群关系融洽，集体公益事务推进顺利。不准接受请吃，不准接受烟酒礼物，不准接收红

包，是黄溪村村干部的三条铁律，即使村民办喜事，也只随礼而不吃饭。村两委干部的长期坚持，融洽了干群关系。拆房、迁坟是农村的“天下第一难事”，黄溪村平安顺利完成了 300 多户农户的拆房，2800 多穴的迁坟。迁坟中还涉及一座有数百年历史的祖坟，其后裔有数万人，可在迁坟后无一上访。今年，一位 84 岁五保户的临终嘱托也是一个很好例证。这位老人临终前一个星期找到村支书，老人要像有儿有女的一样风光地走，将有多少存款，有多少现金，外借某某多少，后事希望如何办理等具体事项进行了托付。亲戚们知道此事后深感内疚，在这个老人心里，村集体组织及村书记才是她真正的亲人。二是社会风气明显好转，大家尊老爱幼，互帮互助。以往的黄溪赌博成风，不少村民无所事事，有村民因赌博欠下几万元债务。为了铲除麻将赌博这个“毒瘤”，经村民代表大会决定，将全村 62 台麻将机全部封存，如发现有人打麻将，一次奖励举报人 300 元。现在人人忙于工作，赌博现象没了。为了解决孤寡、五保等弱势群体的住房问题，黄溪村建设了 22 套公租房，产权归村里所有，孤寡老人和五保户等困难群体免费居住。整个黄溪村又回归到了“邻里和睦、互帮互助”的传统文明乡风之中。

三、黄溪村乡村振兴的启示

黄溪村既没有丰富的自然资源，也没有明显的区位优势，更缺乏良好的经济基础，却通过几年的实践，成为远近闻名的乡村振兴典范。黄溪的成功对培育乡村振兴内生动力机制具有积极的启示，那就是：“让集体强起来，让农民动起来，让土地活起来”。

1. 集体组织是乡村振兴的关键主体

乡村振兴是整个乡村的全方位振兴，具有系统性和地域性的鲜明特征。一方面，乡村振兴是典型的系统工程，既要硬件建设也要软件建设，既要建设也要管理。客观上要求把涉及“三农”内容的工作统筹在一起，形成“一盘棋”的工作格局。黄溪成功的一条重要经验就是坚持了系统工作理念，特别是注重“两个同步”推进：一是把以新型农村社区为载体的农村现代化与以“确权确股不确地”为抓手的农业现代化同步推进，既改善了村民的生活环境，又培育了支撑农村发展的农业产业；二是以就业为突破口，提高村民生活的经济收入，健全自治、法治、德治相结合的乡村治理体系，协调推进乡风文明，既提高了人们的物质生活，也提升了乡村精神文明。另一方面，乡村振兴必须立足于自身的自然资源条件和社会经济基础，因地制宜地振兴。不同地域条件下的乡村振兴优势不同，面临制约因素也不同，只有深入认识自身特征，才能找到合适的振兴之路。黄溪实践充分认识自身的资源优势，抓住生态，做出特色，错位竞争，同时延长产业链，降本增效，促进了产业兴旺。

诚然，广大农民是乡村振兴的建设主人，但乡村振兴的系统性和地域性要求有一个强有力的协调者和组织者，单个的农民难以成为乡村振兴的实施主体，而村集体组织才是胜任这一责任的必然主体。我国的村集体组织沿袭着传统的村落历史脉络，具有地域与血缘的先天性特征，村民与村落的发展和村集体经济组织的兴衰荣辱与共，已形成农村社会发展的基本“生命共同体”。村集体组织是农村社会经济发展的关键主体，他们在协调个人与集体利益、局部与整体利益矛盾中具有得天独厚的优势。只有充分发挥出这一关键主体的主动性和积极性，农村振兴才能形成内生动力机制，才能避免“上热下冷、外热内冷”现象。实践也证明，发展好的乡村，都是村集体战斗堡垒作用发挥好的乡村，黄溪村本身就是一个典型。

如何培育下一届村集体组织班子，也是已 60 岁的徐万年书记最担忧事情。目前村两委班子 7 个成员大部分是 50 岁以上，且都有一定的经济基础，虽然存款越来越少，但子女支持，生活保障无忧。对于年轻人，仅凭奉献精神做好村干部本职工作是不现实的，他们也有着与同龄人一样的物质需求。黄溪村也曾吸收一些年轻人加入班子，但过低的待遇留不住人。村集体组织弱化是我国一个普遍现象。吸引年轻的能人进入村集体班子，改变多数村集体“无资产、无资本、无资金”现状，培养造就一支懂农业、爱农村、爱农民的“三农”管理队伍，应是加强村集体组织建设，确保乡村振兴的一个基础性任务。

2. 广大农民才是乡村振兴的主人

广大农民才是振兴乡村的主人。他们最清楚乡村的基础和条件，也最渴望乡村的发展。能否充分调动广大农民的积极性，真正发挥他们的主人翁精神，是形成乡村振兴内在能力的关键。因此，必须改变一些地方农民群众“等、靠、要”的依赖思想和“政府干、村民看”的现象，特别要防止“塔西佗陷阱”(即无论政府说的是真话还是假话，做的是好事还是坏事，民众都将给予负面评价)，杜绝出现村民对政府“低依赖、高依赖”的心态。

黄溪村为了充分调动广大农民参与乡村振兴的主动性和积极性，多管齐下，用心良苦：一是努力完善生活基础设施，让农民安心。黄溪村通过迁村并点，集中财力、物力和建设用地指标建设新型农村社区，加强现代生活基础设施建设，特别是着力解决当前人们普遍关心的“三就”(就业、就学、就医)问题，让黄溪人安居乐业。二是改善农业生产条件和人口聚集，既聚集了人气，创造了就业机会，也让村民对发展前景充满信心。不少村民告诉我们，在这里，勤劳定能致富，现在人人忙于工作，偶尔打打麻将，玩玩牌，都会被人耻笑。三是“村事村议”让农民顺心。“人人都是黄溪主人”，每人都肩负着黄溪发展的义务，都在尽心地为黄溪发展做贡献。此外，为了提高村民的发展能力，黄溪村采取“请进来、走出去”的方式，学习推广先进的农业技术，让每个村民都掌握了一技之长。

“人心齐，泰山移”，“信心比黄金更重要”。要充分调动全体农民参与乡村振兴，聚集民心，树立信心，一要构建科学的公众参与机制。只有赋予农民充分的知情权、选择权和话语权，并从人们真正关心的地方入手，才能充分了解农民的意愿，进而统一思想，形成合力。在这方面，充分民主的“村事村议”机制至关重要。要广泛宣传乡村振兴战略，让农民充分了解具体乡村振兴工作对自己切身利益的关联性，并要加强公众参与的制度化建设，对参与原则、过程、方式方法和要求做出原则性基本规定，为乡村振兴的公众参与提供制度保障。二要加大乡村振兴的人才建设。既要加大新型农民培育，也要加强农产品加工、乡村旅游等从事农村二、三产业的人才培育，特别是复合型人才的培育，以适应产业深度融合的发展趋势，促进产业兴旺。要抓住农民工返乡、大学生回乡等关键人群的培训，他们是实施乡村振兴战略的关键主体。

3. *土地使用制度的改革与创新是激活乡村振兴活力的重要切入点*

土地是农业最基本的生产要素，也是农民最根本的生存资源，农村最宝贵的发展资本，在乡村振兴战略中扮演着基础性的关键角色。然而，一方面，农村大量建设用地闲置、低效利用，造成巨大土地资产沉淀，难以实现其资源、资产和资本的权能；另一方面，现代农业需要的适度规模经营土地条件难以形成，农村公共基础设施建设用地难以保障，土地征用、土地拆迁等社会纠纷频繁发生。

通过“确权确股不确地”创新承包地经营权流转机制，推进农业现代化，以及“农村建设用地全村统筹”创新宅基地使用机制，推进农村现代化，是黄溪村的两大制胜法宝。正是这些土地使用制度创新激活了乡村振兴的动力，特别是“确权确股不确地”，既坚持了以家庭联产承包为主，统分结合双层经营这一基本制度，又增强了农民对村集体经济组织的认可，也强化了村民对农村土地集体所有的观念，还为改善农田基础设施创造了条件，带来诸多利好。

乡村振兴中的土地使用制度创新应坚持系统思维。一是在具体土地制度的改革中，坚持“一盘棋”思维，联动推进，相互协调，形成合力。要实现“生态宜居、乡风文明、治理有效、生活富裕”的农村现代化目标，就必须完善相应的教育、医疗、公共交通、公益活动场所等基础设施，大力发展配套第三产业，而这些公共设施的建设与运行、第三产业的生存，需要形成一定的人口聚集规模。一方面，当前农村宅基地只限于本村集体经济组织成员，这显然对人口的合理聚集形成阻力，这就要求改革现行的农村宅基地使用制度；另一方面，农村公共设施建设和第三产业的发展，就必须同时考虑农村公共建设用地和经营性建设用地使用制度改革，这就要求同步推进土地利用总体规划的用途管制制度的改革。人口的聚集及向第三产业的转移，还需要通过经营权的流转解决各家各户承包地的耕种问题，这又回到了“产业兴旺”目标下的促进经营权流转的改革主题上。二是促进各社会生产要素的系统协调，实现“地—人—钱”的同步聚集。乡村振兴离不开土地、劳动力、资金等基本社会生产要素的共同协调支撑，由于劳动力、资金等要素的配置最终要落实在土地上，因此，土地使用制度在很大程度上决定着其他生产要素的配置。要顺应迁村并点的历史潮流，以区域居民点体系规划为抓手，实现“地—人—钱”的同步聚集。随着社会的发展与技术的进步，特别是交通条件的改善，农村生产生活半径迅速增大，社会分工协作的范围不断扩大，农业生产已不再是农村社会最主要功能，子女教育、非农就业环境、医疗保障等社会服务成为农村社会的需求，而生活基础设施配套的人口聚集规模内在需求，导致“迁村并点”已成为当前农村社会发展的一个潮流，传统的“沿路而建、临水而居、依田而住”散乱的农村宅基地布局已不利于乡村的振兴。因此，应遵循城乡融合发展，科学编制区域居民点布局体系规划，既考虑现有的村级组织基础与历史延续，更要考虑到生活公共设施共享的需求，同时，在坚持农村宅基地所有权、资格权、使用权“三权分置”改革方向下，积极探索跨集体经济组织的宅基地使用制度。

参考文献

[1] 习近平. 决胜全面建成小康社会　夺取新时代中国特色社会主义伟大新胜利——在中国共产党第十九次全国代表大会上的报告[R]. 北京：人民出版社，2017.

[2] 赵永平. 中国城镇化演进轨迹、现实困境与转型方向[J]. 经济问题探索，2016(05)：130-137.

[3] 项继权，周长友. “新三农”问题的演变与政策选择[J]. 中国农村经济，2017(10)：13-25.

[4] 允春喜，徐西庆. 角色偏差、政治背离与农村社会的失序——基于鲁中箫村村委行为逻辑的案例研究[J]. 南京农业大学学报(社会科学版)，2016，16(02)：25-35.

[5] 蒋守福，孙延益. 从“剩余”到“优秀”——农村人才流失之殇[J]. 中国社会保障，2011，(04)：54-56.

[6] 杨华，欧阳静. 阶层分化、代际剥削与农村老年人自杀——对近年中部地区农村老年人自杀现象的分析[J]. 管理世界，2013，(05)：47-63，75.

[7] 赵振军. 发展至上、体制弊端与新农村建设的方向迷失——十年新农村建设的理念检讨与实践反思[J]. 求实，2015(9)：86-96.

[8] 李宪宝，高强，单哲. 政府角色、反哺失灵与新农村建设[J]. 农业经济问题，2011，32(9)：57-64，111.

[9] 李雪强，王晓玲. 论政府在新农村社区化建设中的角色错位及矫正[J]. 农业考古，2009(3)：112 - 114.

[10] 申国发. 压力型体制与乡镇政府职能转变[D]. 济南：山东师范大学，2017.

[11] 蓝宇婷. 我国美丽乡村建设存在的问题与对策探析[J]. 现代化农业，2017(9)：66 - 68.

[12] 于学江，臧少梅，王宝海. 新农村建设的瓶颈突破——土地制度创新[J]. 农村经济，2008(5)：24 - 26.

[13] 孟繁瑜，李呈. 中国城镇化与新农村建设协调统一发展研究——国家土地政策的负外部性路径依赖分析与破解[J]. 中国软科学，2015(5)：1 - 11.

[14] 陈美球，李志朋，赖运生，等. “确权确股不确地”承包地经营权流转研究[J]. 土地经济研究，2015(1)：59 - 68.

[15] 陈美球，廖彩荣. 农村集体经济组织：“共同体”还是“共有体”？[J]. 中国土地科学，2017，31(6)：27 - 33.

[16] 谭贵华. 农村集体经济组织的研究回顾与前瞻[J]. 重庆大学学报(社会科学版)，2013，19(01)：123 - 129.

[17] 严国红. 当前基层干部心理状态及引导建议——以浙江省杭州市 S 区基层干部为例[J]. 中国党政干部论坛，2017(6)：82 - 85.

[18] 李昌平. 警惕乡村规划设计陷入城市化误区[J]. 文史博览(理论)，2014(8)：1.

[19] 贺雪峰. 论农村土地集体所有制的优势[J]. 南京农业大学学报(社会科学版)，2017，17(3)：1 - 8.

以农村宅基地改革助乡村振兴的余江实践及其启示*

改革农村宅基地制度，提升农村建设用地的节约集约利用水平已成为现阶段我国农村土地使用制度改革的重要任务。由于农村宅基地利用是一个长期形成的社会现象，历史问题积累多，受地方风俗习惯影响大，相关利益主体多且关系复杂，其改革是一个涉及社会、经济、管理、法律等诸多领域的系统工程。为了慎重稳妥推进农村宅基地制度改革，2015 年初，国家先行启动了 15 个宅基地制度改革试点县。江西省余江县作为农村土地制度改革试点县之一，积极开展了相应的改革探索工作。调研组通过跟踪调研，对余江县试点工作进行了阶段性总结。

一、余江县农村宅基地制度改革的具体做法

余江县是江西省重要的农业县，具有典型的多山多丘陵的地形地貌，"六山一水两分田，一分道路和庄园"是余江县地形地貌的真实写照。由于平坦的农村土地资源较少，在宅基地利用方面，随着城镇化、工业化、市

* 参与调研和报告撰写的还有刘静、刘瑛和李资华。

场化的全面推进，农村人地矛盾也逐渐凸显。经过2015年四月份的实地测量统计，全县农村总户数为7.3万户，一户一宅的占4.4万户，一户多宅的达到2.9万户，农村宅基地92350宗，其中闲置房屋达2.3万栋，危房8300栋，倒塌房屋7200余栋。

余江县农村宅基地制度改革的做法可归纳为“政府引导，村组主导，农民参与；规划先行，统筹整合，经济调控”。

一是明确了农村宅基地使用改革中的地方政府、村集体经济组织、农户等相关主体角色定位，弄清各主体的行为目的，避免主体间的冲突。“政府引导”就是地方政府是引导者，主要职责是确定试点总体方案，制定相关政策制度，夯实农村宅基地管理基础。余江县提出了“集体性质、村为基础，户有所居、取退有偿，严格规划、坚持标准，只做减法、不做加法（宅基地用地面积只减不增），公平公正、利国利民”的改革纲领，开展了农村宅基地确权工作，完成了全县92350宗农村宅基地的权属调查；投入1500万元编制了152个自然村村庄规划；制定了《余江县农村村民建房管理暂行办法》《余江县农村宅基地有偿使用、流转和退出暂行办法》等一系列规章制度，特别是明确了农村集体经济组织成员资格、分户条件，规范了村民申请建房审批程序（图1），为各村开展农村宅基地制度改革提供政策保障。“村组主导”就是坚持村民自治原则，把村集体组织（村小组）作为改革的运行主体。余江县加强了村民事务理事会的建设与领导，建立了由村民事务理事会主导的宅基地管理议事机制、民主监督机制、财产管理机制、服务群众机制和调处矛盾纠纷机制，实行改革试点的“一村一案”。本村的宅基地分配方案、宅基地增值分配方案、宅基地有偿使用的起征面积与标准等具体改革内容均由村民事务理事会制定。“农民参与”就是充分尊重村民的主人翁地位，保障农民的宅基地权益，各村改革试点方案中的每项内容都必须广泛征求群众的意见，并经过村民会议或村民代表会议讨论决定。

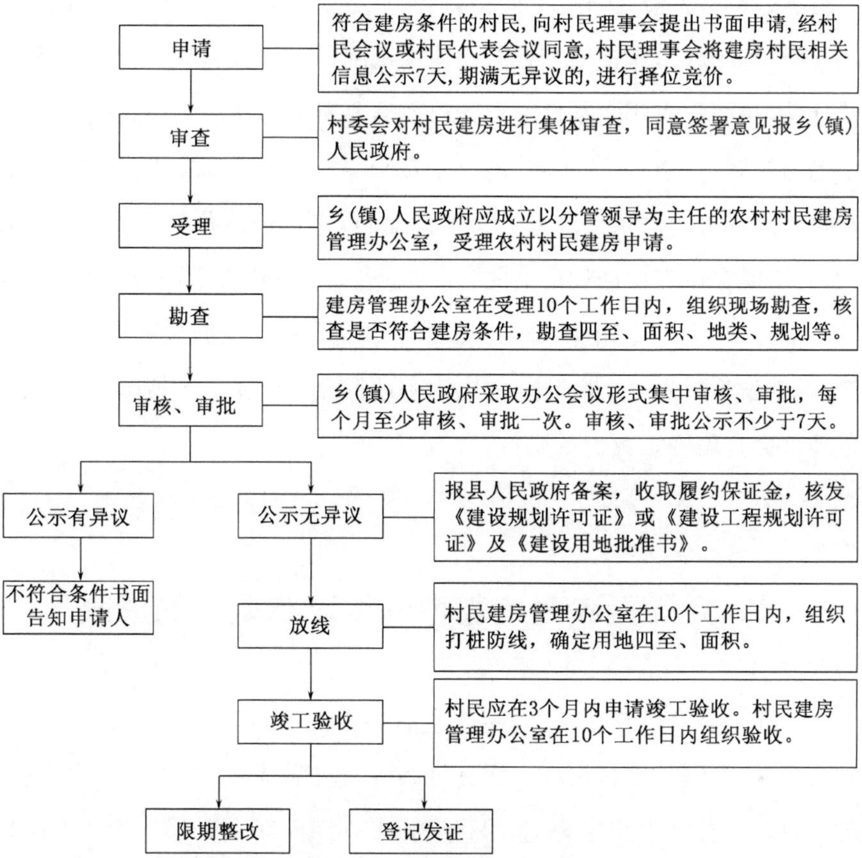

图1　余江县村民建房审批流程

二是统一了农村宅基地制度改革的技术思路。“规划先行”就是根据各村庄的人口规模、产业发展、耕地数量确定村庄建设用地规模，编制村建设规划，为宅基地的空间配置提供“蓝图”。“统筹整合”就是围绕“户有所居、民有所获、村有所美”目标，提出“1＋N”的建设思路，即以农村宅基地改革为载体，把新农村建设、农村集体资产股份权改革、农业现代园区建设、农村土地综合整治（如“增减挂”）相互结合，把“增减挂”试点获取的新增建设用地指标、新农村建设等项目资金统筹整合在一起，开展“美丽乡村综合改革试点”工作。“经济调控”就是充分利用经济杠杆来调节宅基地资源的分配，包括宅基地有偿使用机制，对农户超起征面积实行阶梯式计费，超面积占用宅基地越多的农户需要交纳的使用费越高；宅基地有偿退出机制，对于“一户多宅”的多宅部分，符合规划的，鼓励通过协商在本村组内符合建房条件的人员中有偿流转，也可退回集体并得到相应补偿，对于能提供有房居住证明的“一户一宅”及“一户多宅”全部退出，补偿标准上浮 20%；宅基地的分配实施择位竞价制度，根据宅基地的区位优势，基础设施投入，收储成本，村内宅基地退出补偿支出等情况，由村民事务理事会合理确定竞价的底价。

二、余江县农村宅基地制度改革取得的成效

余江县试点工作于 2015 年 9 月启动了 41 个自然村先行试点，在不到两年的时间里，不仅实现了所有自然村宅改全覆盖，也取得了实实在在的成效。全县已退出宅基地 24160 宗 3270 亩，其中无偿退出 19584 宗 2475 亩，有偿退出 4576 宗 795 亩；村庄规划内收回土地 857 亩，村庄规划外复垦宅基地 574 亩。彻底消除了空心化现象，释放的空间可以解决 10～15 年农民建房用地需要，避免了新占耕地。

（一）农村宅基地管理基础得到夯实

通过农村宅基地确权工作的全面展开，余江县形成了一系列宅基地的基础图件与簿册，并编制了相应的村土地利用总体规划和建设规划，为农村宅基地的规范管理奠定了扎实的基础，同时通过广泛宣传，农民认识到了宅基地的集体所有，强化了村民的集体观，增强了产权的认知，全面

普及了农村宅基地管理的相关政策，为规范管理营造了社会氛围。

（二）农民建房更加规范

余江县制定了《余江县农村村民建房管理暂行办法》，明晰了“一户一宅”政策中“户”的内涵①，明确了“农村村民申请建房审批具体流程”，实施了村民建房的现场公示制度，接受全村的监督。试点以来，全县严格执行建房标准和规划引领，没有新出现一起农村违章建房事件。

（三）村庄生活环境得到改善

结合新农村建设的要求，严格“一户一宅”面积标准，至 2016 年 5 月，全县拆除村内废弃的厕所、猪牛栏、危房、倒塌农房等 1500 余间，绿化村内面积 4300 平方米，建设村民活动中心 1.2 万平方米，村庄面貌焕然一新。如春涛镇高坊黄家村无偿退出宅基地 5619 平方米用于基础设施建设，形成了“八横五纵”的村庄格局。

（四）村庄建设用地节约集约利用水平明显提高

严格执行村庄建设规划，通过盘活存量来确保新的建房用地需求，村庄规模得到了有效控制，建设用地节约集约利用水平明显提高，不仅改变了以往大量占用耕地建房的现象，还通过闲置宅基地的复垦增加了耕地面积，如杨溪乡科里陆家村小组退出老村宅基地 73 宗，通过复垦增加耕地 36 亩。

---

① 确定五类人员为农村集体经济组织成员：一是有集体经济组织成员繁衍，并在该集体经济组织共有的土地上生产、生活的后代；二是与集体经济组织成员形成法定婚姻关系的，国家行政事业单位及国有企业录用的在编人员除外；三是父母或一方具有集体经济成员资格的子女，符合承包经营条件，但未承包到集体土地的；四是合法程序收养的子女；五是因国家政策性迁入（下放未回城的知青等）或经法定程序加入的。同时，明确了分户的条件：本集体经济组织男性成员达到法定结婚年龄可立为一户；纯女户家庭中女性成员已结婚属于入赘的可立为一户；父母原则上与一子合并一户，确需分户的，必须经村民会议或村民代表会议同意（但新分户的建房用地面积不得超过 60 平方米）。

（五）宅基地利用中的公平与效率得到了较好的协调

通过试点，摸清了“一户多宅”“一户一宅超面积户”的基本情况，这些超标占用宅基地的农户要么退出多余宅基地获得退出补偿，要么交纳有偿使用费，改变了以往无偿多占集体土地的不公平现象，也体现了宅基地的经济价值。

三、余江县农村宅基地制度改革中的主要困境

农村宅基地利用是一个复杂的社会现象，历史问题积累多，利益涉及面广。在余江县试点推进中，也遭遇到较大的阻力，面临着种种困境，主要表现在以下几个方面。

（一）村集体经济组织难以胜任农村宅基地利用管理主体角色

村集体经济组织作为集体土地的法定所有者，理应成为农村宅基地管理的主体，可是由于改革开放以来，我国内地不少村集体经济组织建设不断弱化，已无法承担管理主体的工作。余江县也不例外，目前村小组真正能称得上固定人员的，只有村小组组长 1 人，而财务、管理条件与手段设施，更是无法行使农村宅基地管理的职责。余江县之所以把村民事务理事会作为本次改革试点的主导（由于县委组织部牵头对村民理事会进行考核，规定村小组组长必须是理事会成员之一，理事会目前已变成了半官方组织），也是无奈的选择。

（二）理事会主导运行的长效机制难以形成

尽管村民事务理事会具有熟悉当地风俗、个人威望较高、协调能力强、善于运用“乡规民约”等诸多优势，但要在宅基地制度改革中担任主角，仍然显得力不从心，难以形成长效机制：一是权威性不够，缺乏有效手

段。虽然试点方案获得了村民的认同,但在具体实施中,理事会没有法定的执行力,缺乏有效的监督手段,这突出表现在有偿使用收取上。截至2015年年底,全县宅基地有偿使用费的平均完成率偏低,户数完成率为35%,金额完成率为13.7%[调研中发现,部分农户缴纳使用费是经理事会多次动员才勉强缴纳的,并反复叮嘱使用这些经费必须得到村民的认可,他们相信凭借乡(镇)政府开具的缴款发票凭证,在改革最终开展不下去或往后政策有变时可以凭此收据进行退钱、维权]。二是积极性普遍不高,缺乏工作激情。目前理事会并没有建立责、权、利对等的职责工作体系,成员报酬低甚至无报酬,凭的只是一份热情,其工作积极性难以持续。不少理事会成员反映,参与农村宅基地管理是件吃力不讨好的事,容易得罪人,工作内容烦琐且难度大,如西坂村的理事长吴老先生上门动员解释达16次之多,才获得一户超标户的理解,缴纳了有偿使用费,个别理事会成员甚至存在不敢、不想、不愿做的情绪。

(三)地方政府的财政压力大,试点村资金收支难以实现平衡

余江县提出了“政府暂借、乡镇统筹、封闭运行、成本核算、收支平衡、严格管理”的资金管理要求,但操作中很难实现收支平衡。资金收入途径非常有限,主要依赖于宅基地的有偿使用费(包括择位竞价款和流转收益中的集体分成),但开支目录繁多:宅基地有偿退回补偿、村庄公益基础设施建设、房屋拆除与复垦、相关人员的误工补贴、拆迁安置补偿、规划区内的承包地、自留地、自留山等收回补偿。单纯比较使用费与退出费,就可以看出入不敷出:农户宅基地面积超标范围在1～50 m^2 的部分按每年10元/m^2 计费,超占面积以50 m^2 为一增幅区间,使用费则按5元/m^2 的梯度增加,而有偿退出的补偿住房按建筑面积20～150元/m^2 补偿;厨房和厕所等辅助用房按占地面积10～30元/m^2 补偿。据了解,目前试点中的资金来源主要依赖涉农项目资金、增减挂收益以及少量的外出经商创业成功人士的捐助，但还是存在很大缺口，如杨溪乡江背村科里陆家 66 户申请有偿退出宅基地，把“增减挂项目”资金用上，也只拨付到位 49 户；邓埠镇西坂村西坂组有偿退出的共 51 户，借助在外经商的能人捐赠，补偿资金拨付到户的也只有 12 户。除了试点村自身的收支平衡外，全面完成全县的村庄规划、农村宅基地测量确权，还有后期的村庄外部环境整治，都需要大量资金投入，作为经济欠发达地区的江西省县级财政承担着巨大压力。

（四）居民点体系规划滞后，县域农村宅基地优化布局缺乏依据

虽然改革方案明确了按照城乡一体化发展和“多规合一”要求“规划先行”，但由于时间紧迫，各试点村的村庄建设总体规划只能各自为政，立足于本村的实际来编制，这与农村居民点日益在更大区域范围内整合的发展趋势不吻合。由于缺乏全县的居民点体系规划，村与村之间的关联性难以把握，严重影响了县域范围内农村宅基地的优化布局，极不利于全县农村建设用地节约集约利用水平的提升和农村生活基础的配套建设。不少村民担心，“迁村并点”加大区域中心村建设，是现代社会发展的必然趋势，若过分强调每个村庄的自身建设，很可能增加将来中心村建设的成本，成为农村城镇化的过程性浪费。

（五）宅基地市场价值得不到充分体现，抵押权缺乏有效的实现途径

在保障农村宅基地的占有和使用权能的基础上，通过宅基地使用权的抵押来增加农民财产性收入，是农村宅基地使用制度改革的一个目标，但由于目前农村宅基地市场发育很不成熟，宅基地的市场价值得不到充分体现，银行因对宅基地这一抵押物无法兑现而对宅基地抵押产生排斥心态，导致宅基地抵押权难以实现。虽经多方努力，鹰潭农商行已在邓埠镇西坂村开展了农村宅基地住房抵押贷款，县城开农资店的金先生在西坂村的 160 平方米的老宅，被评定授信贷款额度 10 万元，成为全市第一笔农村宅基地住房抵押贷款户，但银行对贷款实行严格管控，只允许用于商品的购进，经核实资金用途后再分批放款，这在实质上还是创业资金的贷款扶持。

（六）后续管理困难重重，村民的改革获得感被打折扣

提高农村生活环境，建设美丽家园，是农村宅基地改革的目标之一，在农户拆除超面积宅基地以及规范农户建房行为后，让广大村民感受到生活环境的切实改善，是维持农村宅基地改革成果的重要条件。然而，目前由于受工作经费不足、工作人员不够等多种因素的影响，后续管理工作难以及时跟进，极大地影响了村民对农村宅基地改革带来的获得感，这在开展了新农村建设的试点村反应尤为强烈。这些村庄通过卫生厕所建设、庭院的美化、道路的硬化、建筑外观的“穿衣戴帽”等新农村建设工程，已拥有了相对稳定和舒适的居住环境，现在超占的庭院要拆除，原有的道路要改变，现场一片零乱，个别村民报怨：新农村建设是在“做好事”，而宅基地改革在“做坏事”。目前，余江县已安排了 2500 万元的财政，用于村庄的后期环境整治，但能否取得效果有待于进一步跟踪考察。

四、对深化农村宅基地制度改革的几点启示

（一）坚持系统理念，构建项目间的协同机制

农村宅基地制度的改革，是一个涉及面非常广的系统工程，不仅要“公平”地满足本村集体经济组织成员的居住需求，又应充分考虑宅基地的利用效率，防止“空心村”的形成，还要有利于宅基地的流转和财产权的实现。低效利用的宅基地能否退出，又与城镇化进程是否顺利密切相关，只有属地化管理得到真正落实，农村转移人口能顺利融入城镇生活，成为

市民，才可能放弃农村宅基地的使用。另外，宅基地能否吸引更多的人居住而得到高效利用，又取决于村庄基础、公益设施和可辐射的范围。现阶段，围绕农村居住环境改善的项目众多，包括新农村建设、新型农村社区建设、和谐秀美乡村建设等，这些项目的落地都离不开宅基地的安排使用。因此，在农村宅基地制度改革中，应坚持系统思维，跳出宅基地思考宅基地的利用，结合农村居民点的“迁村并点”，把影响宅基地利用的内外环境统筹考虑，同时创新协同机制，聚合各类项目的建设资金，形成改善农村居住环境的合力。通过先期的试点总结，余江县也明确了下一步工作思路：以宅基地制度改革试点为统领，以新农村建设为抓手，围绕农业发展现代化、基础设施标准化、公共服务均等化、村庄面貌靓丽化、转移人口市民化、农村治理规范化“六化”建设，着力改善农村发展条件，提高农村发展质量，促进基础设施建设向农村延伸，公共服务向农村覆盖，城市文明向农村辐射，实现农业生产发展，农村生态优良，农民生活富裕。

（二）加强村集体经济组织建设，科学处理好村基层组织与理事会的关系

加强村集体经济组织建设是开展农村土地管理制度改革绕不过的核心内容，这既是维持我国社会主义农村土地集体所有的内在需求，也是体现农村集体土地所有权的客观需要。余江县的试点也充分证明了这一点。正是由于现行村集体组织的严重弱化，才不得不依靠村民理事会，同时为了加强对理事会的领导，特别要求村小组组长必须是理事会成员，并要接受县委组织部牵头的年度考核。目前试点能够顺利推进，这个“半官方”的理事会功不可没，但还是难以完全胜任。加强村集体经济组织这个宅基地制度改革的主体建设，应是一项基础性工作，至于重点建设村民小组还是村委，值得商榷。调研中，不少人建议以村委作为重点，一是因为村委的管辖范围远远大于村民小组的管辖范围，能在更大区域内进行资源优化组合，生活基础设施配套需要人口聚集规模；二是村民小组现有的组织机构过于弱小，基础太差。人民公社的“三级所有、队为基础”，经历了20世纪80年代建立乡镇政府和实行政社分开、21世纪初撤并乡镇等变化，村民小组的建设明显弱化，而且随着社会的进步和科技的发展，农村生产条件得到了很大改善，以村民小组为单位的组织机构也缺乏进一步建设的必要性。当然，加强村集体经济组织建设，并不是排斥村民理事会的作用，而是科学协调好基层组织与民间组织的关系，既要发挥基层组织的法定权威，又要利用理事会的民间事务协调沟通能力。

（三）重视区域居民点体系规划，加强民居文化的保护

应走出“重视单个村庄建设规划、忽视区域居民点体系规划”的误区，单个村庄的建设规划对于统筹村庄布局，提高建设用地的节约集约利用固然重要，但就整个区域而言，更重要的是居民点体系的合理布局。现实中不少农村出现“建了又拆、拆了又建”的重大浪费现象，或整体拆迁中遇上“新房钉子户”，就是因为缺乏科学的农村居民点体系规划，没有明确哪些宅基地退出后可以用于建设，哪些宅基地退出后又必须进行整理复垦。因此，必须加强全域居民点体系规划，合理确定保留、撤并村庄以及中心村建设。另外，在单个村庄建设规划中，必须充分考虑地域特色，特别是应加强当地民居文化的保护。这一点上，余江县明确规定具有保护价值的古建筑、文物，不得拆除，并鼓励加以整修作为老人活动室、农业博物馆之类的公益场所，在利用中得到保护。

（四）探索宅基地收储制度，创新跨集体经济组织使用制度

为了提高宅基地资源的利用效率，可借鉴城市国有土地使用管理制度，在壮大村集体经济组织的前提下，探索由村集体有偿收回农村闲置宅基地使用权的收储制度，对放弃农村宅基地使用权的农户给予一定的经济补偿，然后把宅基地重新分配其他农户使用或用于村公共建设的盘活机制。宅基地使用权人必须在规定期限内按批准的规划建房方案使用其宅基地；如果不按规定使用，或闲置宅基地超过一定期限，宅基地使用权人需向村集体经济组织缴纳一定数额的宅基地闲置费；如果该宅基地继续闲置，达到一定期限，村集体经济组织有权无偿收回该宅基地。另外，应创新农村宅基地跨集体经济组织使用制度。随着社会的发展，人口的流动与集聚的行政区域界线越来越模糊，生活基础的配置建设也需要一定规模的居住人口和一定范围的辐射区域。这种局限于本集体组织成员的宅基地使用制度不仅难以形成农村宅基地优化的动力，也不适应社会发展的需求，甚至可能制约农村发展。目前余江县只允许宅基地在本村小组符合申请宅基地条件的农户间流转，由于需求量有限，已表现出市场活力不足的问题。建议先由乡域再逐步扩大至县域范围，在制度设计中，对本村、本乡、本县的农村人口有所区别（如本村可无偿获取符合标准的“一户一宅”的宅基地，外村本乡的应交纳一定的使用费，外乡本县则交纳更多的使用费）。

（五）及时跟进村庄后续管理，增加村民的改革获得感

要制定并及时实施切实可行的宅基地改革中的村庄环境整治方案，把因宅基地拆除对村庄环境的影响降到最低，切实维持村民的利益，立足于村民的生活舒适需求，及时恢复损坏的生活环境，确保村民的生活环境随着宅基地改革而有所改善；做好农村工作政策的前后衔接解释工作，不同部门村庄建设政策因角度不同而在具体内容上会有所区别，但总的目标都是改善村民的生活环境，要向村民清晰解释政策之间的区别所在，获得村民的理解与支持；加强村庄的日常管理，按照农村社区建设的需求，以建设宜居美丽乡村为目标，完善相应的生活基础设施与环境管理制度，通过软件建设弥补村庄公益设施硬件建设不足的差距，让村民切实感受到农村宅基地改革带来的种种实惠，增强改革的获得感。

以土地使用制度创新激发乡村振兴活力的四川青杠树村实践与启示*

创新是活力的源泉。土地作为社会生产的基本要素，是其他生产要素的载体。土地使用制度的创新对于盘活农村闲置资源，激发乡村振兴活力，有着至关重要的意义。2012 年，四川省成都市郫都区青杠树村以农村土地综合整治为契机，启动“小组微生”模式下的新农村建设。2015 年，借全国农村土地制度改革试点之机，郫都区遵循政府引导、农民主体、市场运作的原则，以农村集体建设用地入市为抓手，支撑服务乡村振兴。该村人均可支配收入由 2012 年的 14411 元提升至 2017 年的 25620 元，建成了 AAAA 景区，并先后被评为“中国十大最美乡村”“中国美丽休闲乡村”“全国一村一品示范村”。青杠树村之所以成为乡村振兴的典范，其土地使用制度创新功不可没。

一、青杠树村土地使用制度创新的主要做法与成效

一是以“小挂钩”优化农村建设用地，激活存量建设用地资源。借鉴

* 参与调研和报告撰写的还有宋绍繁。

"城乡建设用地增减挂钩"思路(当地称为"大挂钩"),在农村建设用地总量不突破的前提下,以村为单位,通过建设用地整理,农民集中建房,优化建设用地结构。将原来的11个自然村归并集中为9个社区组团,农民人均用地由170平方米降至现在的45平方米。同时,对全村573.2亩建设用地进行了统筹:安排211亩用于新型农村社区建设,现有产业项目、公益用地保留77.8亩,预留集体产业用地14亩、集体经营性建设用地269亩,复垦新增耕地1.4亩。彻底改变了以往村庄建设用地布局散乱、土地利用效率低下的突出问题。

二是完善集体建设用地的赋权机制,增加农民源于土地的收入。成立了"青岗树村集体资产管理公司",组建了市场经济运行主体。以组为单位颁发集体建设用地使用权证,将农民手中的宅基地"小证"换为"大证",以村集体资产管理公司为主体,村民作为公司股东,将农户集体持股的集体建设用地使用权,向成都农商银行抵押融资6800万元,解决了村庄建设的初始资金。同时,把农民新居空余的闲置房屋1000间,组织为"乡村客栈联盟",发展乡村民宿。这样,农民不仅有集体经济分红和承包地经营权流转的财产性收入,更依托乡村生态旅游资源开设茶馆、客栈和农家乐,实现了在家门口就业,有了稳定的工资性收入。依据规划,青杠树村还将在269亩集体经营性建设用地上开发建设现代农庄、休闲场所、乡村酒店和农业总部等一三产业互动项目,预计可吸纳1200余位村民就地就业。

三是推行集体经营性建设用地入市,吸纳社会发展资金。按照农村土地制度改革试点政策,该村269亩集体经营性建设用地以商服用途按40年使用期入市,预计可获1.97亿元的土地收益,扣除新型社区建设投入的1.37亿元和基础设施配套投入的0.3亿元成本,还可结余0.3亿元。目前该村已有97.48亩集体经营性建设用地挂牌出让给成都漫生活休闲文化产业有限公司，获得了 5848.8 万元的土地收入，并吸引社会资金上亿元。

四是创新耕地经营模式，促进一三产业融合。坚持以乡村旅游业为核心、让农村变成景区的产业发展理念，不断挖掘旅游资源，实现一三产业深度融合。一方面，通过组建农业合作联社，建设 3000 余亩粮经基地，统一农资供应、统一技术培训、统一机械化作业，建立起标准化生产管理体系；另一方面，通过农用地经营权流转，引导适度规模经营，发展“稻鱼共生”等生态农业和花卉产业，融生产、景观于一体。此外，注重对原有资源的充分利用，如根据第 9 组团安置点原有规模种植香草的渊源，因势利导对区域内的低槽田引水进田、搭桥造景、种植水生植物，打造了“香草湖”生态湿地公园，并配套修建了漫步道与自行车观光道。

五是创新土地整治运行模式，形成土地整治合力。坚持田园综合体理念，综合考虑田、水、路、林、村、房，统筹生产、生活和生态用地，推行土地综合整治，提高耕地质量，高标准建设农村新型社区，引导农民适度集中居住。一方面，规划先行。针对“建设中国最美乡村聚落、打造国际亲水度假小镇”的目标，明确了“小规模、组团式、生态化、微田园”乡村发展模式，“小规模”，即每个小组团 20 至 30 户，建设“紧凑型、低楼层、川西式”特色民居，既适应了老百姓的居住习惯，又保护了川西林盘独特的生态系统；“组团式”，即利用林盘、水系、山林、农田，布局小聚居组团；“生态化”，即顺应自然，利用原有地形地貌，保护林盘、田地、沟渠、水体等生态环境体系，保持生态本底；“微田园”，即规划前庭后园，形成“小果园、小菜园”，保持田园风光与农村风貌。另一方面，整合资源。采取“分别立项、统一管理、同步实施、整村推进、分类验收”的项目管理方式，以土地整治专项资金投入为主，农业、水利、交通等部门的涉农资金为辅，将中低产田改造资金、农田水利建设资金、“六小工程”资金、农村道路建设资金、农业开发资金等一并纳入专项资金账户统一安排使用（“1+n”的资金整合模式），综合发挥各项资金的叠加效益，共同用于土地整理和农房建设项目，变国土资源部门“单兵作战”为各部门共同投入、共同管理。

二、青杠树村土地使用制度创新实践的启示

土地是农业发展最基本的生产资料，也是农民致富最根本的资本，也应是农村发展的最重要的资源。然而，农村土地使用制度改革比较滞后，特别是农村建设用地制度的缺陷，导致当前农村土地资源难以流动，宝贵的资源大量沉淀，土地资源难以实现其资产和资本的权能。青杠树村由于地处徐堰河与柏条河两河之间，属于成都市重要水源保护区，工业化受到严重制约，却结合自身优势开展土地使用制度创新，成功推进了乡村振兴，其启示更具代表性。

（一）坚持系统思维，形成创新合力

乡村振兴离不开土地、劳动力、资金等基本生产要素支撑。长期以来，土地、劳动力、资金等基本生产要素单向由农村流入城市，造成了农村严重“失血”“贫血”。乡村振兴，不仅要改变这种单向流向现状，实现城乡要素自由流动、平等交换，促进公共资源城乡均衡配置和要素平等交换，更要优化要素配置，形成“地—人—钱”组合效力，其中土地配置是根本，是“地—人—钱”同步聚集的“引领者”。青杠树村就是在“产村一体”的村土地利用规划基础上，通过土地综合整治盘活了全村的土地资源，进而带动了资金的集中投放和人口的居住聚集，实现了乡村振兴生产要素的优化与重构。

农村土地使用制度改革自身同样离不开系统思维。作为规范经济社

会行为的一项基础性制度，围绕宏观经济发展目标和实际管理需求，土地制度本身也在发展演化，逐步分解出相互依赖、相互制约的具体制度，构成一个系统的有机整体。青杠树村正是通过创新宅基地使用制度，盘活低效闲置建设用地，在实现“生态宜居”的同时，运用集体经营性建设用地入市试点政策，以及耕地经营权流转创新，促进了一三产业的成功融合，实现了“产业兴旺”。

（二）坚持以人为本，切实为农民带来实惠

农民是振兴乡村的主人，土地使用制度创新离不开广大农民的支持。一是要坚持把尊重农民意愿贯彻于乡村振兴的始终。青杠树村明确提出要坚持“四民”的工作理念，即“资源来自民，意愿取决于民，政策依靠于民，利益归属于民”，切实充分发挥了农民的主人翁精神。二是要增强农民改革获得感来赢得广大农民的支持。在青杠树村，一方面通过生活环境的改善来增强农民的改革获得感；另一方面，在建新拆旧中，按“占谁补谁、权属调整、股份量化”的方式进行占地补偿，农户以现有宅基地及集体建设用地使用权置换建新区安置房、建房补贴及公建配套，剩余面积给予一定补偿，并作为量化入股的依据，从而获得了实惠。三是要构建可持续的农民经济收入机制。可持续的经济收入是农民支持改革创新和稳定民心的重要条件。在青杠树村，改革创新不仅为农民带来了多元化的经济收入，且在细节上体现了对风险的化解，如承包地经营权流转的租金推行“双900”，即按每年每亩耕地生产大米900斤、小麦900斤的收成，依当年市场价折算，支付土地流转金。这就有效解决了可能因物价变化而产生的风险。

（三）坚持村民自治，强化土地使用制度创新主体建设

乡村振兴的系统性和地域性要求有一个强有力的协调者和组织者，而具有地域与血缘先天性特征的村集体组织是胜任这一责任的必然主体,也理应成为土地使用制度创新的主体。因此,必须加强村集体经济组织建设,提高其土地使用制度创新能力。村集体组织弱化是我国大部分农村的普遍现象,改变多数村集体“无资产、无资本、无资金”现状,加强村集体组织建设,强化集体经济,是确保乡村振兴的一项迫切任务。青杠树村的“1＋4”双轨模式和优先壮大集体经济的做法值得借鉴。一方面,推行“1＋4”双轨模式,即在村党支部的领导下,村民委员会、村民议事会、村公共服务中心、村集体经济组织相互协同,并成立村民监事会对村民委员会和村民议事会的运行进行监督,实行“两小组长(村民小组长与党小组长)”一肩挑,且与“两委”同管理、同考核,极大调动了干部的创业干事热情,提高了土地使用制度创新的原动力。另一方面,壮大集体经济。土地出让金是扣除政府收取的土地增值收益调节金和土地整理的成本后的土地净收益,按二八分配,即20%用于农民货币分配,80%用于村集体发展(其中30%作为公益金,主要用于村民新农合、养老补助、公共基础设施维护、社区治安管理、文化教育、环境整治和困难救助;50%作为公积金,主要用于招商引资、完善配套建设和经营性项目再投入),从而强化了村集体经济组织。

协同推进脱贫攻坚与乡村振兴的实践与启示*

——基于江西省井冈山市、瑞金市和修水县的调研

未来两年将是实现脱贫攻坚顺利收官和推进乡村振兴行稳致远的特殊交汇期和战略机遇期，协同推进脱贫攻坚与乡村振兴，不仅是带领广大贫困群众决胜脱贫攻坚、共享全面小康的重大政治任务，也是夯实乡村振兴基础、建设农业现代化的必然要求。近年来，各地根据实际，充分发挥主观能动性，坚持一手下好脱贫攻坚“先手棋”，一手谋好乡村振兴“关键着”，推动脱贫攻坚与乡村振兴同向发力、同频共振，探索形成了一些好的做法。及时归纳总结这些做法，对协同推进脱贫攻坚与乡村振兴具有重要意义。

一、“三地”协同推进脱贫攻坚与乡村振兴的主要做法

井冈山市、瑞金市和修水县（以下简称“三地”），都是国家级贫困县。“三地”积极探索脱贫攻坚与乡村振兴的协同推进，找准二者契合点，构建可持续的联动机制，成效显著，其中井冈山市于 2017 年在全国率先脱贫

---

* 参与调研和报告撰写的还有胡春晓、廖彩荣等课题组成员。

摘帽，瑞金市于2018年正式脱贫摘帽，修水县也取得了明显的阶段性成果。

（一）融产业扶贫于产业兴旺之中

产业兴旺不仅是乡村振兴之根，也是脱贫攻坚之基，更是防“返贫”之本。“三地”把产业的培育与扶持，作为乡村振兴和脱贫攻坚的根本，实现了产业兴旺与产业扶贫双赢。如瑞金市推行“五个一”机制[①]，推进产业扶贫100%全覆盖，构筑脱贫致富和乡村发展基石；井冈山市则推行“四位一体”产业扶贫模式，实施了“231”富民工程[②]。

一是立足自身资源，发展优势特色产业。瑞金市利用良好生态环境，因地制宜发展蔬菜、油茶、脐橙、烟叶、白莲、养蜂等特色产业，形成“一村一品”。叶坪乡田坞片区还对区内的中华苏维埃第一次全国代表大会旧址、中共苏区中央局旧址等22处革命旧址进行修缮，深入挖掘古村、古居及其历史文化和民俗风情，将片区内的山、水、田、园有机结合起来，营造“小桥、流水、人家”的美丽风光，形成了融“红色、古色、绿色”为一体的乡村旅游示范区。修水县黄溪村依托传统的蚕桑产业，通过与江西省蚕桑茶叶研究所合作，建成了全省的蚕桑制种基地，其蚕种产量占全省60%以上。井冈山市则充分发挥其丰富的红色资源，大力发展红色旅游产业。茅坪乡坝上村推出“红军的一天”红色培训体验项目，成为全国青少年基地的一个社会教学点。该项目吸引了53户农户参与，年培训学员已超过4万人，学员到农户家自做红军餐33元/人，农户可实得30.8元/人，户均纯收入可达2万元。拿山乡则通过开发“井冈山”大型实景演出项目，

---

① “五个一”机制指：选准一个产业，打造一个龙头，建立一套利益联结机制，扶持一笔资金，培育一套产业服务体制。

② “四位一体”指：“选准一项优势主导产业，组建一个合作组织，设立一笔贷款风险金，落实一种帮扶机制”，“231”富民工程指：20万亩茶叶、30万亩毛竹和10万亩果业种植加工基地。

吸纳了附近800多名农民“白天在家种地，晚上红色演出”，人均年增收7000余元。

二是创新金融扶贫方式与帮扶机制相结合。一方面，把原先直接给贫困户发放的发展资金，集中投放保障产业发展，并探索资产性收益扶贫方式。如瑞金市把金融信贷作为扶持贫困户增强发展能力的重要着力点，安排资金7625万元，作为全域范围内扶持对象贷款风险补偿金，按1∶8比例放大为贫困户提供贷款担保，撬动金融资金近2个亿。同时，创新龙头企业与贫困户的收益共享方式，尽快让贫困户获得收益。在推进油茶产业精准扶贫中，与龙头企业公司合作，通过“回购返租”模式，把原本需要6年才能有收益的油茶产业项目变成了当年就可实现收益的“短平快”项目，49个贫困村3547户产业扶贫户在回购返租当年即可获得户均收益2000多元，人均收益近600元。另一方面，积极培育龙头企业或者合作社、家庭农场及致富带头人等新型农业经营主体，大力推行“龙头企业＋基地＋贫困户”“合作社＋基地＋贫困户”等多种经营模式，充分发挥龙头企业的示范引领作用，以“大手”拉“小手”形式，带领贫困户发展产业，共同致富。

三是加强技能培训，增强自身脱贫能力。瑞金市把新型农民的培育和非农就业培训作为增强自身脱贫能力的切入点。一方面，开辟各类途径，加强对贫困户大棚蔬菜种植、养蜂技术等现代农业生产的技能培育，另一方面，重点建设了2个市级大众创业万众创新孵化基地、5个就业扶贫示范企业和20个就业扶贫示范村，引导本地服装纺织、鞋帽、光电、电子、农产品加工等企业在示范村建设就业扶贫车间（加工点），以购买服务的方式，大力开展相应的技能培训。井冈山市则以“培训一人、就业一人、脱贫一户”为目标，建立就业帮扶对象基础台账，提高就业服务、技能培训精准度。为扶贫对象提供就业创业政策咨询、就业指导、职业介绍、技能培训或创业培训等免费就业创业信息服务，并针对留守妇女多的特点，突出了贫困妇女、贫困地区巾帼致富带头人教育培训力度。

四是创新经营方式，提高市场竞争力。以修水黄溪村蚕桑业为例，在与江西省蚕桑茶叶研究所合作建成全省制种基地的基础上，一方面，引进了优良桑树品种，推广了高产栽培技术，使桑叶产量提高了近 50%；另一方面，改进了产业经营模式，通过建设的小蚕工厂和养蚕大棚，推行"集中养殖低龄蚕，分户养殖高龄蚕"，不仅解决了低龄蚕技术条件高、易死亡的问题，降低了农户养殖风险，而且壮大了村集体经济①；同时，与丝绸厂直接建立原料供应关系，减少了蚕茧收购成本。这一系列措施大大提高了黄溪村蚕桑业的市场竞争力。

（二）融移民扶贫于生态宜居村庄建设之中

对于"一方水土养不起一方人"的深山、库区和灾区的贫困户，移民扶贫是根本之策。为了让移民"搬得出、稳得住"，就必须与生态宜居村庄建设相结合。"三地"都实施了移民扶贫与建设生态宜居村庄的协同，在群众自愿的基础上，实行进城进园、乡镇和中心村三级梯度集中安置为主，自购房、投亲靠友等分散安置为辅的多途径安置方式，努力做到应搬尽搬。其中瑞金市累计建设了 28 个集中安置点，帮助 1447 户 5000 人"挪穷窝"。井冈山市"十三五"完成了 2304 人的易地扶贫搬迁任务，而修水县则对全县的农村居民点体系进行科学规划，提出以"整村、整片、整组、整自然村"为单元有序组织整体移民搬迁，建设生态宜居农村社区。

一是规划先行，以"三就"引导人口聚集。修水黄溪村科学编制村庄规划，全村规划一个中心村，推行整村搬迁，并紧紧抓住"就业、就学、就

① 小蚕工厂利润按 3∶3∶4 比例分配：三成上交村集体经济组织，三成给所占用土地的村小组，四成作为企业发展基金；养蚕大棚则按 2∶8 分成：二成给村小组，八成上交村集体经济组织，并明确村集体经济组织承担大棚的修护任务。

医”核心工作，吸引人口集中，打造新型农村社区。在就业上，改善农田生产条件，农民要么骑摩托车种自家的地，要么到企业中当农业工人，而人口聚集催生了超市、饭店、建材店等第三产业。就学上，以留住优秀教师为抓手确保教学质量，为每位老师提供30多平方米住房，并设立教师学业奖进行奖励；为解决生活之忧，还特聘请烧饭师傅。就医上，成立了村医务室，长年有4位医生坐诊，实现了村民小病不出村。通过迁村并点、建新拆旧，农村建设用地集中形成规模，优化了土地利用空间结构，提升了土地利用效率。原来村庄零散，农户圈占宅基地现象普遍。调研中，有一八口之家宅基地高达7.9亩。现社区建房统一安置，独家独院三层小洋楼，加上公共用地，户均也不到0.5亩。全村自然村庄已由原来的32个，减少至目前的11个。2008年全村2341人，2017年增至3100人，人口增加近800人，村庄用地反而减少了1000多亩。

二是完善生活配套设施，夯实宜居基础。修水黄溪村除了加强学校、医院建设外，水、电、交通、休闲广场、文化活动中心、农贸市场等基础生活设施齐全，还成为该县唯一有公墓、垃圾处理场的美丽乡村。同样，瑞金市叶坪乡田坞片区建成了叶坪卫生院医技楼及职工周转房，加强了村卫生所的帮扶管理，基本实现了“小病不出村庄，大病不出片区”。建成了2所小学、2所公办幼儿园，配齐配强了师资力量，创造了优良的教育环境。建成了可容纳500人养老的敬老院及5个老年颐养之家，片区的老人们过上了老有所养、老有所乐的生活。建成了5个文化活动中心，群众休闲有了好去处。

三是以“交钥匙”工程，实现住有所居的兜底扶贫。对于那些确实丧失劳动力的特困户，除社保兜底扶贫外，还通过“交钥匙”工程，解决其住房保障，如瑞金市叶坪乡大胜村共投资270多万元兴建了24套移民户安置房，产权归村集体所有，但特困户拥有终身的使用权，圆了他们一生追求的住房梦。同样,在修水县黄溪村,也建设22套公租房,给孤寡、五保等扶贫户免费居住,实现了住有所居的兜底扶贫。

四是创新移民社区管理模式,建设文明社区。修水县的良瑞移民社区,针对“难以实现充分就业,生计问题突显;个人素质参差不齐,弱势群体多,社区管理难度大;传统精神寄托失落,对新的社区治理权威需求尤为迫切”等现实问题,采取了“尊重移民社区生计多元化的现实,多方位提出就业指导与服务;以社区矛盾自我调处为主,创新社区管理机制;加强人文关怀的组织建设,重视对弱势群体的关怀”一系列措施,建成了一个和谐的文明社区。

(三) 促进志智双扶与乡风文明、治理有效的共建

“扶贫先扶志”,志气是脱贫攻坚与乡村振兴的动力源泉,而志气的激发取决于积极向上的文明乡风。“三地”在志智双扶的基础上,努力构建乡风文明,通过良好的乡村治理营造出人人参与脱贫攻坚与乡村振兴的社会氛围,把志智双扶与构建乡风文明、提高乡村治理效果协同推进。修水黄溪村就是一个成功典型。该村曾是有名的“落后村”“上访村”,2008年之前的15年间有60多人被判刑。如今,黄溪村已形成了勤劳致富、尊老孝老扶弱、邻里互助和谐的文明乡风,连续多年实现零上访,连续7年被评为县综合治理先进单位,并被评为第五批“全国民主法治示范村”。

一是示范引领树立脱贫信心,激发发展动力。正所谓“信心要比黄金重要”,不能让贫困户有低人一等的悲观心态。瑞金市深入开展“扶志、扶智、扶德、扶勤”教育,开展移风易俗及文明家庭、卫生家庭等评比活动,突出示范引领,激励贫困户要人穷志不短,树立了广大贫困户的脱贫信心。井冈山市则通过“身边人讲身边事”活动,大力宣传励志事迹。如荷花乡的梁清香,婆婆长年瘫痪在床,丈夫又因车祸终身瘫痪,她没有倒下,一边

倾心侍奉婆婆，照顾丈夫，抚育年幼的儿女，一边下地种田和打零工赚取生活费。她依靠自己自强不息的志气和顽强的生命力撑起一个家庭的典型事迹感化了十里八村，极大激发了周边群众积极向上和勤劳奋斗的自觉性。

二是营造文明乡风，形成积极发展的氛围。井冈山市开展“三会两榜”[①]激励教育活动。通过培训会，增强贫困户的脱贫技能，提升脱贫信心；组织点评会，逐户评价各贫困户的脱贫表现，肯定成绩，提出建议，激发脱贫致富活力；开展道德评议会，在表扬勤劳致富先进典型的同时，鞭策“等靠要”贫困户，分析其产生这种心理的根源及其危害，教育其转变思想，积极进取。而优秀脱贫户榜和优秀帮扶干部榜则每个季度公布一次，并给予优秀脱贫户一定的物质奖励，以发挥引领示范作用。

三是法治、德治、自治相结合，提升乡村治理成效。瑞金市叶坪乡在乡村治理中采取“政府主导，农民主体，社会帮助，理事会运作”的工作模式，成立“一组三会”，即党小组、户主会、监事会和理事会，充分激发群众自我管理、自我教育、自我监督、自觉参与的积极性。田背新村就是在各方共同协商下由原来的田坞村第8～11村小组合并组成的新型社区。在理事会的积极引导下，实现了打破原有村小组界限，将原来村小组的宅基地统一拆除，“迁村并点”形成一个全新的村小组。理事会采取“总量控制，自主调配，以建补拆，点内平衡”的办法[②]，通过“六个统一”[③]，由村民缴纳建房资金，理事会统一组织施工互助队建设，既节省了建房资金，又

---

① “三会两榜”指培训会、点评会、道德评议会，优秀脱贫户榜、优秀帮扶干部榜。

② 具体是指先测算出拆除旧房所需要的成本和征地费用，然后由理事会根据所需总费用按户数向所需建造新房的村民平均收取费用，不用政府和其他外界力量的资金支持，村内可以平衡所有费用。

③ “六个统一”的建设模式指：统一拆除旧房，统一平整土地，统一规划设计，统一施工建设，统一设置配套，统一分配住房。

确保了工程质量。每平方米仅需550元左右,实际投入13.5万元,与农户自己建房相比,每户至少节约建筑成本5万元。

二、"三地"协同推进脱贫攻坚与乡村振兴的启示

"三地"协同推进脱贫攻坚与乡村振兴的实践,在促进当地农村社会经济发展的同时,也为其他地方脱贫攻坚与乡村振兴协同推进提供了积极启示。

(一) 坚持系统思维

尽管脱贫攻坚与乡村振兴的对象不同,脱贫攻坚针对的是一个特定群体,而乡村振兴是区域的整体发展,但脱贫攻坚是乡村振兴的前提与基础,乡村振兴是脱贫攻坚的保障,这一系统思维应是协同推进脱贫攻坚与乡村振兴的根本理念。

在实际具体工作中,要避免脱贫攻坚与乡村振兴的"两张皮"现象,落实系统思维理念,就应整合各类资源,形成合力。如瑞金市把脱贫攻坚当作乡村振兴中最大的民生工程来抓,凝聚民心,集全社会的力量开展扶贫攻坚。通过创新机制,依据"多个渠道进水,一个龙头出水"的思路,按照"市为单位,整合资金,整村推进,连片开发",统筹兼顾,打破部门管理界限,统一项目规划,统一项目实施,统一资金拨付,统一项目验收,统一绩效评价,形成整合项目的良性机制。充分发挥资源统筹的"蓄水池"功能,取得了"1+1>2"的明显效果。修水县黄溪村的成功也是充分整合了"增减挂钩"试点、农田整治、新农村建设、深山移民、小水利等多个项目的资金、用地指标资源。井冈山市大垅镇瑶背村也是采取"农户出一点,帮扶单位筹一点,上级财政争取一点"的方式开展村庄整治,在短短一个月内,

就拆除了无人居住正房 8 栋、杂房 48 间，并改造危桥，修建道路，新建文化广场，在实现住房扶贫的基础上，让昔日的“脏乱差”华丽转身为环境优美的小山村。

（二）以土地使用制度创新为重要抓手

土地是农业最基本的生产要素，也是农民最根本的生存资源，农村最宝贵的发展资本，不论是脱贫攻坚，还是乡村振兴战略，土地都扮演着基础性的关键角色。然而，现实却是农村大量建设用地闲置、低效利用，造成巨大土地资产沉淀，难以实现其资源、资产和资本的权能，因此，通过土地使用制度创新，释放土地潜能，是促进脱贫攻坚与乡村振兴的关键突破口。以“确权确股不确地”创新承包地经营权流转机制，推进农业现代化，“农村建设用地全村统筹”创新宅基地使用机制，推进农村现代化，是修水县黄溪村的两大成功法宝。正是这些土地使用制度创新激活了乡村振兴的动力，特别是“确权确股不确地”既坚持了以家庭联产承包为主、统分结合双层经营这一基本制度，又增强了农民对村集体经济组织的认可，也强化了村民对农村土地集体所有的观念，还为改善农田基础设施创造了条件，带来诸多利好。瑞金市叶坪乡的田背新村，也是通过农村宅基地使用制度的创新，突破了“农村宅基地仅限于本村集体经济组织成员使用”的规定，把原来田坞第 8～11 村小组合并为了一个农村新型社区。

土地使用制度创新应促进各社会生产要素的优化配置，实现“地—人—钱”的同步聚集。脱贫攻坚与乡村振兴的协同推进离不开土地、劳动力、资金等基本社会生产要素的共同协调支撑，由于劳动力、资金等要素的配置最终要落实在土地上，因此，土地使用制度在很大程度上决定着其他生产要素的配置。修水县黄溪村正是充分利用国家移民及“增减挂钩”项目试点等政策，通过“人—地—钱”挂钩，把用地指标和政策资金整合在一起，集中资源力量办大事，促进要素同步聚集：一是科学编制村庄规划，推行迁村并点、整村搬迁，打造新型农村社区，实现人口集中；二是把移民建设用地指标、“增减挂钩”返回用地指标全部集中用于新型农村社区建设；三是把移民搬迁资金、农民拆旧补助资金、新农村建设项目资金等统筹在一起，用于农民建房和社区基础设施建设。“人—地—钱”挂钩减轻了村民移民安置负担，加速了农村基础设施建设。以村民方宝石为例，他家的建房用地是免费的，通过“增减挂钩”项目获得 10 余万拆迁补偿，加上 1.6 万元扶贫补助款，基本解决了搬迁资金问题。

（三）加强村集体组织建设是关键

不论是脱贫攻坚，还是乡村振兴，都必须坚持因地制宜，而我国的村集体组织沿袭着传统的村落历史脉络，具有地域与血缘的先天性特征，村民与村落的发展和村集体经济组织的兴衰荣辱与共，已成为农村社会发展的基本“生命共同体”。村集体组织对自身的资源条件最清楚，对发展需求也是最迫切，是脱贫攻坚与乡村振兴协同推进的关键主体，“三地”实践也证明了这一点。瑞金市依据“党务干部派弱村、经济干部派穷村、政法干部派乱村、科技干部派产业村”原则，选派 223 名第一书记到村任职，帮助农村建立基层组织；井冈山市结合村两委换届，选优配强村级党组织书记，实施“头雁引领”工程，选好能够带领群众脱贫致富的领头雁。每年对村级党组织书记进行全覆盖培训，提高带动能力，并大力开展“百个支部结对共建”，125 个机关党组织与 106 个行政村党组织结对。通过支部阵地共建、党员人才共育、组织生活共开、集体经济共抓、困难群众共帮等形式，帮助建强村级党组织。而在修水县黄溪村，正是在曾当过副乡长、乡企办主任，后又下海创业成功的村支书徐万年和曾任南昌市第三建设公司项目主管的村主任方小华的带领下，村“两委”班子从改善干群关系入手，通过“争项目、修大桥、建新村、创产业、引技术”等系列举措，提升了威望，凝聚了人心，树立了信心，推动黄溪村走上脱贫致富与乡村振兴的快速路。

村集体组织应包括村“两委”正式组织，也应包括类似于各种村民理事会的非正式组织。正式组织和非正式组织各有特色，互为补充。实践中以村民理事会协调为主的成功案例很多，瑞金叶坪“田背新村”的建设、修水黄溪村新型社区的建设、井冈山市大垅镇瑶背村的村庄整治，在很大程度上都归功于理事会的运作。因此，要发挥村集体组织的脱贫攻坚与乡村振兴协同推进关键作用。第一，要加强村“两委”组织建设，特别是吸引年轻的能人进入村集体班子，改变多数村集体“无资产、无资本、无资金”现状，培养造就一支懂农业、爱农村、爱农民的“三农”管理队伍。第二，要正确引导和发挥各种村民理事会的协调作用。第三，要壮大村集体经济。发展集体经济是实现农村共同富裕的重要保证，也是乡村振兴的重要支撑和脱贫攻坚的重要保障。井冈山市根据各村资源条件，因地制宜地采取了“产业带动型、服务创收型、资源开发型、资产经营型、资本运作型、固资租赁型、乡村旅游型”等多种类型壮大村集体经济。

民营资本参与农村产权交易市场建设的永嘉探索及其启示*

2019年中央一号文件明确提出要"健全农村产权流转交易市场，推动农村各类产权流转交易公开规范运行"。加快农村产权交易市场建设，激活农村土地资源，也是推进我国乡村振兴战略的内在需求。近年来，浙江省永嘉县以农村产权制度改革为突破，激发农村发展动力，助推乡村振兴，取得了显著成效，特别是引入民营资本参与农村产权交易市场建设的模式创新，被列入浙江省26条改革典型经验在全省推广，同样也可为全国提供可供借鉴的宝贵经验。

一、永嘉县农村产权交易改革的主要做法

作为新一轮国家首批农村改革试验区，温州市组建了农村产权交易管理委员会，设立了市农村产权服务中心，下辖县(市)也相应成立农村产权交易分中心，其中苍南、永嘉、平阳3县探索政府购买社会化服务，永嘉县通过竞争评审，选择温州嘉诚拍卖行组建了该县农村产权服务中心，引

* 参与调研和报告撰写的还有廖彩荣、朱美英和张淑娴。

入民营资本参与农村产权交易市场建设，为全县产权依法流转交易提供一站式服务的平台，其主要做法可归纳为以下几点。

（一）组建专业队伍，专业的人做专业的事

温州嘉诚拍卖行承担组建永嘉县农村产权服务中心任务后，吸纳了汇丰拍卖、佳得拍卖、产权交易拍卖、永佳拍卖、国信拍卖等5家拍卖公司，诚安房地产评估、金土地房地产评估等2家评估公司，并与嘉瑞成律师事务所、浙合律师事务所建立深度合作关系。工作人员都具备了相应的从业资质，为农村产权交易所涉及的资产评估、交易拍卖和法律依据等关键事务提供了扎实的专业保障，实现了专业的人做专业的事。不仅在资产调查取证、资产评估、信息公开、交易运作等每个具体环节上都采取严格的专业规范程序，还针对买卖合同、租赁合同等交易文本制作了标准文本，最大限度消除各种交易纠纷的隐患。

（二）多方联动协同，构建高效的农村产权交易机制

明确农村产权交易相关主体的职责，并形成多方联动协同机制。在多方协同采集农村资金、资产、资源等“三资”信息的基础上，开展“清产核资”，实行属地乡镇（街道）、中介机构、村两委的“三堂会审”，并建立了县农村产权服务中心与各乡镇（街道）村账代理中心的信息共享系统。农村产权服务中心全程提供“清产核资、价值评估、交易运作”的“一站式服务”，政府则出台文件规定村集体资产必须经平台进行公开交易，引导农村产权交易全部进入平台交易。

（三）完善相关制度，规范企业运行行为

在《国务院办公厅关于引导农村产权流转交易市场健康发展的意见》《浙江省农村集体资产管理条例》以及《温州市村股份经济合作社经营性资产交易行为规范（试行）》的基础上，永嘉县成立了农村产权交易管理委员会，制定了《永嘉县农村产权交易暂行和管理办法（试行）》，对监管交易

业务范围、规范交易流程和交易资金托管等方面进行制度设计；特别是严格规范交易流程，明确规定农村集体产权转让前，必须经本集体经济组织成员(代表)大会讨论通过，形成决议，采取协议、竞价、拍卖、招标等方式进行交易，保证各个环节公平、公开、公正。完善的制度建设，不仅规范了农村产权交易行为，增加了社会的透明度，更为企业运作划定了红线，确定了基本的原则遵循，确保了农村产权交易沿着正确的轨道前行。

(四) 承担公益事务，赢得社会信誉

县农村产权服务中心以集体经营性资产入场交易为主营业务，并收取一定比例的佣金以维持企业的生存与发展，但并不完全专注于营利，通过承担大量的公益事务，来赢得社会信誉。一方面，对耕地、林地承包经营权流转交易提供全免费的公益服务，依托温州市产权交易服务平台，建立全县乃至全市的数据库，为流转双方牵线搭桥，多年来成功帮助流转了7954 亩耕地、7111 亩林地。另一方面，积极接洽金融机构，以耕地和林地承包经营权流转中的经营权作为担保物，获得银行贷款。如 2016 年 1 月三江街道行禅村 541 亩土地流转，县农村产权服务中心协助流转受让方与农信担保公司对接，凭中心出具的农村产权《交易鉴证书》，成功为浙江“三五早”农业开发公司获得 150 万元贷款。

(五) 勇于探索创新，提升农村产权交易效益

一是积极探索“互联网＋村集体经营性资产公开处置”交易模式。率先试水淘宝网公开竞价，在淘宝上注册了全国第一家农村产权交易端口，提供房屋出售和租赁等服务，发挥了网络竞价快速、便捷的优势，避免受让人来回奔波，有利于交易信息更快、更广地传播，还有效防止围标和串标，大大提升了溢价率。比如，东城街道浦口村城南锦苑 15 间商业用房转让，通过淘宝网资产交易平台全部成功交易，其中的一间商业用房起始价 64.788 万元，成交价 190.288 万元，溢价率达 193.7％。

二是开拓了"三产安置房"处置业务。"三产安置房"是温州市前些年在征地后按照征地面积返还30%的建设用地给失地农户,用于村集体成员发展第三产业,安置闲置农民劳动力,但"三产安置房"的资金筹措、建造、分配、租赁等一系列过程都较为烦琐,村集体难以自主完成,常常在前期项目审批、建房集资问题、房屋建筑质量监管等方面受阻,烂尾楼房现象严重。永嘉县农村产权服务中心利用自身的专业优势,作为第三方进行策划,提供全程代理服务,量身定制安置房认购方案,对安置房确权前的产权交易进行规划管理,有效地解决了前期指标拼凑、集资、安置房分配、规范房屋租赁合同、安置房商业部分的招商引资等问题,取得了意想不到的服务成效,盘活了沉睡多年的村集体资产。比如针对瓯北街道塘头村三产安置房建设项目,县农村产权服务中心介入后,量身定做一揽子解决方案,精准制定个性化的竞价方案,帮助筹集资金2亿元,使停工近5年之久的项目重新启动施工,现已建设完成,处于竣工验收阶段。

二、永嘉县农村产权服务改革的主要成效

永嘉县农村产权服务中心自2015年9月成立以来,已形成"以耕地、林地承包经营权流转交易鉴证为公益服务,集体经营性交道入市交易为主营业务,三产安置房全过程代理为特色"的业务体系,在促进和规范全县农村产权交易上发挥着关键作用,有效地破解了农村产权交易缺乏场所"去不了"、私下交易"看不到"、缺乏标准"管不好"等系列难题。至2018年年底,在永嘉县农村产权交易服务中心共成交1141宗,成交金额达11.9亿元,实现了"村集体经济壮大,企业高兴,政府满意,村民受益"的多主体共赢。

(一)切实培育了农村产权交易市场,盘活了农村土地资源

一是彻底改变了以往农村产权交易的随意性。由于农村土地产权交易市场发育长期滞后,形成了被人情世故所影响的随意性,交易时偏向亲戚熟人,往往损害了集体资产利益,通过农村产权服务中心的公平、公正、公开的运作,杜绝了农村产权交易的随意性。二是有效地避免产权交易纠纷。因交易不规范而引发的农村产权纠纷是常见现象,特别是签订的租赁合同往往存在漏洞,并出现违约,如租期到了,承租人不退出。现在规范的交易合同,要求承租方支付一定的保证金,一旦承租方违约,就可以按照合同规定保障租赁方的权益。三是最大限度地体现了农村产权的市场价值。通过拍卖,特别是网上"背靠背"的报价,最大限制地运用价值竞争机制,实现了农村产权的市场价值。2015 年至 2018 年期间,永嘉县村集体资产的平均溢价率为 26%,2018 年引入淘宝网公开竞拍溢价率达到 33%。

(二)压缩了村干部寻租空间,营造了良好的乡村治理氛围

一方面,农村产权的阳光交易成为遏制农村基层腐败行为的一把利器。农村集体产权交易是农村基层腐败高发区,如今村集体资产交易交给农村产权服务中心运作,每一个过程都公开透明,有效地防止了农村基层干部利用职务便利牟取暴利的行为,特别是压缩了村干部寻租空间。另一方面,有利于维护村干部的廉洁形象,营造良好的乡村治理氛围。村干部借助平台规范阳光的交易,更加能够获得村民的支持和信任,能放下工作包袱,大胆地开展农村产权交易,促进农村土地资产激活变现。现在,在永嘉县不进入服务中心的农村产权交易,都视为其中存在猫腻,也反向推动了县农村产权交易服务中心的发展。

(三)显化了农村资产,实现了集体资产的保值增值

一是农村巨大的资产得到显化。农村产权服务中心有效的工作机

制，很快地激活了农村长年“沉睡”的资本。如桥下镇下斜村有一台挖掘机废弃多年，通过县农村产权服务中心发布信息，公开交易，以 21.2 万元成交，为集体增收。二是运用市场手段实现了农村集体资产的增值保值。如瓯北街道新桥村新桥大厦二楼六年租赁权，村集体自估交易的租金大概为 60 万元/年，农村产权服务中心实地踏勘发现旁边有重点中学，找出亮点，定向宣传，针对培训机构利用有效沟通等手段，经淘宝网线上公开竞价，以 162 万元/年成交，溢价率高达 170%，有效实现了集体资产保值增值。村两委及村民获得实际收益后，对中心商业化运作农村集体产权交易及充分公开竞价的成效交口称赞，主动向中心递交本村集体其他经营性资产的入场申请。

（四）壮大了村集体经济，增强了村集体组织能力

农村集体资产显化后为村集体引进了资金，壮大了村集体经济，有了经济实力更加殷实的村集体，村集体组织能力更强了，能更好地服务村民。南城街道中西村综合楼 2000 平方米出租，租金起始价为 37 万元/年，通过淘宝网公开交易，以 68.4 万元/年成交，同时根据村集体具体需求及考量周边环境，限定综合楼一楼须作为农贸市场功能招商，为村民的生活提供便利。在为村集体取得收益的同时，村民的日常生活和周边配套也更加便利。又如瓯北街道塘头村，村集体在建造三产安置房时，由于资金链断裂导致烂尾，造成了村集体几百万的亏损，在农村产权服务中心全程代理下，顺利将三产安置房竣工，并以公开竞价的形式为安置户分配安置房。同时，因为该村的安置房位置好、质量佳，且安置户普遍经济条件较好，中心还创新地将安置房的“择位权”作为分配安置的因素考量，最后不仅实现了公开公平地完成安置，并使村集体额外收取 1800 多万的“择位”收益，还为该村二期安置房建造提供了资金保障。

（五）推动了土地流转，促进了农业现代化

信息不对称是当前制约土地流转的主要瓶颈，永嘉县农村产权服务中心利用自身平台整合大数据的优势，免费为社会提供土地流转信息，推动了土地流转，多年来成功帮助流转了7954亩耕地、7111亩林地，促进了农业现代化。如今，耕地经营权的流转，促进了休闲观光农业、设施农业、精品农业等多种形式的农业适度规模经营，特别是推进了省级田园综合体创建试点建设；林地经营权的流转，则有力地推进了永嘉县作为省级森林休闲养生试点县的建设，实现了由传统林业“砍卖树木”为产出向现代休闲养生业“赏林木”为产出的转变。

（六）破解了“三产安置房”难题，提升了资源利用效率

对于村集体经济和被征地农民都是利好的“三产安置房”政策，由于村集体缺乏开发利用能力，反而成为当地的“烫手山芋”。永嘉县农村产权服务中心全程代理服务后，一方面，积极与农业银行沟通，针对“三产安置房”开发了专门的“农信贷”，实现了三产安置房与金融的嫁接；另一方面，用专业的队伍进行策划、开发、运作，成功破解了长期困扰当地的“三产安置房”难题。至2018年年底，农村产权服务中心代理了7个村20.2万平方米的“三产安置房”开发，使这些村停滞的安置房项目得以重新启动。

三、永嘉县农村产权交易改革的几点启示

我国已完成了农村确权工作，也开展了农村集体资产清产核资，在盘活农村土地资源，激发乡村振兴活力上，可谓是万事俱备，只欠产权交易这一“东风”了。农村产权交易改革的“永嘉探索”对全国推动农村产权交易具有积极的启示作用。

（一）企业运作是实现市场在农村产权交易中主导地位的有效路径

农村产权交易同样要遵循市场经济规律，必须发挥市场在农村资源配置中的决定性作用，而引入社会资本，由企业主体运作则是实现市场在农村产权交易中的主导地位的有效路径。一方面，企业为了生存，不得不全力开发市场。如永嘉县产权服务中心在前期投入了大量人力财力进行强力宣传，走遍全县80%的村庄，对具有市场需求的村庄进行了全覆盖，全面了解了全县农村交易的潜力与需求，并想方设法推动潜力变成现实，有效地推动了交易市场的活跃。另一方面，企业为了效益，存在追求产权交易利益最大化、资源配置效益最优化的本能动力。永嘉县通过县产权服务中心成功交易的村集体资产平均溢价率达到26%，就是最好的佐证。

（二）政府的扶持是推动农村产权交易的前提保障

农村产权主体绝大多数是土地、房屋等不动产资产，不仅政策性强，且具有涉及面广、敏感度高、影响面大的特征，在缺乏政府政策保障的前提下，各方都持谨慎态度。在永嘉县产权服务中心成立之初，县政府及相关部门并未出台相应的政策文件，工作开展举步维艰，村集体存在种种顾虑，担心交易风险。而随着《永嘉县农村产权交易实施办法（试行）》等文件相继出台，在交易平台建设、交易范围与程序、争议处理、监督机构等方面做出了明确规定，同时政府把原来的政务服务大厅，安排给县产权服务中心作为办公场所，进一步增强了公众对服务中心的信任度，交易市场才活跃起来。因此，必须在农村产权交易规则、产权使用政策等方面做出明确规定，这是推动农村产权交易必不可少的政府扶持。

（三）“专业的人做专业的事”，借社会之力是解决乡村振兴人才短板的有效路径

农村产权交易不是简单的交易双方的谈判协商，而是涉及产权的确

定、资产的评估、交易行为的规范、资产合理利用的后期监管等诸多内容，且专业性、政策性很强。永嘉县产权服务中心的运作之所以成功，一个很重要的经验就是，组建了由评估、拍卖、律师等组成的专业队伍，并延伸金融服务机关，实现了“专业的人做专业的事”。当前各类人才的缺乏是制约乡村振兴的最大掣肘。农村既没能力，也没必要培养所有领域的人才，永嘉县产权交易服务创新的实践，为借社会之力弥补乡村振兴的人才短板提供了一个成功案例，通过引入社会力量，运用企业的运作，借鸡下蛋，“专业的人做专业的事”，不失为解决乡村振兴人才短板的一条有效路径。

（四）为各地留地安置的处置提供了一个成功样板

留地安置是各地在征地补偿安置中的一个创新，即政府在征收土地时，根据征收规模，按一定比例将部分农转非土地直接安排给被征地的农村集体经济组织或农民经营、使用，鼓励和扶持其兴办产业。其本意是通过发展二、三产业，为失地农民带来长期稳定的收益，从而解决了其长远生计问题。但由于村集体缺乏对安置用地开发利用的能力，在指标拼凑、项目报批、资金筹集、房屋分配、上市交易、资产经营等诸多方面遇到种种实际困难，留下了指标浪费、烂尾楼、开发品位低、经营失败等一系列后遗症，难以取得实效。永嘉县产权服务中心提供全程代理服务，量身定制开发方案，成功解决了留地安置的种种问题，取得了各方满意的成效，这为全国各地留地安置的处置提供了一个成功样板。

对策建议篇

形成对策建议报告，是实现研究成果转化、体现研究价值的一个重要形式。本篇收集的是在各类期刊刊发的与农村土地制度改革有关的对策建议12篇，包括刊发在《改革内参》3篇，《土地科学动态》6篇，《内部论坛》1篇，《专报》1篇，《参阅信息》1篇，涉及农村宅基地改革、土地整治、异地移民扶贫、高标准农田建设、耕地流转、承包地调整、美丽乡村建设、耕地占补平衡、农村土地多元化治理体系等诸多内容。

《当前农村土地整治工作面临的问题及建议》在对农村土地整治工作进行了实地调研的基础上，归纳了制约地方开展土地整治的主要因素，包括农民思想上存在误区，积极性不高；牵涉面广，手续烦琐，工作推进难度大；土地整治相关要求过于机械，与现实情况不匹配。提出了相应的对策建议：充分激活农民热情，破除工作阻力；完善配套制度，提升土地整治“加速度”。

《完善异地移民扶贫机制的思考》在调研江西省修水县良瑞移民社区和石城县长乐移民新村的基础上，归纳了易地移民扶贫社区特征与问题，包括市民、农民的双重属性明显；对政府高度依赖；社区管理难度大；生计问题凸显；传统精神寄托缺失。提出了相应的对策建议：解决移民生计出路，增强生存与发展的能力；创新社区管理机制，实现“村里人”向“社区人”的平稳过渡；构建自我管理机制，实现社区可持续发展；强化人文关怀，实现精神与物质的同步脱贫。

《高标准农田建设的“困”与“解”》通过实地调研，认为现阶段高标准农田建设面临农户配合不够积极、配套制度建设滞后、“九龙治水”局面依然存在、工程质量难以保证、生态理念缺失、因地制宜执行不够等现实困境，并提出了相应的对策建议：建立公众参与机制，确保项目顺利推进；加快改革创新，完善相关配套制度建设；健全运行机制，形成建设合力；加强施工管理，确保建设质量；贯彻生态理念，建设高标准生态良田；坚持因地制宜，确保规划设计科学可行。

《承包地经营权流转，需要市场与政府“携手”》提出经营权流转同样存在“市场失灵”，应从以下几个方面实现政府与市场的“携手”：一是加强相关法律法规建设，为经营权的债权物权化提供法律支撑；二是完善农村社会保障体制与优化城镇化环境并举，增强经营权流入的原动力；三是健全农业金融服务体系，逐渐减轻流转中的财政负担；四是经营权流转初期，扶持流转信息平台构建是政府的一个重要切入点；五是培育多元现代农业经营主体，创新土地整治综合运行机制；六是加强村集体经济组织建设，发挥村委会在市场与政府协调中的桥梁作用。

《土地整治应重视生态整治》针对耕地的数量、质量与生态“三位一体”保护的客观要求，提出要推行生态整治：一是把生态理念贯穿于土地整治始终；二是坚持土地整治的生态系统整体观；三是因地制宜地推行土地整治生态化技术；四是土地生态整治离不开配套制度的创新。

《对提升美丽乡村建设实效的思考》对当前美丽乡村建设存在的主要问题及其表现进行归纳，主要包括农户建房布局随意，现代生活环境难以形成；村庄运行“软环境”不佳，社会服务功能不健全；房屋空置现象普遍，资源资产浪费严重；建房“重数量、轻质量”，文化价值体现不够。并提出了相应的对策建议：坚持科学规划，引领乡村各项建设；开展村庄整治，改善生活基础设施条件；构建现代村庄社会治理机制，完善社会服务功能。

《城里人到农村购地建房的条件尚不成熟》针对城里人能否到农村购地建房这一社会焦点，认为当前农村土地使用制度基本框架尚未完全构建，城里人农村购地建房的条件并不成熟，贸然全面放开城里人到农村购地建房的政策，弊大于利。主要表现：农村土地规划与用途管制尚不完善；农村宅基地的福利性质并没改变；农村宅基地流转机制远未形成；存在催生新“闲置房”的可能；对小产权房的治理提出新的挑战。

《承包地是否调整应尊重村民意愿》基于“增人不增地、减人不减地”政策的基层调查，提出了完善承包地调整的对策建议：尊重地方意愿，遵循村民自治；构建农村土地承包经营权退出机制；鼓励以促进规模经营为目的的“确权确股不确地”。

《耕地占补应坚持“以质抵量”的产能平衡》认为推行“以质抵量”的产能平衡，有其严谨的科学性支撑，不仅可以有效地控制耕地的开发行为，而且能促进地方加大耕地的质量建设力度，策应着新时代的质量兴农战略。一是符合耕地占补平衡政策的本质要求；二是符合实施藏粮于地的战略需求；三是符合生态文明建设的内在需求；四是不会动摇我国耕地数量的根基；五是有利于推进乡村振兴。

《农村新业态新产业用地保障的思考》面对新产业新业态发展的用地需求，提出了用地保障的对策建议：科学界定农村新业态新产业的内涵与分类，并加强规划引导；农村新业态新产业的用地保障制度创新应坚持“两个最严格”；完善土地用途管制制度，推进村土地利用规划；加强土地利用的风险评估，强化土地利用监管；加快农村土地使用制度的改革步伐，规范用地行为；土地整治是提升农村新业态新产业用地保障能力的重要抓手。

《宅基地制度改革须处理好五对关系》提出改革宅基地制度是建设“生态宜居”现代化农村的内在要求，而宅基地制度改革是一项复杂的系统工程，须重点处理五对关系：“迁村并点”与创新宅基地跨集体经济组织使用，政策引导与村民自治，福利保障与宅基地的资产化，利益得失与村民改革获得感，宅基地有效利用与农村社会经济的整体发展。

《构建农村土地多元化治理体系的思考》认为农村土地治理是对农村土地利用中各类矛盾与冲突的协调与管制，从而实现在维持土地资源可持续利用基础上的整体福祉最大化，要从以下几个方面构建农村土地多元化治理体系：一是壮大村集体经济组织，强化关键主体的治理能力；二是紧扣新时代治理需求，明确多元协同治理目标；三是明确各主体责职定位，形成多元主体协同合力；四是构建科学的制度保障体系，健全多元主体协同机制。

当前农村土地整治工作面临的问题及建议*

开展农村土地整治可以盘活存量土地，强化节约集约用地，适时补充耕地和提升土地产能，为乡村振兴注入生机活力。江西农业大学调研组近日对江西省农村土地整治工作进行了实地调研，发现还存在一些制约推进土地整治项目的消极因素，应引起重视。

一、制约地方开展土地整治积极性的主要因素

(一) 农民思想上存在误区，积极性不高

土地整治项目一般涉及众多农民的承包地，尽管农民对耕种收入增减看得很淡，但对土地承包经营权异常在乎，因此在思想上对土地整治项目存在认识误区和担忧：一是担心私有财产受损。自第一轮土地承包经营权分配以来，集体土地一直分户承包使用，尤其经确权登记后，大多数农民已将耕地、山林、宅基地等视为私有财产。农民担心土地整治后，原来各地块之间明晰的四至变得模糊，自己的利益得不到保障。二是封建

---

* 本文曾刊发于《参阅信息》2018 年第 33 期，参加调研工作的还有刘桃菊和洪土林。

迷信思想作祟。部分农民认为“拆祖屋会破坏风水”，建新屋后仍不愿对废旧宅基地进行整治复垦。三是“钉子户”思想作祟。一些农民认为多闹多得，对土地整治项目占用土地提出过高补偿，得不到满足就蓄意阻工。

（二）牵涉面广，手续烦琐，工作推进难度大

一是土地整治涉及千家万户，矛盾纠纷多，协调难度大。整治项目所占用农民承包地的面积、耕地肥力等不尽相同，基层政府在协调处理农民利益分配上要花费很大精力。此外，大量农村人口外出务工，很多土地整治项目因找不到业主沟通协商而无法施工。二是土地整治审批严格、手续繁多，需要耗费较多时间精力。如，农田整治项目获批后，往往因形势变化要对整治内容进行修改变更并重新报批，而项目最佳施工期只有冬闲时的短短 2～3 个月，很有可能因为重新报批而错过最佳施工期，最后不得不搁置或延后实施。又如，国土部门实施的土地整治项目竣工验收前必须先出具财政、审计部门的审查报告，且材料很复杂，而其他项目一般是验收后再出具审查报告。此外，项目后续监管任务重，跟踪落实难。如，国土部门通过“增减挂钩”复垦新增的耕地，还要落实耕作主体，确保土地常年得到耕种，乡镇政府没有富余人手进行跟踪落实。

（三）土地整治相关要求过于机械，与现实情况不匹配

一是技术规范存在机械僵化问题。现行的土地整治技术规范与实际需求脱节，操作性不强。如，高标准农田建设技术规范规定的丘陵山地、滨湖平原或盆地建设内容雷同，田、沟、路、林、渠的空间布局千篇一律。而山区土地耕作层薄，只有 30 厘米左右，不宜进行大规模的田块平整，一些项目由于严格遵循施工规范，追求田块平整标准，使用大型推土机械入田施工，破坏了犁底层，沙石上翻，漏水漏肥，水田变旱地，把常规农田建成了“高标准低产田”，农民意见很大。二是项目建设立项规定脱离实际。如，根据《江西省高标准农田建设规范（试行）》及其相关规定，高标准农田建设应集中连片，其中山地区要求集中连片100亩以上。但实际上，江西省很多山区县，100亩以上的成片耕地并不多，加上近几年国土、农粮、农开办等部门已对不少集中连片的耕地区进行了整治，真正符合立项要求的项目区不多了，这也是很多地方抱怨上级下达的高标准农田建设计划过多的一个主要原因。三是新增耕地要求与生态保护之间存在矛盾。如，在高标准农田建设中，一方面，在耕地占补平衡的压力下要求增加耕地面积；另一方面，又要求保护区域生态环境，不填塘、慎砍树、禁挖山。而实际上，尽管土地整治通过裁弯取直减少了田埂面积，但新建的田间生产道路与沟渠难免占用一定耕地，若不填塘或垦荒，项目区的耕地面积很可能有减无增。

二、对策建议

（一）充分激活农民热情，破除工作阻力

将农民合法利益整体不受损作为开展土地整治的底线和要求，创新方式方法，打通农民心理顾虑和症结，赢得支持，形成工作合力。一是强化宣传推介，发挥典型的示范引领作用。如，瑞金市叶坪乡田坞片实施16个土地整治项目，对6个行政村3.15万亩土地进行综合整治，复垦新增耕地200余亩，有力促进了产业兴旺、农民脱贫致富。这些成功范例，应及时总结推广，发挥好示范作用。二是构建良好的信息沟通和问题化解机制。在立项与规划设计过程中，应与农户充分沟通，听取意见，争取支持。如，大余县新城镇在早期探索土地整治过程中，曾出现部分群众不配合，甚至毁坏新建农田设施的情况。该县有关部门和项目业主单位及时调整思路，主动与农民沟通交流，解开了农民心中的疙瘩，使项目得以

顺利推进。周边村民看到了土地整治的效果后，主动申报项目的积极性高涨。同时，要积极依托村民事务理事会、农民专业合作社及农民专家等民间力量，推动工作开展。如，崇义县长龙镇葫芦村针对土地整治专门成立理事会，并安排 40 元/亩的工作经费，理事会成员赴外地参观示范工程后，逐组开会、逐户宣传，给农民吃下“定心丸”，破除了土地整治阻力。

（二）完善配套制度，提升土地整治“加速度”

一是鼓励经营权流转。调研发现，高标准农田建设推进顺利的地方，毫无例外都实行了经营权流转，有的地方还将经营权流转与新型农业经营主体培育结合起来，有效防止了整治地块碎片化。如，修水县黄溪村探索“确权确股不确地”（确权不确地、分红按人头、补贴归原户、组级管理、村级整包）的承包地经营权流转模式，取得明显成效。龙南县晨龙千亩制种基地将经营权流转与育种基地建设相结合，成功流转了 1237 亩耕地，建成标准田块，实现机械化耕作，并与隆平高科建立稳定合作关系。二是创新宅基地的使用和退出制度。我国农村宅基地使用是一项具有一定“福利”性质的制度安排，在实施村庄整治、闲置宅基地复垦等土地整治项目时要坚持“公平”与“效率”相统一，探索既符合农民利益又具有操作性的办法。如，余江县在落实“一户一宅”政策时，不是简单地拆除超面积建筑，而是运用经济杠杆进行调节，得到了农民的广泛支持。同时，积极探索跨集体经济组织的宅基地使用制度。随着一些区位差、自然资源禀赋低、居住人口少的自然村庄消亡，“迁村并点”成为农村社会发展一个趋势。当前局限于本集体组织成员的宅基地使用制度与这一趋势不符，建议在坚持农村宅基地所有权、资格权、使用权“三权分置”改革方向下，探索跨集体经济组织的宅基地使用制度。三是改革规划设计方案的编制与审批方式，简化竣工验收程序。建议推行施工设计总承包的 EPC 模式，即设计、施工一体化，减少推诿扯皮，同时推行规划设计方案的现场评审，简化竣工验收程序,减轻地方工作负担。

(三) 允许地方结合实际,灵活运用政策

一是根据地形地貌因地制宜实施项目。建议把山区高标准农田建设的连片规模调整为 30 亩,同时谨慎推行平整工程,不宜盲目追求"小块变大块"的田块规整化。如,崇义县在实施上堡乡赤水村等 6 个村土地整治项目时,对上堡核心梯田景区,不机械套用技术规范,不进行"小块变大块",维持梯田景观不变,重点进行配套水利设施建设。对高标准农田不推行统一标准,在客家梯田系统"申遗"过程中,得到联合国粮农组织专家认可。二是鼓励农业经营主体自主开展土地整治。调研发现,现代农业经营主体存在开展农田整治的需求,一些现代农业经营主体也自行投资开展了高标准农田建设等农田整治工作。建议在符合项目建设标准的情况下,允许地方政府将这部分已建成的项目纳入当地的土地整治任务之中,并按规定给予奖补,以达到既实现土地整治目标任务又减轻地方压力的双重效果。

完善异地移民扶贫机制的思考*

——基于修水县良瑞移民社区和石城县长乐移民新村的调研

中共十八大以来，党中央、国务院对扶贫开发工作做出了一系列部署。异地移民扶贫是扶贫开发的一项重要举措，习近平总书记特别强调："不少贫困地区'一方水土养不起一方人'，不得不实行搬迁。"江西省是著名的革命老区，深山贫困人口所占比例较大，扶贫攻坚同步全面建成小康社会任务艰巨，当"一方水土养不起一方人"时，异地移民扶贫就是根本之策。当前，江西省易地移民扶贫尚处于摸索阶段，为有效破解移民扶贫困局，确保实现"搬得出、稳得住、能致富"的移民目标，特成立课题组，走访了修水县良瑞移民社区和石城县长乐移民新村，学习总结其大规模集中安置和就近小规模安置方面的成功经验，将相关情况总结如下。

一、两地做法与成效

（一）全域统筹

一方面，以"整村、整片、整组、整自然村"为单元有序组织整体移民搬

* 本文曾刊发于《专报》2017年第6期，参加调研工作的还有曹国庆和刘静。

迁，根据不同移民适应环境的不同，实行县城、中心集镇、一般圩集、中心村的梯度安置，为移民提供选择空间；另一方面，打乱原有村组随机抽取房号，提倡插花落户，在推动整村脱贫的同时，避免形成小团体。

截至2016年年底，良瑞小区吸纳5个乡镇14个村移民1633户共计7835人入住，长乐移民新村吸纳周边深山区移民和地质灾害避灾移民142户共计672人入住，目前移民安居乐业，社区和谐稳定。

（二）整合资源建设“三就”环境

依“渠道不乱，用途不变，统筹安排，形成合力”原则，整合财政、扶贫和移民等部门资金，重点建设“三就（就学、就医、就业）”环境，增强对移民的吸引力。一是争取了教育、卫生等上级相关部门支持，引进公办幼儿园、中心小学，以及公办卫生院和私人诊所。二是依“传就业信息、扩就业空间、造就业机会、创就业方式”的思路破解就业难题。良瑞移民社区提出“立足就业抓党建，抓好党建促和谐”，以党建为社区建设的龙头，每名党员干部结对1～3户困难户，通过政策、资金、技术、信息扶助，积极引导移民创业和帮助就业。坚持每年正月初十举办招聘会，吸引多家用工单位进驻小区现场招聘，并利用社区广场的电子滚动显示屏，实时发布附近工业区、用人单位招聘信息。长乐移民新村，一方面引进了多家劳动力密集型企业落户社区，通过岗前的免费技能培训，实现就地上岗、家门口就业；另一方面，鼓励灵活就业。如一对白姓的夫妻常年在外打拼，因有年迈的父母需要照顾，不得不返回老家。由于离开家乡近10年，家乡的环境变得很不熟悉，处于“上有老，下有小，工作没着落”的困境。社区理事会知道情况后，了解到这对夫妻具有做鞋的技能，通过联系鞋厂，把一台机床搬到他家中。这对夫妻在照顾老人的同时经营家庭作坊，月收入可达3000～4000元，解决了生存之忧。

两地抽样调查表明，移民后家庭总收入普遍增长50%～80%，高于家庭20%～30%的支出增长速度。

（三）创新管理方式

良瑞移民社区允许移民新农保转为城镇居民养老保险，农村低保可转为城镇低保，可选择农村合作医疗和城镇居民医疗保险其中一种，也可保留农村户籍办理城镇居住证，享受城镇居民的同等待遇。由原乡镇各抽调一名科级领导组建一个临时小区管委会，负责重要事务的协调，在管委会下成立社区居民委员会和社区党支部，负责社区具体事务的管理，保留原来行政村党支部，并明确“五不变”（村建制不变、村干部职数不变、村干部待遇不变、村级组织不变、村级债权债务不变），实现了村民管理的延续性。确定了以“人”为主的服务事项归社区管理，以“地”为主的服务事项归原村管理，即社区管房、管人、管社会事务，原村管林、管地、管惠农补助。长乐移民新村把物质生活与精神生活的双提升作为社区建设目标，不仅加强了生活基础设施的配套建设，还设立了办事大厅，提供就业等信息与指导，并成立了社区事务理事会，构建了“公开、透明”社区管理决策机制，同时鼓励本地居民免费给移民户提供1～2分地用于蔬菜种植，降低移民的生活成本，也增进了原居民与移民之间的信任与感情。

管理方式的创新，让修水县良瑞移民社区和石城县长乐移民新村成为和谐移民新区的典范。

二、易地移民扶贫社区特征与问题

（一）市民、农民的双重属性明显

扶贫移民进入社区后，表现出农村与城镇户籍的双重性。一方面，农村承包山林田地还保留，村级组织也暂时保留存在，村级集体成员权不变，原有的农村各类惠农补贴等政策同样沿用；另一方面，生活方式又与城镇居民完全一样，也可享受城镇居民的各种政策待遇。这对社区管理人员提出了更高的要求，既要懂得农村的相关事务管理政策，又要熟悉城镇居民管理政策。

（二）对政府高度依赖

由于移民扶贫是政府组织的整体搬迁，所以移民对政府高度依赖，一切问题都指望政府解决。不论是农村的承包山林遭遇偷盗者砍伐，还是找不到工作、邻里间的纠纷，大事小事都找组织，大大增加了社区管理者的工作压力。

（三）社区管理难度大

一是移民来自不同的深山区、地灾区，生活习惯和方言的差异，使村民相互沟通不够顺畅，容易产生误解与矛盾。二是个人素质不高，对城镇生活环境和现代生活方式适应能力不强，不少健身器材不会科学使用，损坏频率很高；个别不识字的老人面对没有明显差别的楼房，常常找不到自己的家。三是生活风俗习惯一时难以转变，原来农村居住的是独家独户，现在住入公寓，生活空间太小了不习惯；随意丢垃圾，甚至直接从高楼往下丢；在绿化树间拉绳晾晒衣物；随意在绿化区种菜或开荒种菜，等等现象都不同程度存在。

（四）生计问题凸显

一方面，生活成本明显增加。原来在农村，粮食、蔬菜、柴火都能自家解决，生活成本很低，基本生计不成问题，而搬入社区后，什么都要花钱，连上个厕所都要花上几分钱（抽水马桶的水费）。另一方面，就业难以充分实现。六七十岁的村民还是干农活的主力，种地、砍树，样样都行，而在城镇没有用工单位会聘用 60 岁以上劳力。最尴尬的还是 50～60 岁的“老人”，在农村他们都是壮劳力，多是家庭经济来源的顶梁柱，但由于缺乏非农技能，在城镇很难找到工作，有一种强烈的“有劲无处使”的无奈感。

（五）传统精神寄托缺失

村民整体搬入移民社区后，由传统乡村熟人社会走向了半熟人社会，使违反道德、礼仪和传统乡规民约所产生的羞耻感的惩罚力下降，道德权威和家族领袖、宗族长老不再成为能有效维持秩序与安全的力量。当社区各项组织还没有完全建立或尚未得到大家的认可时，人们一时找不到可以依赖的组织或代言人，很容易出现“真空期”。缺乏精神寄托导致行为容易冲动，而且来自同一村庄的村民很容易形成各自的利益“小团伙”，从而对社区的社会和谐产生危害。

三、对完善异地移民扶贫机制的启示

（一）解决移民生计出路，增强生存与发展的能力

一是要尊重移民社区生计多元化的现实，多方位提供就业指导与服务。“外出打工”“做临时工”“自己做生意”“就近打工（晚上回家住）”“就近租地务农”等生计多元化是移民社区的突出特征，客观上要求政府的就业指导不能“一刀切”，既要在非农就业信息与岗位上提供方便，还要充分考虑农业生产的需求。对于目前难以流转的耕地，村民还会继续耕种，“骑摩托种地”已是一个普遍现象。因此，移民迁出村庄后留下的房屋不宜全部拆除，便于移民返村劳作期间有个栖身之地和农具、农产品存放之处。

二是创造家门口就业的机会，促进移民的充分就业。家门口就业是实现移民社区充分就业的重要途径，也是解决 50～60 岁移民“有劲无处

使”问题的有效良策，而创新就业方式是实现家门口就业的重要抓手。长乐移民新村通过经营家庭作坊，按件计酬，就是一个成功案例。

（二）创新社区管理机制，实现“村里人”向“社区人”的平稳过渡

一是要针对“阵痛期”的特征，完善社区管理机制。作为快速形成的社区，要在生活习惯和思维方式上实现“村里人”向“社区人”的转变，“阵痛期”的经历难以避免，关键是如何缩短“阵痛期”，实现平稳过渡。要从人、财、物多方面构建“阵痛期”的社区管理机制，其中专职社区管理人员的素质是关键，他们不仅要懂得农村和城镇相关政策业务，更要有爱心和责任心，能耐心听取移民的种种意见，甚至是抱怨，并用心、用情为他们提供服务，排忧解难。

二是要充分发挥村干部的作用。村干部在某种程度上代表着原有村庄社会共同体的传统精神寄托，在村民事务管理与矛盾调处中具有先天优势。不仅要充分发挥现有村干部的作用，还要充分利用老村干部的权威，他们虽然年龄相对较高，但在村民心中一直保持着较高的威望，有着很强的协调能力。

（三）构建自我管理机制，实现社区可持续发展

一是要构建社区矛盾自我调处机制。移民社区居民来自不同的村庄，人员构成相对比较复杂，生活方式与风俗习惯有所不同，彼此之间容易发生矛盾，特别是当移民的心理预期与现实产生差距时，容易出现心理失衡而产生不满情绪。即使同一个家庭自身也存在一定的矛盾，年轻人视易地移民扶贫为改变命运的机遇，而老年人则视之为背井离乡之痛，“穷家难舍、故土难离”，对于移民后生活中遇到的各种不如意，年轻人和老年人之间常常相互抱怨。为此，必须形成社区矛盾自我调处机制，特别是应吸收来自不同移民区的德高望重的村民参与其中。

二是要充分发挥社区居民的主人翁作用。“社区是我家，建设靠大

家”，而成立由退休老干部、老党员、老教师、家族长老等熟悉各地风俗、个人威望较高、协调能力强、善于运用“乡规民约”的人员组成的社区事务理事会，制定“公开、透明”的社区管理决策机制，包括管理议事机制、民主监督机制、财产管理机制、服务群众机制，是充分调动大家参与社区建设积极性的保障机制。

（四）强化人文关怀，实现精神与物质的同步脱贫

一是加强人文关怀的组织建设。组织建设是实现人文关怀的重要前提，任何对移民的人文关怀活动都需要相应的组织来实施。不仅要围绕“就业、就学、就医、出行”完善各类配套基础设施，更要建设社会管理服务、卫计服务、阅读文化、就业培训服务、居家养老服务和议事评事等各类便民服务组织，开展相应的人文关怀活动，如通过开展“小手拉大手、文明伴我行”等活动，引导社区老人养成城镇文明生活习惯，爱护公共设施，提升环境保护意识。

二是营造互帮互助的社区氛围。互帮互助是形成社区凝聚力的灵魂，特别是应鼓励本地居民对移民户的包容与吸纳，帮助移民户尽快适应新的生活环境。还要针对平时社区多是老人、小孩，壮劳力不够的特点，成立互助组织，谁家办红白喜事需要劳力或遇到困难，大家相互帮忙，进而增进信任与感情。

高标准农田建设的“困”与“解”*

高标准农田建设是江西省实现由农业大省向农业强省跨越的强有力支撑。“十二五”时期，江西省高标准农田建设成绩显著，已建成1379.59万亩高标准农田；“十三五”期间，江西省仍需确保建成1448万亩高标准农田，建设任务艰巨，面临多重困境。直面困境，寻找良策，是江西省高标准农田建设的当务之急。

一、建设困境

为全面了解当前江西省高标准农田建设现状，笔者深入多个项目区实地调研，并多次召开由村民、村干部、施工方、监理方、项目组织方等代表参加的座谈会。调研表明，现阶段江西省高标准农田建设面临多重困境。

（一）农户配合不够积极

一是沟渠、道路规划难以落地。在规划设计时，项目规整的设计图受

---

* 本文曾刊发于《内部论坛》2017年第8期，参加调研工作的还有洪土林、刘桃菊和廖彩荣。

到农户一致赞同；但在施工时，因基建占用相关农户承包地的份额不同，沟渠、道路建设往往会遭到农户阻挠，难以落地。被迫改变的沟渠与田间道等有关设计难以满足机械化要求。二是表土剥离工程难以实施。不少农户担心自家承包地肥沃的耕作层被破坏，反对表土剥离。三是土地流转难以实现。有些项目也因个别“钉子户”的反对，整片耕地难以实现流转，最终影响适度规模经营的开展。

（二）配套制度建设滞后

与农田基础设施相对应的制度建设未能及时跟进，导致高标准农田建设大打折扣。一是标准田块再次细碎化。项目建设后，不少地方追求绝对公平的承包地分配原则，在完整的大田块中又细分出归属于不同承包户的小田块，影响了高标准农田建设的整体推进。二是后期管护机制缺乏。各农户只关心自家承包地的维护，公共的灌排设施和农田道路无人管护。项目验收之后，沟渠堵塞、道路长满杂草的现象比较普遍，一些农田道路甚至被农户开垦出来种植庄稼，基础设施被人为损坏。

（三）“九龙治水”局面依然存在

现阶段，参与高标准农田建设的部门众多。调研中，常看到同一片高标准农田旁立着多块不同部门的宣传牌。尽管2011年省政府就出台了《江西省人民政府关于整合资金建设高标准农田的指导意见》，但由于各部门项目资金来源渠道不同，建设目标与要求不一，管理模式各异，部门间资金整合难度很大，高标准农田建设处于“各投其资，各负其责，各司其职，各记其功”的“九龙治水”局面。这种局面使高标准农田建设远达不到1＋1＞2的效果。

（四）工程质量难以保证

一是施工队伍不专业。项目工程虽然都经过了严格招投标程序，但仍存在主动或被动转包现象。不少项目转由当地村民具体施工，他们虽熟悉当地情况，善于协调，但缺乏相应技能，难以满足有关工程技术要求。二是监理履职尽责不到位。抽查监理日志发现，不少日志很不规范，一些日志既没有注明具体施工材料和基本参数，也没有施工质量的评判记录，有的日志存在事后补填的痕迹。三是工序简化或偷工减料现象严重。突出表现在耕作层剥离与还田、沟渠道路底层衬贴等隐蔽工程上。为了节省成本，绝大部分项目没有采取耕作层剥离与还田措施，而是直接用推土机推土，结果把多年熟化的耕作层翻埋，露出非常贫瘠的生土，严重破坏了耕地质量。

（五）生态理念缺失

一是过于追求新增耕地面积。在耕地占补平衡的压力下，在涉及高标准农田的土地整治中，各地将新增耕地面积作为重要目标，导致一些地方坑塘被填，树木被砍。这既有悖于区域生物多样性的要求，也不利于发挥坑塘水面缓解农业面源污染的作用。调研中有村民抱怨："清洗农具的地方没了，累了休息纳凉的地方也没了。"二是过度追求农田基础设施硬化。部分地方存在认识误区，对沟渠、农田道路都进行水泥硬化。沟渠的过度硬化，不仅会影响鱼类、青蛙、蚯蚓等生物的栖息和繁衍，也不便于清淤等日常维护。农田道路的过度硬化还是一种土地资源的浪费。例如，某项目区修建了一条 6 米宽的田间水泥道，侵占了不少农田，当地村民反映，除了每年能晒上几天稻谷外，田间水泥道就是一个摆设。

（六）因地制宜执行不够

一是与地域条件结合不紧。无论是丘陵山地，还是滨湖平原或盆地，高标准农田建设的内容雷同，"田、沟、路、林、渠"的空间布局千篇一律，没有体现建设的差异化需求。二是规划建设标准过于理想。一些设计单位不依形就势，而是机械地按"田成方、林成行、路相通、渠相连"的标准进行规划设计。脱离实际的规划设计严重影响了施工进度。个别项目为了避免频繁变更的麻烦，仍依不切实际的设计图施工，群众意见很大。

二、解困之策

当前，江西省高标准农田建设的实际成效与预期目标还存在一定的差距。对症下药，精准施策，才能真正发挥高标准农田建设对江西省农业现代化的支撑作用。

（一）建立公众参与机制，确保项目顺利推进

一是加强沟通，获取广大村民的支持。在立项与规划设计过程中，应与所有农户充分沟通，广泛征求意见，获得大家支持。对基建占用耕地较多的农户，应考虑给予相应的补偿，必要时签订协议。二是建立协商机制，妥善调处矛盾。成立由村干部、村民代表、规划设计单位、施工组织单位等组成的协商小组，也可借助农村理事会的力量，对出现的矛盾给予及时调处。

（二）加快改革创新，完善相关配套制度建设

一是积极创新经营权流转机制，避免标准田块的再次细碎化。调研中发现，高标准农田建设推进顺利的地方都有一个共同之处，就是实行了经营权流转。例如，修水县黄溪村抓住高标准农田建设机会，探索了“确权确股不确地”承包地经营权流转模式。该模式实行“确权不确地、分红按人头、补贴归原户、组级管理、村级整包”，取得了明显的成效。一些地方在方案设计之初，就把经营权流转与新型农业经营主体的培育结合起来，例如，龙南县的晨龙千亩制种基地巧抓高标准农田建设机遇，将经营权流转与育种基地建设相结合，成功流转了 1237 亩耕地，建成标准田块，实行了机械化，并与隆平高科建立了稳定的合作关系。二是创新承包地

分配制度。重新分配承包地时，改变绝对平均、田块细化的传统分配模式，探索按区位、产能进行成片分配的模式。或借助合作社，发挥其纽带作用，把承包地集中分配在一起，实现规模经营。三是探索农田基础设施的维护机制。建立相应的资金保障，可考虑让村集体经济组织或中介服务组织负责农田基建的日常维护与管理。

（三）健全运行机制，形成建设合力

一是加强法规建设。借鉴浙江、山东、山西、贵州等省经验，抓紧制定江西省“土地整治条例”，对土地整治，特别是高标准农田建设提出规范要求，对区域土地整治规划的严格执行提供法制保障。避免各部门自行选址建设的混乱局面，真正做到一张图上谋发展，条件成熟一片建设一片。二是创新协同机制。加强顶层设计，构建协同机制，制定资金整合办法，明确“多个渠道进水，一个龙头出水”的资金使用原则，聚合各类项目资金，形成高标准农田建设合力。

（四）加强施工管理，确保建设质量

一是严格执行工程施工相关规定。明确责任主体，确保责权利统一，防止工程管理流于形式。严禁工程项目转包，即使当地村民需要参与施工，也应在具有资质的单位统一安排和指导下进行。二是发挥好公众的监督作用。当地农户对农田建设最具发言权，要针对不同环节不同工作重点，明确公众监督的方式方法，并通过完整过程记录实现公众监督的规范化。

（五）贯彻生态理念，建设高标准生态良田

一是把生态需求融入设计、施工、后期管护的每一个环节。注重生物多样性保护工程与土地平整工程、农田水利工程、田间道路工程的融合。沟渠、道路不宜过分水泥硬化，要适当保留坑塘水面、湿地和林地，维持相应的景观异质性，以满足不同生物的栖息环境要求。二是遵循耕地的生

态系统观。统筹考虑耕地地力的培育与提升、农田水环境的保护、污染土壤的修复、耕作生产条件的改善等，实现耕地生产与生态功能的协调统一。三是推行生态化整治技术。强力推行耕作层剥离与还田等保护性整治措施。科学诊断环鄱阳湖水网地区、赣南山区等不同地域条件下耕地生态系统的主要潜在威胁，并结合当地的农耕文化特征，有针对性地研发生态化高标准农田建设技术。

（六）坚持因地制宜，确保规划设计科学可行

一是夯实前期踏勘。规划设计人员须做好前期踏勘工作，加强专业学习，提高设计水平，杜绝“纸上谈兵”。二是推行规划设计方案的现场评审。只有亲临现场才能判断规划设计方案是否切合实际。应改变规划设计方案单一室内会议评审的做法，推动实地现场评审，把现场考察作为方案评审的必备环节。三是加强规划设计行业的资质管理。引导行业学会建立规划设计方案的质量考核、信誉评定制度。在行业管理上倒逼规划设计单位和专业人员增强责任心，提高规划设计质量。

承包地经营权流转，需要市场与政府“携手”*

在所有权、承包权和经营权“三权”分置基础上的经营权流转，是解决家庭承包责任制分散承包与现代农业规模经营之间矛盾的必由之路。在强调市场在资源配置中起决定性作用的现阶段，“市场的手”在经营权流转中到底能发挥出多大的作用？由于耕地是一种被国家实行特殊保护的稀缺性资源，其市场化空间并不大，这也决定了市场在经营权流转中的作用是有限的，需要市场与政府“携手共进”。

一、经营权流转同样存在“市场失灵”

众所周知，完全市场竞争必须具备四个基本条件：一是供求双方所受限制条件少，特别是供应方，可以根据市场价格和需求，在几乎不受限制的范围内无限地调整生产规模，以实现供需平衡和价格的平稳；二是供应方能生产出均质的产品或可进行价格比较的不同质量产品；三是供应方（生产者）以追求经济利益为唯一目的；四是供需双方在完全公开、公平、

---

* 本文曾刊发于《土地科学动态》2017 年第 2 期。

公正的市场环境中进行交易。由于土地资源面积是有限的，且作为不动产，因经济区位和自然条件不同而难以找到完全均质的二宗地，加上土地在国计民生中的重要战略地位，农户既不可能以追求经济利益为唯一目的，双方也不可能在完全公开、公平、公正的市场环境中进行交易。因此，学术界普遍认为，土地资源配置不具备完全市场竞争条件，易出现“市场失灵”。作为最宝贵的土地资源，耕地流转同样存在“市场失灵”。

二、经营权流转具有自身的独特性

与其他土地资源交易比较，耕地经营权的流转还具备其他市场所没有的特征，经营权流转不是一个单纯的经济行为，而是一个复杂的社会行为。

一是流转双方的交易动机存在错位。农户对经营权的流出动机比较模糊，特别是获取经济收益的动机并不明显，他们大都希望随时收回经营权，流转期限要短并维持承包地的形状不变；而流入方的动机相对比较单一，他们希望流转期限长久，便于规模化经营，获取尽量高的经济收益。

二是经营权流转表现出比较明显的经济外部性。通过经营权流转实现耕地的规模经营，不仅为经营者带来经济收入，还为全社会农产品和工业原材料供给提供稳定的心理保障，并提供农田耕作的传统文化、开放空间、农村独特景观、生物栖息、空气与地下水净化等公共福利功能，具有较为明显的经济正外部性。

三是规模经营并不是个体经营权的简单累加。通过流转实现规模经营，并不是简单地把各家分散的承包地集中在一起。承包地分配时追求绝对公平，导致承包地分布非常零散，必须通过农田基础设施的建设投入，才能实施现代化经营，而沟渠、田间道路的修建，要经过众多农户的承包地，占用各家的耕地面积不尽相同，这些都是单纯依靠市场力量难以解决的现实问题。

四是承包地经营权债权的物权化。经营权流转是经营者通过合同的形式，以支付租金为代价，从承包农户手中获取一定期限的经营权，并获取相应的收益，是以耕地使用为标的物的一种土地债务债权关系。双方就流转期限、租金等条款内容进行协商，既不符合物权法定原则，一般不对抗第三人，也不符合“物权是对物的排他性支配权的”的规定。因此，就产权属性而言，承包地经营权的本质是债权，一个典型的租赁权。但流转双方并不能完全自由地进行约定，如不得改变农地用途，不得对农地造成永久性损害等，同时，也需要合理保护流入方的权益，以利于经营的稳定性及对生产投资的信心。现实中，不动产租赁权的物权化，使契约产生的债务关系中的权能具有物权效力已是国际的普遍做法。

三、政府与市场的分工与协作

政府与市场的“携手”，既要防止政府行为的“过度干预”“错位”和“越位”，又要充分发挥市场的调节功能。“携手”的目标应聚焦于三点：一是提升流转双方的流转积极性，解决流转双方交易动机错位的问题；二是优化流转环境，提高交易效益，确保流转过程的顺畅；三是调动经营者加大投入，促进流转行为的稳定。

政府工作重点在于流转的法律法规制定、必要的财政支持、流转的监管、流转的引导与协调。流转方式、流转的风险调控、流转价格形成、流转供需平衡、竞争机制等市场基本要素，应主要由流转双方在相互博弈中逐渐成熟，政府只是在形成环境中给予扶持与引导。即使在经营权流转市场尚未形成规模，价格形成机制还未成形的初期，政府也只能提出指导价格，而不能代替市场来定价。

流转的法律法规制定，主要是明确流转双方的责、权、利，特别是为经营权的债权物权化提供法律保障，包括农业利用的用途管制、耕地生产能力的维持、一定程度上的对抗第三人、定期租赁合同的法定更改、承租方在合同期满后拥有优先续租的权利、农田基础设施建设、土地征收补偿时相关利益分配的法定依据、经营权的“再流转”与抵押处分权、农业补贴等支农惠农政策的受惠对象界定，等等。

流转的财政支持政策，是基于经营权流转及耕地保护的经济正外部性，政府采取相应社会化扶持的客观需求，包括为了提升耕地质量而开展的各类农田基础设施建设、土地整治等支农惠农政策，为了鼓励承包户长期流出而用于替代承包地经营权社会保障功能的各类农村社会保障建设，为了降低交易成本、提高流转效益的各类信息收集、中介服务组织建设，等等。

流转的监管，是政府的基本职能，为经营权流转保驾护航，督促流转中市场运作、中介机构、交易主体行为遵循相关的法律法规，落实相应财政支持政策，以及调处流转交易中的纠纷，使流转双方的利益得到保障，确保流转的公平、公正、健康运行。

流转的引导与协调，是对我国现阶段村集体经济组织建设及各类农村服务组织建设相对滞后的一种行政力量的弥补，主要涉及流转区多家承包地经营权流转期限的统一及农田基础设施的统筹布局，发挥政府与分散农户沟通协调的优势，提高流转效率。

四、政府与市场的"携手"对策

一是加强相关法律法规建设，为经营权的债权物权化提供法律支撑。虽然围绕承包地经营权流转，国家已制定了一系列的政策规范，但面对所有权、承包权和经营权"三权"分置新的理论体系，有必要对"三权"分置下经营权流转的相关规范做出进一步明确，对经营权流转双方的责、权、利以及流转环境的建设做出规定，在明确农村经营权的债权属性基础上，对其转让、再流转、出租、入股、抵押所涉及的各种权限及其保障做出规定，为经营权的债权物权化提供法定依据。

二是完善农村社会保障体制与优化城镇化环境并举，增强经营权流入的原动力。在承包地对农户的生存等社会保障功能未能得到替代之前，农户不会也不敢轻易放弃承包地经营权，难以实现长期稳定的经营权流转。因此，应加快城乡一体化社会保障制度建设步伐，完善包括农村养老保险制度、最低生活保障制度、医疗保险制度、社会救济制度以及农民的失业保险制度等社会保障制度，使得土地不再是农民最主要的生活保障；进一步优化农民进城务工经商环境，让农民工能融入城镇生活，真正实现城镇化，从而消除农民的后顾之忧，促进流转期限的长久化；此外，在农民富余劳动力尚未完成彻底转移的现阶段，不宜盲目地追求农业机械化，而要适当鼓励发展劳动密集型农业产业，也应考虑那些没有非农就业技能或年龄偏大的农户，让他们有事可做。

三是健全农业金融服务体系，逐渐减轻流转中的财政负担。由于受到自然灾害对农业发展的影响，农业生产面临较大的风险，不能过分依赖于政府的财政支持，特别是要逐步改变经营权流转是当地政府长期财政负担的现象，积极鼓励金融机构加大对农业发展的金融扶持力度，提供系统性的金融服务。作为支持农村经济发展主力军的农村信用社和农业银行，要将农业信贷作为主要的发展业务，针对农村经济主体资金需求的特点，在政府的引导和优惠下，积极调整农业信贷资金的结构，同时积极引入保险部门，为现代农业的发展提供保险服务。要根据实际发展状况不断完善农业农村金融服务体系，壮大、延伸、拓展农业规模经营贷款担保基金，拓展金融产品的种类和信贷的方式。

四是经营权流转初期，扶持流转信息平台构建是政府的一个重要切入点。信息透明与充分是市场运行的一个基本条件，经营权流转涉及千家万户，信息分散，必须加以收集、整理与公布，才能营造出经营权市场交易氛围。根据经营权流转的正外部性特征，信息平台建设属于政府应该扶持的公益事业，政府有义务加大财政投入，建设流转信息化网络交易平台。提倡探索“政府扶持创立，市场维持运行”的模式，在市场机制逐步完善的情况下，逐步实现经营权流转市场化运作。在流转过程中交易平台可以按照相关规定，收取一定比例的手续费，以维持流转平台的正常运转，进而实现流转信息平台的可持续发展。

五是培育多元现代农业经营主体，创新土地整治综合运行机制。现代农业规模经营主体是激活流转的关键，只有现代农业经营主体多了，对经营权流入的市场需求多了，才能形成经营权市场的竞争机制和价格调控机制。因此，应结合当前的惠农政策，加大对家庭农场和种粮大户等现代农业经营主体的培育。同时，创新土地整治综合运行机制，加快农田基础设施建设步伐，提升经营权的市场价值，推进经营权的流转及耕地规模经营的形成。

六是加强村集体经济组织建设，发挥村委会在市场与政府协调中的桥梁作用。作为农村承包地的所有者主体，村集体经济组织在耕地资源配置中的作用至关重要，也是经营权流转中一个不可缺失的主体，不仅在连接耕地承包户与耕地规模经营者之间，发挥着不可替代的桥梁作用，而且在流转区域资源优化和农田基础设施配套建设中有着得天独厚的统筹协调优势。因此，必须把村集体经济组织建设作为推动经营权流转的一个重要抓手。建议进一步健全村委会组织，同时设立相应的激励机制，充分发挥村委会在市场和政府协同中的桥梁作用。

土地整治应重视生态整治*

《关于加强耕地保护和改进占补平衡的意见》(中发〔2017〕4号),在回归建设用地单位的耕地占补平衡责任主体地位和耕地占补平衡的产能本质同时,明确提出土地整治是提升耕地产能,实现谷物基本自给、口粮绝对安全战略目标的重要途径,承担着加强耕地保护、实现耕地占补平衡目标主力军的战略重任,这对我国的土地整治工作赋予了新的历史使命。而推行生态整治是胜任这一历史使命的内在需求,这不仅是因为耕地的产能由耕地数量、质量和生态功能三方面决定,也因为其是落实耕地的数量、质量与生态"三位一体"保护的客观要求:数量是基础,保持足够数量的耕地才能满足日益增长农产品需求;质量是根本,有质量的耕地才能提供满足品质要求的各类农产品;而生态是保障,处于良好生态环境中的耕地才能维持耕地质量,保障所产农产品的安全。为了促进生态整治的开展,提出以下几点对策建议。

一是把生态理念贯穿于土地整治始终。耕地的生态保护就是要维持耕地的健康,不仅要使耕地自身处于一个良性循环之中,还要保障为人类提供健康安全的农产品。土地整治是对土地空间结构与布局的优化,是

* 本文曾刊发于《改革内参》2017年第6期。

对区域土地资源景观格局和原位状态的打破，对耕作层、水文、生物、地形地貌等环境要素产生影响，势必改变耕地生态系统现状。提倡生态土地整治，就是要让土地整治工程的实施促进耕地生态系统往良好方向发展，提升耕地的健康水平。这客观上要求土地整治必须始终贯彻生态理念，特别是应有利于维持耕地生态系统中的生物多样性。这是因为生物多样性是生态系统中能量循环和物质转换的基础，耕地生产能力的自我恢复能力依赖于系统内生物种群之间物质与能量转换途径及频度的调整，如果耕地的生物多样性遭受破坏，其自我恢复能力也就失去了基础。因此，从设计、施工，到后期的管护的每一个环节，都要把生态需求融于其中。比如沟渠、生产道的建设，不宜过分追求水泥的硬化，而应给青蛙、蚯蚓等生物留有栖身之地，以及化肥农药使用时的逃生通道和避难场所，实现生物多样性保护工程与土地平整工程、农田水利工程、道路交通工程的相互融合。

二是坚持土地整治的生态系统整体观。生态化整治并不是简单增加绿化或追求自然状态下的杂草丛生，而是耕地生态的系统整体性和自我良性循环，不仅要遵循“山水林田湖”生命共同体的客观规律，还要追求“田、沟、路、林、渠”的耕地生态系统整体协调，这也是土地生态化整治与整理、开发、复垦、保护单一土地工程的区别所在。应把耕作层地力的培育与提升、农田水环境的保护、污染土壤的修复、耕作生产条件的改善统筹在一起，实现耕地生产与生态功能的协调统一。因此，不宜过分追求新增耕地面积，在区域中应适当保留一定的坑塘水面、湿地和林地，维持相应的景观异质性，以满足不同生物的栖息环境要求。

三是因地制宜地推行土地整治生态化技术。不同地域条件环境下的耕地生态系统有其自身的明显特征，丘陵、平原、山区、盆地等耕地生态系统的潜在威胁因素不同，如华北平原耕地的地下水位下降、水体与土壤污染盐渍化和沙漠化，而南方红壤丘陵地区耕地则表现为土壤酸化与肥力下降、耕地沙砾化、水土流失，等等。同时，不同地域的乡土文化不同，镶嵌在青山绿水之间的耕地也蕴含着独有的农耕文化气息与人文特征，是当地民俗民风的重要元素。因此，应科学诊断不同地域条件下耕地生态系统的主要潜在威胁因素，以及针对当地的农耕文化特征，有针对性研发相应的生态化整治技术，并形成技术规范加以推广应用，特别是要善于总结当地生态耕种习惯与技术。作为传统农业大国，各地积累了众多适应于当地地域条件的优良耕种传统习惯，具有很高的挖掘利用价值。

四是土地生态整治离不开配套制度的创新。土地生态整治不是单纯的技术问题，而是一个典型的系统工程，尤其是在实行家庭承包责任制的现阶段。比如以高标准农田建设为主要内容的农田整治，基层调研发现，此项工作的现实困难主要集中在三个方面：一是规划设计难以落地，阻工现象比较普遍，常常由于农田基础设施占用不同农户承包地份额不同而难以落地；二是项目结束后承包地的细碎化现象难以避免，由于整治项目区涉及众多承包农户，追求绝对公平的承包地分配原则，将导致在完整的大田块中又划分出归属不同承包户的小田块，使土地整治对现代农业的促进作用大打折扣；三是农田基础设施后期管护缺乏机制，特别是公共灌排设施和农田道路因无人管护而功能日益衰退。因此，必须改变重土地工程建设、轻配套制度建设的土地整治现状，同步推进土地整治的配套制度创新，包括创新经营权流转机制，避免整治区田块的再次细碎化；创新承包地分配制度，积极探索按区位、产能进行成片分配的方法，或借助农业合作社的纽带，把同属一个合作社的成员承包地集中分配在一起，以利于统一规模经营；创新农田基础设施后期生态管护，既可考虑让集体经济组织负责组织日常维护与管理的工作，也可考虑利用中介服务组织来承担农田基础设施的日常维护与管理。

对提升美丽乡村建设实效的思考*

推进美丽乡村建设，是建设美丽中国的重要内容。中共十八大以来，各地结合自身条件，开展了各具特色的美丽乡村建设，取得了明显成效。但调研发现美丽乡村建设实际效果与预期目标还有一定差距。正视问题，科学诊断原因，并精准施策，才能切实提升美丽乡村建设实效。

一、主要问题及其表现

(一) 农户建房布局随意，现代生活环境难以形成

长期以来，农村建房主要是看“风水”自发选址。各自为政的建房习惯导致村庄建设在空间上的无序，尤其在丘陵山区，因平坦土地少，见缝插针式的建房很是普遍。无序的空间布局增加了生活条件的改造难度，导致现代生活环境难以形成，最突出表现就是通行问题。“村村通公路”工程已解决了村庄与外界的交通，但深入村庄内部，通行问题就充分暴露出来。近年来，每逢过年过节，外出打拼的成功村民满怀自豪与喜悦开车

* 本文曾刊发于《改革内参》2017 年第 25 期，参加调研工作的还有刘桃菊。

回家，进村后却发现，小轿车带来的不是便利，反而是麻烦：停车难，会车更难。卫生环境问题也是一个影响农村生活环境的“顽症”。尽管新农村建设，推动了清污、清垃圾、改水、改厕等环境改造，但农民的环境保护意识并没有得到彻底的改变，“脏、乱、差”的农村形象依然存在。

（二）村庄运行“软环境”不佳，社会服务功能不健全

人口流动的加剧已使当前农村居住人口身份组成日益复杂：既有“土著”居民，即土生土长的本村人，他们有本村户籍，有村委会选举权，有经济“三权”（农村土地承包经营权、农村宅基地使用权和集体经济收益分配权）；也有“关系”村民，即通过亲朋好友关系或花钱外迁落户，有户籍，但没有选举权和经济“三权”（通常可通过有偿流转获宅基地使用权）；还有“新村民”，即外来打工务农经商或与集体经济组织合作入股，有比较稳定工作岗位的人员，既没有户籍，也没有选举权和经济“三权”，但可依据合作获取股份分红。然而，村庄的社会治理没有跟上人口结构的变化，传统的村规民约难以适应社会运行的保障需求。较差的“软环境”突出表现在矛盾协调、社会互助等各种社会服务功能的不健全。实践中各地探索的“农村理事会”社会治理，沿袭了传统的“乡绅治理”，虽然在统筹村庄公共事务、调解邻里纠纷方面具有优势，但并没有建立责、权、利相对应的制度保障，与现代的农村社会治理的需求存在差距。

（三）房屋空置现象普遍，资源资产浪费严重

农村“空心房”现象呈现加剧的趋势。不仅破旧房屋不断被闲置，而且新的“空心房”也在与日俱增。很多几乎耗尽农户全部工资性收入建起的新房，入住率非常低，常年大门紧闭，只是返乡过年或农忙时节才住上几天。房屋的空置不仅造成村庄建设用地资源的浪费，也是农户家庭资产的巨大浪费。人们把当前农民工的居住条件形象地称为两个“老鼠窝”，即在城市赚的钱用于农村老家建新房，但新房长年无人居住，成为老鼠窝，而他们自己在城市的居所简陋，与老鼠作伴，像是住在老鼠窝。调研发现，“农村新房成了老鼠窝”现象很是普遍。

（四）建房“重数量，轻质量”，文化价值体现不够

各具地域特色的农村建筑风格，是我国重要的历史文化遗产。国家级重点文物保护单位江西龙南关西新围，以其集家、祠、堡于一体，易守难攻的突出特点，不仅被建筑学家誉为民俗建筑史上的奇迹，而且其深厚的文化内涵，更使历史学家、民俗学家、艺术家及众多的游客为之陶醉。关西新围迄今有200多年历史，至今还保留“外刚内柔”的景致，供人们参观。但现在无论走到哪里的农村，房屋建筑风格都是千篇一律，传统的乡村地域建筑文化与特色难觅其踪。不少人对现在农村建筑的评价是“城不像城，村不像村”，既没有城市建筑的现代氛围，也没有依山傍水，与自然山水融为一体的乡土气息，就是一些水泥方块。调研中有人这样感慨：现在农村建房远不如老一辈人严谨，“重数量，轻质量”，只看重表面文章。

二、存在问题的原因剖析

（一）村庄建设规划引导作用不大，农户多不循规划信风水

近年来，各地加强了村庄建设的编制，但实际引导效果并不明显：一是由于规划编制多属于一时的运动式任务，仓促之中形成的规划方案与实际需求存在一定的差距，规划方案的实用性不够强；二是农民形成的“不循规划信风水”的传统建房思维，在座落、朝向的选择上基本听“风水师”的，沿袭着“零星”建房的习惯，很少采用专业的建筑队伍建房，大多数还是“亲帮亲、邻帮邻”的建房方式，也影响了规划的实施。

（二）公共设施建设与维持资金无保障

一方面，公共服务基础设施建设的资金投入机制缺失。目前村庄公共服务设施建设，都是所谓的“几个一点”（诸如财政下拨一点、部门扶持一点、地方政府补助一点、农民自筹一点），需要“到处争取资金”，有能力、有背景的地方才能争取到资金。另一方面，公共服务基础设施后续维持机制不健全。社区公共服务功能的发挥，需要相应的运行资金来维持，但维持资金同样没有保障渠道。调研中就发现一些开展新农村社区建设的试点，由于缺乏维持经费，部分公共服务设施变成了摆设。农村清洁工作就是一个典型，在推行农村清洁工程之初，有相应的启动资金，能修建分类垃圾桶，配备清洁员。到后来，清洁员的工资难以落实，又回到了垃圾到处扔的状况，有时为了迎接上级检查，只能由村干部带头进行垃圾突击清理。

（三）农村存在家庭建房“面子工程”

是否建新房是农村衡量成功与否的一个最重要指标。农户一有现金储蓄，首要的事就是建新房，扩大家产。其中不少外出打工农民分批次完成：第一年建框架，第二年完成整体建设，第三年才装修完工。另外，农村还存在严重的攀比心态，看别家建三层，自家一定不能低于三层，不论将来有没有居住的需求，因为房子是农村最大的面子。农民一生都在为建房而忙碌。调研中曾遇到这样一位农村能人：20 世纪 80 年代结婚时，在老屋边建了一栋新房；90 年代跑运输赚了钱，在路边建了一栋新房；进入 21 世纪后，因外出打工和返乡当小老板，又先后在中心村和集镇各建了一栋房屋，一生中已建了四次房！与这位能人经历相似的农民不在少数，他们一生都在尽其所能去建房，不仅把本应可用于提升生活质量的资产不断地过程性浪费在建房上，而且也在不断地制造村庄新旧“空心房”。

（四）农村土地使用制度改革滞后

特别是“一户一宅”政策难以落实。农民的宅基地私有观念根深蒂固，建新不拆旧，导致一户多宅的现象普遍。结果是村庄“重外延扩张，轻内部挖潜”，不仅加剧了闲置宅基地的产生和节约集约利用水平的低下，而且为村庄生活基础设施的建设增加难度：覆盖面更广了，投资更高了，需要协商的农户更多了。值得注意的是，确权很有可能加剧村庄内部生活环境改善的难度。调研中发现有个村庄家家户户都建起了新的围墙，而村内道路又窄又弯。交谈发现，这是农村宅基地确权引发的一个副产品。确权促进了宅基地的扩张与圈占，且邻里间相互跟风，短时间内村内公共道路等公益用地被越“挤”越小，已严重影响了村庄的生活便利，也为下一步村庄改造埋下了很大的隐患。

三、对策建议

（一）坚持科学规划，引领乡村各项建设

1. 既要重视“点”规划，更要重视“面”规划

单个村庄的建设规划固然重要，但每个村庄的发展离不开区域农村居民点体系的布局，是“点”与“面”的依存关系。从农村整体发展看，农村居民点体系规划更加重要。这是因为农村居民点体系是区域村庄布局的“战略”蓝图，是引导农民集中居住、产业集中布局、土地规模经营、优化农村基础设施和公共设施集约配置、整合农业生产和生态空间的真正“龙头”。农村居民点体系规划不仅明确了不同类型、不同层次的居民点布点，还确定了区域配套公共服务设施、基础设施、产业发展与分工协作、生态环境保护，甚至包括历史文化的传承与保护。

2. 既要重视规划结果，更要重视规划实施的路径设计

每到一处，当地都会展示耳目一新的新村规划效果图，但漂亮的规划图件和模型并不代表就是高质量规划，再漂亮的村庄规划，如果得不到实施，也只是个“空中楼阁”。规划不仅要解决村庄公共服务设施等各类建设项目的空间布局，还要对规划实施的可行性进行论证，包括人口聚集、产业培育、资金筹集等。目前各地在编制规划时，往往更加关注看得见的各类建筑物实体的布局，而对于村庄如何持续发展考虑不多，普遍缺乏明确的发展思路和切实可行的规划实施保障措施。

3. 既要重视专家意见，更要重视公众参与

不可否认，规划专家知识面广，理论基础扎实，能为规划的质量提供强有力的技术保障。但规划的生命力在于是否符合当地实际，而公众参与是确保规划方案切合当地实际并顺利实施的重要手段。村民应是公众参与最主要的主体，这是因为村民才是村庄建设的真正主人，只有赋予村民更加充分的知情权、选择权和话语权，才能尊重和发挥村民主人翁的地位与作用。因此，要构建科学的公众参与机制，明确规划选址、户型选择、建筑材料与风格选择、公共服务设施配置与布局、古建筑(特别是祠堂)维修、拆迁补偿方案和规划方案评审等各个环节，都应广泛吸纳村民参与，征询意见，获得支持。

（二）开展村庄整治，改善生活基础设施条件

1. 整合资金，形成村庄整治合力

现阶段，围绕农村居住环境改善的项目众多。要创新协同机制，加强制度顶层设计，打破部门间、项目间的隔阂，改变各部门“各投其资，各负其责，各司其职，各记其功”的现状，把涉及新农村建设、村庄整治、基础设施建设、新型农村社区建设等相关内容的项目资金整合在一起，统一捆绑使用，明确“多个渠道进水，一个龙头出水”的资金使用方式，形成村庄发

展合力，实现 1+1>2 的聚合效果。

2. 推进宅基地使用制度改革

一是加大土地集体所有的政策宣传。针对当前农民宅基地私有观念根深蒂固的现状，采取多种形式加强相关土地法律法规的普及教育，让农户明白在集体所有制下，农民有使用宅基地的权利，更有合理利用的义务。二是各省尽快出台《农村宅基地“一户一宅”管理实施细则》。对“户”的内涵、“一户一宅”的法律责任和义务、旧宅基地处置等做出明确的界定，为地方落实“一户一宅”政策提供详细的、可操作的依据。三是各省尽快出台《农村宅基地使用权流转管理办法》。对宅基地使用权流转的原则和条件、审批程序、管理做出具体规范。四是创新农村宅基地跨集体经济组织使用制度。随着社会的发展，人口的流动与集聚的区域界线越来越模糊，生活基础的配置建设也需要一定规模的居住人口和一定范围的辐射区域。目前局限于本集体组织成员的宅基地使用制度不仅难以形成农村宅基地优化的动力，也不适应社会发展的需求，甚至可能制约农村发展。应创新农村宅基地跨集体经济组织使用制度，在为农村人口向中心村聚集及迁村并点发展新型农村社区提供农民住房用地保障的同时，也有利于提升农户对零星宅基地的退出动力。至于跨集体经济组织使用的范围有多大，可以在制度设计中，对本村、本乡、本县的农村人口有所区别（如本村可无偿获取“一户一宅”的宅基地，外村本乡的应交纳一定的使用费，外乡本县则交纳更多的使用费）。当然，针对目前开展取消城乡户口区别的户籍改革，如何界定农村宅基地获取资格，迫切需要对农村宅基地的使用主体进行同步研究。

3. 提高建筑质量，重视地域文化的传承

应树立千年村庄的建设理念。建房是百年基业，理应成为子孙后代的文化遗产。既要重视房屋建筑质量，确保抵御各种自然灾害的能力，也要重视排水系统等隐蔽基础设施的建设。在建筑风格上要体现当地的乡村文化特色，融合民俗风情。要科学地对待农村宅基地的改造工作。对于农村古、旧建筑物的拆除改造，要分门别类地区别对待，如族房、祠堂，通过科学评估，确实有保存价值的，要投入资金修复，再利用，而没有保存价值的危房，必须拆除。

（三）构建现代村庄社会治理机制，完善社会服务功能

1. 加强各类组织建设，推行社会治理主体的多元化

一要坚持基层党组织在农村社会治理中的主导作用。党管农村工作是我们党的一个传统和重大原则。要以基层党组织为核心，加强服务型基层党建，充分发挥党组织的战斗堡垒作用和党员先锋模范作用。二要加强基层群众自治组织建设。进一步规范选举，强化监督，推动基层民主政治建设，提升基层群众自治组织的自治能力。全面推进基层党务公开、政务公开、村务公开，保持农村党群、干群关系的和谐。三要积极培养和引导农村民间组织。包括维持社会运转的民间组织和为经济运行服务的各种专业中介服务组织，完善“公众参与”机制，科学处理好村基层组织与理事会的关系。四是正确引导乡贤的作用。乡贤是农村发展中一股不容忽视的力量，他们不仅能给村庄带来外面的先进理念，也能提供一定的建设资金支持，在社会治理中有着不容忽视的地位。

2. 加强支农政策的制度化建设，构建社会服务的长效机制

一是改变城乡二元思维模式，让农民享受与城市居民一样的公民权利。政府要真正承担起农村公共产品和公共服务供给的主体责任，对农村公共基础设施建设的政府投入制度化，加大财政对农村公共基础设施建设与日常维持的投入，改变“四处争取资金”的局面。二是加强村集体经济组织建设。强化集体经济，增强村庄自我管理的资金保障能力。三是树立以人为本的农村社区治理理念。对山区、零星村、人口相对少的村

撤村、并村，建设集行政管理、商业服务、教育培训、计生服务、文体活动、治安管理等于一体的农村社区。四是创新农村社区管理体制。完善农村社区的公共管理功能、社区自治功能、社区服务功能和文化组织功能；有效整合社区资源，推动社区居民参与社区的公共事务管理，实现农村公共产品的有效供给，并使社区治理直接处于社区居民的监督之下，从而增强农民对社区的认同感、归属感和责任感，共建美好和谐社区，满足居民日益增长的社会服务需求。

城里人到农村购地建房的条件尚不成熟*

近年来，围绕城里人能否到农村购地建房之争成为一个社会焦点。从各类公开的媒体反映，似乎赞成者的呼声要明显高于反对者的声音，并罗列出一系列优点：为乡村振兴注入资金，增加人气；盘活农村闲置的建设用地，提高农村建设用地的经济效益；满足城里人在农村养老的需求，促进乡村经济发展；有效增加住房供给，降低城市房价，等等。但是，调研却发现，绝大多数基层的管理者，特别是从事国土资源管理的县、乡具体业务人员认为，当前农村土地使用制度基本框架尚未完全构建，城里人农村购地建房的条件并不成熟，贸然全面放开城里人到农村购地建房的政策，弊大于利。

一、城里人农村购地建房的制度环境尚不健全的主要表现

与劳动力、资本要素流动不一样，土地作为不动产，其要素配置的实

* 本文曾刊发于《改革内参》2018 年第 40 期。

质就是使用制度的设置，且“牵一发而动全身”。任何一项土地使用制度的变化，都会影响劳动力、资本等其他要素的流动，甚至可能影响社会的稳定。现阶段允许城里人农村购地建房用地制度尚不健全的主要表现包括以下几点。

（一）农村土地规划与用途管制尚不完善

十八届三中全会明确指出，农村集体经营性建设用地同等入市，必须符合规划和用途管制的基本前提，现实却是有效的农村土地利用规划与相应的用途管制制度缺失。虽然随着新农村建设目标的提出，近十年来各地积极开展了村土地利用规划的探索，2017 年原国土资源部印发了《关于有序开展村土地利用规划编制工作的指导意见》，鼓励在有条件的地区开展村土地利用规划编制工作，但村土地利用规划总体上还处于起步阶段，其编制水平难以满足社会发展的需求。一方面，没有适宜“迁村并点”发展潮流的农村居民点体系规划。这种立足于现有自然村庄布局的村庄建设，无法形成公共基础设施配置所需要的人口与土地聚集规模，导致生活环境水平难以提高。一些只有几户人家的村庄的道路等基础设施的硬化反而可能成为实现农村生活现代化的负担，增加村庄后期复垦的成本。另一方面，又存在“千村一面”的规划现象，不能很好地针对各地独具特色的自然资源、区位条件与人文环境进行规划，导致规划的可操作性不强，缺乏生命力而难以发挥应有的调控作用。

（二）农村宅基地的福利性质并没改变

我国现行的限定身份、无偿使用的农村宅基地“一户一宅”使用制度，具有鲜明的身份性和福利性，在保障农民的基本居住条件，维持农村社会稳定方面具有特定的功能。在现阶段农村社会经济发展水平下，这种宅基地使用制度仍然是对农民居住权利的有效保护。若利用市场经济的调节手段，允许城里人在农村购地建房用，虽然可实现农村建设用地的经济效益，但极有可能冲击现行的农村宅基地使用制度，进而影响普遍农户的居住用地保障。面对现实中以投资为目的而人为炒房导致的城市高房价，农民不得不担心城里人农村购地建房的动机及其后果。

（三）农村宅基地流转机制远未形成

不可否认，流转是盘活农村闲置低效宅基地的必要手段，但科学的流转机制是实现农村宅基地流转的基本条件。目前的现实是农村根本没有构建好农村宅基地流转机制：谁是宅基地的流转主体？作为农村土地所有者的村集体经济组织，理应是流转主体，但目前的村集体经济组织根本担当不了这一责任。若由乡镇政府代为行使，不仅加重了基层政府的工作负担，更有可能影响村集体经济组织的利益。另外，城里人农村购地建房的用地价格如何评估？产生的经济收益如何分配与使用？如何再次流转？这些相关内容，都必须在村集体经济组织能够胜任流转决策主体角色的基础上进一步完善。

（四）存在催生新“闲置房”的可能

现实中已有一些杰出乡贤通过各种途径在农村建房，并因其建筑质量明显高于当地水平而成为明显地标建筑物，但也成为长年紧闭的新“闲置房”，加剧了宅基地的闲置程度。主人只是逢年过节回去住上几天，最多住上个把月，因为农村的医疗、交通等公共设施不如城市便利，他们的人际交往圈也主要在城市。事实上，日益发展的“民宿”产业已为城里人享受乡村自然风光的居住环境提供了机会。人们为什么选择花费几十万元在农村购地建房，而不愿选择“民宿”？除了“民宿”产业发展尚不健全外，主要还是置业投资心态作祟。因为他们心里也清楚，他们的子女不可能到农村来定居，自己也不可能真正长年居住于此，在潜意识中就是希望将来能在政府的征收补偿或再次流转中获得一定的经济回报，这在本质上与投资炒房区别不大。

(五) 对小产权房的治理提出新的挑战

我国对小产权房的定性和治理的决心是一贯坚定的。城镇居民购买小产权房,不仅侵占了农民的权利,更破坏了房地产市场的正常秩序。现阶段若允许城里人在农村购地建房,在一定程度上是对小产权房合法性的认可,这对于通过城镇房地产市场购房的广大消费者而言是极大的不公平,会对国家治理小产权房产生负面影响。

二、加快构建农村土地使用制度基本框架的思考

建立城乡统一的建设用地市场,实现农村集体建设用地与国有土地同价同权、同等入市,是我国土地使用改革的方向;打通土地、劳动力、资金等要素通道是推进乡村振兴,实现城乡融合发展的关键之举。加快构建农村土地使用制度基本框架,不仅是探索城里人能否在农村购地建房的前提条件,也是推进乡村振兴战略的内在需求。

(一) 加强村集体经济组织建设

深化农村土地使用制度改革,不能忽视作为所有者的农村集体经济组织主体作用。在近年来的“三块地”改革试点中,充分发挥村集体经济组织的主体作用是试点顺利推进的一个成功经验。如江西省余江县在宅基地改革中,充分尊重村集体经济组织是农村宅基地所有者的地位,明确“政府引导,村组主导,农民参与”的改革原则。通过加强村民事务理事会的建设来弥补村集体组织弱化的缺陷,余江县把村集体组织作为改革的运行主体,实行改革试点的“一村一案”。在不违背全县的改革纲领和相关规章制度的前提下,本村的宅基地分配方案、宅基地增值分配方案、宅基地有偿使用的起征面积与标准等具体改革内容均由各村自行制定。改

革开放以来，我国的村集体经济组织建设不仅没有随着社会经济的发展而加强，反而呈现出日益弱化的明显趋势。“无资产、无资本、无资金”的村集体经济组织现状很是普遍，大部分村集体没有能力行使农村土地使用制度改革的主体作用。因此，必须加强村集体经济组织建设，使之能满足深化农村土地使用制度改革的需要。

（二）全面推进村土地利用规划的编制

村土地利用规划是统筹区域基础设施建设与产业布局、居民点体系建设的“蓝图”，是土地使用制度改革中优化土地利用结构的依据，也是国家对土地利用进行宏观调控的必要手段。应尽快改变当前村土地利用规划滞后于社会需求的现状，全面推进村土地利用规划编制。首先要针对生活基础设施配套的人口聚集规模内在需求的“迁村并点”发展潮流，遵循区位差、自然资源禀赋低、居住人口少、自然村庄消亡的客观规律，由基层政府组织区域居民点布局体系用地规划，既要考虑现有的村级组织基础与历史延续，更要考虑生活公共设施共享的需求。然后在区域居民点布局体系规划的基础上，通过科学的公众参与机制，充分吸纳广大村民参与，编制出切合实际的、可操作性强的村庄建设的用地规划，并相应制定适合于当地需要的用途管制制度。

（三）构建农村建设用地节约集约机制

造成“随着城镇化的推进，农村居住人口的减少，农村宅基地不减反增”现象最主要的原因，就是缺乏有效的农村建设用地节约集约机制。本质上也是农村土地使用基本框架的不健全，才导致低效、闲置的农村建设用地日益增加。因此，应通过构建农村建设用地节约集约机制，提升节约集约利用水平。一是尽快出台“农村宅基地‘一户一宅’管理实施细则”。要通过“一户一宅”实施细则的贯彻落实，在制度上消除“建新不拆旧”“一户多宅”的现象。二是要建立农村宅基地有偿退出机制。对于已在城镇拥有稳定收入和固定住所的农户，应通过给予一定的经济补偿，鼓励其退出农村闲置的宅基地。三是要构建农村宅基地流转机制。对于“一户多宅”或闲置宅基地，应通过流转进行盘活，至于流转方式、产生的收益分配及其使用，则应在村集体经济组织的主导下通过村民讨论形成具体的方案。

（四）加快小产权房的治理进度

小产权房的治理是实现“建立城乡统一的建设用地市场”改革目标绕不过去的槛，也是当前开展农村集体经营性建设用地入市改革试点面临的一个敏感话题。“长痛不如短痛”，国家应下定决心，根据不同小产权房的形成背景及其负面影响的不同程度，分类治理，尽早消除这个“建立城乡统一的建设用地市场”改革路上的障碍。

从媒体上看，一些“城里人农村购地建房”的呼吁者，主要是基于对“农民把地和房都卖了，没地方住，还可能拿着卖地的钱去赌博了”的反驳。实际上，这只是个案而不是本质原因。农民是理性的社会人，政府不能也没有能力对农民的生活大包大揽。当农村土地使用基本框架已经构建，城乡要素流通的制度环境已经完备，城里人农村购地建房也许就能“水到渠成”。需要强调的是，城市其他社会资本对乡村振兴的注入，也需要乡村用地的保障，同样离不开完备的农村土地使用制度基本框架。只不过因为城里人农村购地建房会引发很大的连锁反应，才引起了人们的广泛关注，成为一个社会讨论的热点。

承包地是否调整应尊重村民意愿*

——基于“增人不增地，减人不减地”政策的基层调查

自1993年中央提出“增人不增地，减人不减地”政策后，各地基本上严格执行了这一政策。当然，也有一些地方根据村民的祈求与实际情况，采取村民大会的形式，进行了一定程度的承包权调整，包括“大稳定，小调整”和“三年一小调，五年一大调”。但在农村调研中，发现基层对于目前“增人不增地，减人不减地”政策持有不同意见，认为与社会的实际需求存在较大差距，“有田不愿种、有田无力种、有人无田种”的问题日益突出。

一、“增人不增地，减人不减地”政策的主要不足

一是加深了农户土地私有化的误解。不少地方自第一轮土地承包以来，当初分到了承包地的人们一直保持不变，在人们心里形成了承包地私有的观念。一方面，公益事业要占用承包地的协调难度很大，即使在高标准农田建设等农田整治的公益工程项目中，常常因沟渠道路占用不同农户家的承包地而出现阻工现象，导致有些工程不得不改变布局设计，使整

* 本文曾刊发于《土地科学动态》2018年第1期，参加调研工作的还有廖彩荣。

治工程效果大打折扣;另一方面,个别农户在自家承包地挖鱼塘,种果树,甚至建房和葬坟。

二是加剧了土地的闲置和粗放利用。一方面,常出现"无主"土地,老人去世、举家外迁等情况造成承包经营户缺失或难以找到承包户。A 县在一个农田整治项目实施中,就因为项目区内有 1～2 块地的承包户长期外出打工难以联系而影响了施工时间;另一方面,由于耕地经营的经济效益很低,且耕地经营收入在家族收入的比重日益降低,常常出现抛荒现象。

三是有失社会公平,不利于农村和谐稳定。"不患寡而患不均",公平是我国农村一项传统的基本社会准则。当初土地承包分配时,为了实现绝对公平,不惜把适宜机械化操作的田块细碎化,每家每户都同时分配到不同耕地质量、不同耕种条件的田块。"增人不增地,减人不减地"政策极大地冲击着农村的公平价值观,同样是村集体组织成员,为什么不能享受耕地承包权? X 县一个村支书曾给我们讲述一个真实的事例:第一次分田时,有两户家庭分别为 5 人和 8 人。20 多年过去了,原来 5 人的家庭发展成 17 人,而 8 人的家庭,女儿出嫁,老人过世,最后绝户了。其家庭承包地成了亲戚争夺的对象,原 5 人家庭却因承包地难以满足基本生活需求而不断找村委评理。

四是消减了村集体组织的权威,影响了村集体组织作用的发挥。土地是村集体经济组织最大的财富,也是最大的资源。"'增人不增地,减人不减地'就像'一锤子买卖',地分了,村集体经济组织也就失去了工作抓手",曾有村干部这样报怨。事实上,也确实存在这种现象。村集体手上由于没有掌握任何资源而逐渐失去权威,难以发挥村集体组织应有的作用。特别是在经济相对落后的地区,由于缺失其他的集体经济支撑,自土地承包后,村集体经济组织建设日益弱化。"无资产、无资本、无资金"的村集体经济组织已成为普遍现象，并在一定程度上出现了村干部老龄化的问题。这已成为制约乡村振兴战略实施的一个主要瓶颈。

五是“离村不弃地”现象引发群众不满。农村第一轮土地承包为20世纪80年代初期，农村土地承包权的取得是基于农村集体成员身份的认定，而身份认定一般是以是否有村内户籍为标准的。因此各村庄普遍都存在一个问题，即外出务工、举家迁移、升学、择业等长期不居住本村的人，仍然长期占有土地，甚至一些已是国家干部的城里人，还保留着农村的一份承包地。“他们享受着城里人的种种社会福利，人们要耕种他们在农村保留的承包地，却还要向他们支付租金，这种新的‘农村支持城市’的形式，明显与中央的政策精神不符。”加之自2004年以来农业补贴等惠农政策均以土地承包为依据，土地流转租金收益也与土地承包数直接挂钩，不少村民对这种“不在村‘地主’现象”很不理解，他们不用劳动却能从越来越高的土地收益中获得更多的财富。而长期在本村居住的嫁入媳妇、新生人口等却没有机会获得承包地，缺少土地这一传统上农村最根本的社会保障。

六是为耕地的监管带来了不便。由于承包地分配之初，农户需要按面积交纳农业税等费用，而不同地段耕地的生产力不同，产量有高有低。为了确保纳税计算面积的相对公平，各地基本上采取依产量估算承包面积的方式，质量差的承包地计算面积要比实际面积小，并历次沿袭下来。但在土地确权中，对耕地进行了实地测量并按实际面积登记确权，从而导致农户的确权登记面积与承包地面积不一致的情况。调研发现，农户确权登记面积要比承包地面积多15%～20%，这为耕地的监管埋下了隐患。

二、完善承包地调整的对策思考

（一）尊重地方意愿，遵循村民自治

推行“增人不增地，减人不减地”政策，是国家保持土地承包关系稳定的具体要求，其目的是通过稳定而长期的耕地承包关系提高农户对耕地的珍惜程度，促进农民投入更多的资金、资源，引导农民采用生物农药、农家肥等方式耕种土地，减少化肥的使用，从而对耕地进行更多的保护利用，形成更加长期的流转关系，以利于农业的稳定发展。然而，事实却是我国耕地质量保护形势日益严峻，据报道，1980—2015 年我国粮食单产水平提高了 56%，而化肥投入量增长了 225%。我们在为用占全球 8% 左右的耕地面积养活全球超过 21%人口而骄傲的同时，不得不面对消耗了全球化肥总量三分之一的现实。耕地流转还是以短期为主且流转率难以提高，这说明承包权是否稳定并不是制约我国耕地可持续利用的最主要因素。

农村税费改革后，农业税的取消使承包地的资产价值更加凸显，占有土地就有潜在的或者现实的经济利益，人们对是否能分得承包地更加在乎。从实现需求来看，在农村社会保障体系尚未完全构建之前，承包地对农户的最基本生存保障功能未能得到替代的时候，必须充分考虑农民对集体土地的成员权及其基本保障提出的“人人有份，人人有饭”诉求，尊重地方创造，遵循村民自治。允许各地在严格执行村民自治程序基础上，对承包地进行小调整，包括“大稳定，小调整”“三年一小调，五年一大调”的方式，或将农民的承包权转化为股份，土地则统一经营或流转，农民根据股份获取相应收益。调研中发现，“大稳定，小调整”有利于稳定生产与社

会的安定，缓冲新增人口无地带来的矛盾，但会加剧耕地的细碎化程度。而“三年一小调，五年一大调”，工作量大，需要强有力的村集体组织。从现代农业适度规模经营的内在需求看，将农民的承包权转化为股份的“股份化”应是一个鼓励方向。

（二）构建农村土地承包经营权退出机制

国家对农村土地承包经营权退出有相关文件的要求，如《中共中央关于制定国民经济和社会发展第十三个五年规划的建议》明确要求，“维护进城落户农民土地承包权、宅基地使用权、集体收益分配权，支持引导其依法自愿有偿转让上述权益”。2015 年 11 月中共中央办公厅、国务院办公厅印发的《深化农村改革综合性实施方案》提出“在有条件的地方开展农民土地承包经营权有偿退出试点”。2016 年《国务院关于实施支持农业转移人口市民化若干财政政策的通知》要求，逐步建立进城落户农民在农村的相关权益退出机制，积极引导和支持进城落户农民依法自愿有偿转让相关权益。构建农村土地承包经营权退出机制，不仅有利于促进农业适度规模经营，推进农业现代化，也有利于加快农业转移人口市民化的步伐。

因此，应构建农村土地承包经营权退出机制，制定相关政策分类指导农村土地承包经营权的退出。比如：对于死亡的人员，已落户城镇的人员，特别是已纳入城市社会保障体系的国家公务员、企事业单位的工作人员，以及因结婚或其他原因已迁出本村集体经济组织并在迁入地享受了农村土地承包经营权的农村人口，应明确要求其退出农村土地承包经营权；对于长年外出务工经商，并在城镇有固定居住场所和稳定收入非落户城镇的人员，应鼓励其有偿退出农村土地承包经营权，至于如何有偿，政府应做出原则性规定，具体操作办法则可由村民自治组织协商确定。

（三）鼓励以促进规模经营为目的的“确权确股不确地”

《关于全面深化农村改革加快推进农业现代化的若干意见》(2014年中央一号文件)，明确提出“抓紧抓实农村土地承包经营权确权登记颁证工作，充分依靠农民群众自主协商解决工作中遇到的矛盾和问题，可以确权确地，也可以确权确股不确地”。从理论上看，“确权确股不确地”属于“内公外私”双重合约的制度设置，即在集体组织内部，耕地经营权是每户共同拥有的公权，但对外村集体组织却作为一个私有主体，符合我国农村集体经济所有制的要求。

“确权确股不确地”是随着高标准农田建设等农田整治工程的推进，为了避免整治后的标准农田的再次细碎化而提出的创新举措，并表现出强大的生命力：一是坚持了以家庭联产承包为主的责任制、统分结合的双层经营体制作为我国乡村集体经济组织的一项基本制度。“确权确股不确地”是在继承耕地所有权与承包经营权分离的家庭承包经营责任制的基础上，进一步对承包经营权进行承包权和经营权的分离。耕地所有权归村小组所有，承包权归村小组成员所有，而经营权才可以进行流转。各农户耕地承包权的经济体现通过村小组的统筹进行分配，增强了农民对村集体经济组织的认可，也强化了村民对农村土地集体所有的观念。二是为现代农业发展所需的土地生产条件建设提供了机会，有利于解决家庭承包责任制分散承包与现代农业规模经营之间的矛盾。“确权确股不确地”的家庭承包责任制并没有把具体田块落实到各家各户，不仅实现了集中连片，而且为完善农田基础设施创造了条件：开展农田道路、灌排系统等农田基础设施建设，不会涉及具体农户家庭承包责任田的占用问题，也就避免了因占用某农户家的耕地而影响农田基本建设的现象(这种现象已成为现阶段广大农村改善农田基础设施的普遍问题)。三是促进了耕地资源的有效管理。能够在根本上杜绝农户在自家承包地上违法建房和葬坟的现象，进而强化土地利用的规划用途管制，实现农村土地资源管理从“被动整治”变为“主动遵循”。当然，为了确保各承包户的利益不受损，“确权确股不确地”只能限定于以促进规模经营为目的的情况，且具备村集体组织能力强、配套管理制度建设完善、具有现代农业经营主体、实施了土地整治等外部条件。

耕地占补应坚持“以质抵量”的产能平衡*

《关于改进管理方式切实落实耕地占补平衡的通知》(国土资规〔2017〕13 号),提出“按照补改结合的原则,实行耕地数量、粮食产能和水田面积 3 类指标核销制落实占补平衡”,通过“三库一平台”(数量库、粮食产能库、水田库和管理平台)、“算大帐”形式,强化县(市、区)政府的耕地占补平衡管理,即要同时实现耕地数量、粮食产能和水田的占补平衡。这种极其严格的耕地占补平衡落实要求,能彻底改变“占优补劣”的突出问题,但也存在一定的潜在危害,其可操作性值得商榷。耕地占补平衡还是应坚持“以质抵量”的产能平衡。

我国正步入城镇化、工业化的快速阶段,各项建设不可避免地要占用一定的耕地资源。耕地作为稀缺资源,并不能随意“创造”,就像稀土矿一样,总不能要求矿主开采一吨稀土,就要补充一吨稀土资源。要长久实现耕地占补的数量平衡在理论上就是一个伪命题。“上有政策,下有对策”,为了争取新增建设用地的顺利报批,完成耕地占补平衡的数量要求,地方就会千方百计地去增加耕地数量,从而导致违背生态规律的土地开发行为难以避免。而推行“以质抵量”的产能平衡,有其严谨的科学性支撑,不

* 本文曾刊发于《土地科学动态》2018 年第 1 期。

仅可以有效地控制耕地的开发行为，而且能促进地方加大耕地的质量建设力度，策应着新时代的质量兴农战略。

一是符合耕地占补平衡政策的本质要求。耕地占补平衡政策是针对我国人多地少，人均耕地占有低的基本国情，按照“占多少，补多少”的原则，要求非农建设单位或个人，补充与所占耕地生产能力相当的耕地，以维持全国耕地农产品生产能力的平衡，实现“确保谷物基本自给，口粮绝对安全”战略目标。耕地占补平衡的实质就是耕地农产品生产能力的平衡，即产能平衡。在具体的运用中，建设占用耕地的产能由耕地数量和单位面积产能组成，即占用相同数量的耕地，需要补充的产能还取决于耕地质量（单位面积产能），这样能促使建设单位少占耕地且尽量不占优质良田。而在耕地产能补充方面，同样由实施提质改造的耕地数量和单位面积产能提升额度组成，开展提质改造的耕地面积越多，产能提升额度越大，其产能补充量就越大，这样能促进地方政府加大耕地提质改造的力度。当然，“以质抵量”的产能平衡并不排斥合理的耕地开发，但若开发出的耕地质量差，其能用于占补的产能很低，就失去了开发价值。

二是符合实施藏粮于地的战略需求。藏粮于地、藏粮于技是现阶段确保国家粮食安全，把中国人的饭碗牢牢端在自己手中的战略选择。其中藏粮于地是面对国际粮食价格的冲击、国内外市场粮价倒挂的宏观环境，确保耕地生产能力的新思路。国家适时提出耕地轮作休耕制度，耕地的粮食生产能力还在，并且土地休耕后还可提高地力，让农田休养生息就等于把粮食生产能力储存在土地中。实际上，农村也确实存在耕地抛荒的普遍现象。难怪基层国土人员把耕地开发归纳为一件“农民不解、部门责备”的难事：农民不理解，为什么现在好的耕地都没有人耕种，还要开发那些耕作条件更差的耕地？林业部门、水利部门也常常指责国土部门有“毁林造田、围滩造地”破坏生态之嫌，的确，如何落实新开发耕地的耕作主体,也成为基层政府的一件难事。而推行“以质抵量”的产能平衡,则把耕地补充内容放在对现有耕地的提质改造上,而不鼓励对未利用土地的开发利用,这符合国家当前实施藏粮于地的战略需求。

三是符合生态文明建设的内在需求。生态文明建设的核心就是形成人与自然和谐发展,共生共荣。良好的耕地生态系统是维持生产、生态、社会等基本功能的前提,不仅要为人们提供健康安全的农产品,还要为社会提供丰富的农田耕作传统文化、开放空间、农村独特景观、生物栖息、空气与地下水的净化等功能,因此,耕地的生态保护才是耕地保护的核心。而良好的生态系统必须依赖于系统的生物多样性(包括动物、植物、微生物),这是因为生物多样性是生态系统中能量循环和物质转换的基础,耕地生产能力的自我恢复能力依赖于系统内生物种群之间物质与能量转换途径及频度的调整。耕地生态系统生物多样性的维持,又必须建立在区域景观格局的异质性上,应保留一定面积的坑塘水面和林地、草地等非耕地,从而给青蛙、蚯蚓等生物留有栖身之地,以及化肥农药使用时的逃生通道和避难场所。而在追求新增耕地面积的目标导向下,人们往往把区域内的零星坑塘水面和林地、草地等非耕地都开发成了耕地,在改变区域用地类型的异质性的同时,破坏了局部小气候环境,影响生物多样性。而“以质抵量”的产能平衡,则可有效地抑制对新增耕地数量的过分追求,既能减少农田整理中对坑塘水面等非耕地的开发,也可以减少不符合生态规律的未利用土地的盲目开发,从而促进人与自然和谐共处,推进生态文明建设。

四是不会动摇我国耕地数量的根基。确保一定数量的耕地面积是保障国家粮食安全的根本。那么,取消了耕地占补的数量平衡要求,单纯的“以质抵量”会不会动摇我国耕地数量的根基?事实上这种担忧是多余的。这是因为,我国已建立了一个完整的耕地保护政策体系,其中永久基本农田制度是核心政策，并在此基础上，还要加快划定和建设粮食生产功能区、重要农产品生产保护区，这才是确保我国耕地数量的“压舱石”。我国对永久基本农田制定了一系列具体保护措施，实行特殊保护制度，并执行严格的等量补划要求。比如《关于加强耕地保护和改进占补平衡的意见》(中发〔2017〕4 号)明确规定：严禁通过擅自调整县乡土地利用总体规划，规避占用永久基本农田的审批；明确一般建设项目不得占用永久基本农田，重大建设项目选址确实难以避让永久基本农田的，在可行性研究阶段，必须对占用的必要性、合理性和补划方案的可行性进行严格论证，通过国土资源部用地预审，农用地转用和土地征收依法依规报国务院批准；对永久基本农田占用，项目建设单位应按照当地耕地开垦费最高标准的两倍交纳。目前全国已经划定了永久基本农田 15.5 亿亩，并全部落到实地地块，明确了保护责任，实现了上图入库。这 15.5 亿亩永久基本农田已为确保我国耕地基本数量提供了坚实的保障，“以质抵量”的产能平衡丝毫撼动不了这个基础。

五是有利于推进乡村振兴。“以质抵量”的产能平衡，能够夯实农业地区的生产基础，并获得资金支持，推进乡村振兴。一方面，可有效地引导各地耕地补充工作的重心从追求新增耕地数量转向对现有耕地的提质改造上，加快中低产田改造、高标准农田建设。这与我国新时代提出的“大规模推进农村土地整治和高标准农田建设，稳步提升耕地质量”的战略选择相互策应，进而改善农业生产条件，促进产业兴旺。另一方面，通过高标准农田建设实现的耕地新增产能可以跨区域调剂指标，其获得的经济收益可用于支持农村社会经济发展，从而为乡村振兴注入财力支撑。

农村新业态新产业用地保障的思考*

产业兴旺是乡村振兴的重点与基础，产业兴才能乡村兴，经济强才能人气旺，而乡村旅游、休闲农业、农村电商等新产业新业态是实现产业兴旺的重要支撑。因此，如何适应新产业新业态的发展需求，为农村一、二、三产业融合发展提供用地保障，是新时代创新农村产业用地政策的当务之急。下面是在“农村新业态新产业用地保障”专题调研的基础上，形成的六点思考。

一、科学界定农村新产业新业态的内涵与分类，并加强规划引导

虽然农村新产业新业态是现阶段的一个热词，但调研中发现人们很难明确什么是新产业，什么是新业态，目前新产业新业态的概念及内涵尚未有一个清晰的界定。依据《辞海》，产业是指由利益相互联系的、具有不同分工的、由各个相关行业所组成的业态总称，显然，产业是一个由众多

* 本文曾刊发于《土地科学动态》2018 年第 2 期。

业态组成的集合体,业态只是产业的一个组成成分。习惯上媒体大量报道的“休闲农业”“乡村旅游”和“农村电商”应属于农村新产业,而农业观光采摘园、农业科技游、民俗风情游、古民居和古宅院游、农家乐、农业博览园、民宿、乡村酒店等就应是休闲农业或乡村旅游新产业中的新业态。但又该如何划分休闲农业和乡村旅游?还是应把休闲农业和乡村旅游合并为同一类新产业?因此,相关部门应对当前农村新产业新业态有一个明确的界定与分类,并根据各类新产业新业态的特征提出相应的用地保障需求。国土部门则针对各类新产业新业态的特征,分类规定用地标准和用地保障方式。另外,各地应根据市场发展预测,结合区域资源禀赋、区位条件,在完成农村居民点体系规划的基础上,科学制定本地的新产业新业态发展规划,引导其健康发展,从而避免各类新业态的遍地开花和无序恶性竞争,确保用地的利用效益。调研中,我们发现个别地方借发展新产业新业态之名,建设一些形象工程,只是一个赶时髦的“盆景”项目,实际效益很低,也是一种土地资源粗放低效利用的形式。

二、农村新业态新产业的用地保障制度创新应坚持“两个最严格”

“坚持最严格的耕地保护制度,实行最严格的节约用地制度”是我国土地管理的基本要求,在农村新业态新产业的用地保障制度创新中,同样应坚持这“两个最严格”。当前我国农村建设用地粗放利用的状态日益加剧,已成为农村土地资源管理中的一项迫切需要解决的任务,应利用新业态新产业的发展机遇,扭转这一局面,不断提高农村建设用地的集约节约利用水平。因此,新业态新产业发展的建设用地需求立足于现有建设用地的挖潜，坚持建设用地总量不突破的原则，鼓励采用“增减挂钩”的思路，解决建设用地的区位问题。但涉及耕地的占补，必须严格按新时代的占补政策执行，即数量、质量、生态的全方位占补，确保耕地保护国策得到贯彻。调研中发现，在“增减挂钩”试点工作中，不少地方对于耕地的占补完全停留在数量的平衡上，一些复垦的是房前屋后的星零地块，甚至是“开天窗”（四周都是房屋），只能适用于庭菜地，而新增建设用地占用的耕地以良田为主。另一方面，对于临时建设用地或农业设施用地，则应尽量不破坏耕作层，少使用水泥硬化，以保留耕地生产的基本功能。调研中我们发现有些做法值得推广：不直接在地面上建设，而是利用几根支撑架空建设，保留着耕地现状，或者用砖块覆盖。这样只要拆除框架以上的构筑物或砖块就可完全恢复成原有的耕地。因此，我们不仅要推广节地技术，也要鼓励采用耕地保护技巧。

三、完善土地用途管制制度，推进村土地利用规划

农村新业态新产业用地具有明显的功能复合性和一、二、三产业的融合性，如休闲农业、乡村旅游把服务业和农业进行了融合，农村电商则把服务业、农产品加工业、农业进行了融合，“农家乐”则包含了民宿、餐饮、农业观光游等多个业态，我国现行的土地利用规划中制定的土地用途分类体系无法适应这些要求。一方面，目前土地用途分类体系主要基于传统的一、二、三产业分类体系，没有考虑土地利用的复合性；另一方面，农村新业态新产业具有明显的地域性特征，全国统一的土地用途分类体系满足不了各地千差万别的新业态新产业用地需求。所以，应改革现行的土地利用规划用途分类体系。首先要体现层次性，土地利用规划越高，分

类越粗，层次越低，分类越细。根据国家级、省(自治区、直辖市)级、市(地区)级、县级、乡(镇)级、村级土地利用规划，土地利用规划用途分类从宏观到微观，从系统到具体。其次要体现地域性，应允许乡(镇)级、村级土地利用规划在国家统一的用途分类体系中进行合并或进一步细分，并制定相应的用途管制规则。因此，应根据《国土资源部、国家发展改革委关于深入推进农业供给侧结构性改革做好农村产业融合发展用地保障工作的通知》(国土资规〔2017〕12 号)，尽快推进村土地利用规划。通过村级规划的编制，因地制宜地确定当地的土地用途体系及其用途管制规则，统筹农业农村各项土地利用活动。

四、加强土地利用的风险评估，强化土地利用监管

实施乡村振兴战略，是新时代“三农”工作的总抓手，乡村振兴既是一场攻坚战，更是一场持久战。乡村振兴提出的“产业兴旺、生态宜居、乡风文明、治理有效、生活富裕”的总要求，是一个有机整体。在为农村新产业新业态发展创新用地制度，促进产业兴旺的同时，应与乡村振兴战略的总目标保持一致，有利于实现其他四个目标。因此，应结合生态文明建设的要求，加强农村新产业新业态发展中土地利用的风险评估和土地利用监管，不仅包括生态风险，也应包括对区域耕地生产基本功能损害的风险，还应包括对传统建筑与文化的破坏风险。如开在现代农业园中的大型餐饮，这种曾经在沿海地区流行过一段时间的业态，由于对周边农村环境的影响而纷纷取消，如今却在内地部分地方悄悄兴起，这类业态必须避免生活污水的直接排放而污染农田。而乡土文化是乡村的灵魂，在新产业新业态发展的用地配置上，应注重对当地农村原生态乡土文化的保护、挖

掘、继承与创新，包括具有历史价值、地域风情的各类建筑物、构筑物，以及丰富的农耕文化，从而留住乡愁。

五、加快农村土地使用制度的改革步伐，规范用地行为

之所以当前农村新产业新业态发展用地保障是一个社会关注的问题，是因为现行农村土地使用制度难以适应实际的需求，地方国土管理部门迫于没有供地的具体政策依据，“依法用地难度大”，急需进行改革与创新。比如开办小型的农产品加工坊从事电商，其用地属性为经营性建设用地，但又保留集体用地的产权，这就涉及当前的农村“三块地”改革中的经营性集体建设用地入市问题；而利用自身的宅基地开展和发展“农家乐”及“民宿”，包含住宿、餐饮、停车场等旅游接待服务，既涉及经营性集体建设用地管理，也涉及宅基地的超标使用问题，类似的情况很多。尽管国土资规〔2017〕12 号，针对农村一、二、三产业融合发展的用地保障，明确了要安排一定比例年度土地利用计划，专项支持农村新产业、新业态和产业融合发展。但相对于复杂的现实需求，其可操作性并不强，比如涉及永久基本农田保护区的农业设施用地如何安排？因此，应进一步加快农村土地使用制度的改革步伐，形成相应的农村土地使用制度，从而为农村新产业新业态发展用地的供给提供政策依据。

六、土地整治是提升农村新业态新产业用地保障能力的重要抓手

土地整治作为改善土地生产条件和生态环境、优化土地利用结构的工程技术措施，同样在提升土地要素对农村新业态新产业用地的保障能力上具有积极的作用。实践也充分证明，土地整治在保障农村新业态新产业用地中表现出强大的生命力。如瑞金市叶坪乡，2014 年以来先后实施了 16 个土地整治项目，农田整治、村庄整治综合推进，承包地经营权整片流转，为新业态新产业发展提供了强有力的用地保障，建成了 4000 亩供港蔬菜基地，3000 亩大棚蔬菜基地，2000 亩优质稻生产供应基地，1100 亩生态观光园及农业体验园，组建了江西省第一家农村合作联社，形成了“公司＋合作社＋基地＋农户”的现代农业发展模式；赣县通过土地整治项目实施，不仅彻底解决了发展甜叶菊产业的用地保障，还结合环境整治，打造了集摄影观光、民俗旅游、果蔬采摘等为一体的乡村生态旅游产业；于都县梓山镇利用土地整治项目，打造出了一个集蔬菜科技产业园、农事体验、休闲度假、观光旅游为一体的田园综合体。总结各地的实践探索，要提高土地整治对农村新业态新产业用地的保障能力，必须做到以下几个结合：一是土地整治的规划设计应与产业发展需求相结合。由于新业态新产业有其自身的用地需求，在土地整治规划设计时应充分考虑其具体要求。为此，一些地方提出，针对不少现代农业企业结合产业自身要求开展的土地生产环境建设，也应列入土地整治范围，采取“先建后奖”形式给予奖励。二是土地整治一定要与经营权流转相结合。适度规模经营是现代农业生产的客观要求，也是生产力发展的经济社会规律，必须通过

经营权流转来解决家庭承包责任制分散承包与现代农业适度规模经营的矛盾。不少地方在土地整治项目实施后采取“确权确股不确地”方式，实现了经营权的集中流转，既维护了农民的土地权益，又推进了农业现代化、集约化、规模化发展。三是工程整治措施与配套政策的创新相结合。土地整治对农村新业态新产业用地的保障，不仅仅是工程技术问题，还是一个制度创新的问题，特别是如何充分调动众多农户参与土地整治的积极性，以及构建项目实施的长效机制，应作为土地整治实践中重点要解决的任务。

宅基地制度改革须处理好五对关系*

改革宅基地制度，建设“生态宜居”的现代化农村，不仅仅是让农民“安居乐业”的朴实需求，也是实现乡村振兴战略的内在要求。而宅基地制度改革是一项复杂的系统工程，涉及村民的基本居住保障、土地资产盘活与利益分配、人口的聚集与村庄布局调整、生活基础设施的配置建设等等诸多内容，在具体改革创新中，必须抓住关键所在，科学处理好核心问题。下面主要结合江西省余江县的宅基地改革调研，阐述几个观点。

一、“迁村并点”与创新宅基地跨集体经济组织使用

“迁村并点”是农村社会经济发展的必然趋势。随着社会的发展与技术的进步，特别是交通条件的改善，农村生产半径迅速增大，社会分工协作的范围不断扩大。农民生计的分化导致农业生产已不再是农村社会的最主要功能，子女教育、非农就业环境、医疗保障等社会服务成为农村社会的需求。生活基础设施配套的人口聚集规模内在需求，导致“迁村并

* 本文曾刊发于《土地科学动态》2018 年第 2 期。

点”已成为当前农村社会发展一个潮流，传统的“沿路而建、临水而居、依田而住”散乱的农村宅基地布局已不利于现代的发展。在宅基地制度改革中，必须顺应“迁村并点”的发展潮流，重视区域层面的土地利用结构优化。调研中发现，一些自然村在前些年的新农村建设中推行了“三改（改水、改厕、改路）”，但由于居住人口不断减少，逐渐成为“空心村”，硬化的道路反而增加了拆旧成本。因此，应通过区域农村居民点体系规划，明确不同类型、不同层次的居民点布点，确定区域配套公共服务设施、基础设施、产业发展与分工协作、生态环境保护，甚至包括历史文化的传承与保护，从而为“迁村并点”提供依据。

“迁村并点”必然涉及宅基地跨集体经济组织使用。现行宅基地仅限于“本村集体经济组织成员使用”的规定已成为“迁村并点”的制度约束，因此，应创新宅基地跨集体经济组织使用，清除“迁村并点”中的农户建房用地障碍。至于跨集体经济组织使用的范围有多大，可以在制度设计中，对本村、本乡、本县的农村人口有所区别（如本村可无偿获取“一户一宅”的宅基地，外村本乡的应交纳一定的使用费，外乡本县则交纳更多的使用费。调研中也发现，已有一些地方，通过村理事会讨论，采取差别化的有偿使用方式吸纳外村人入住以形成人口聚集规模，成了美丽乡村建设的成功典范）。当然，针对取消城乡户口区别的户籍改革，如何界定农村宅基地获取资格，则需要对农村宅基地的使用主体进行同步研究。

二、政策引导与村民自治

宅基地使用是一个涉及面很广，社会敏感度很高的事情，既需要在基本原则上做出严格的刚性要求，也应在具体执行时体现不同的地域特色，尊重当地的民俗民风和村民自治，客观上要求“刚性”与“弹性”的有机结合。江西省余江县宅基地改革中取得的一项成功经验就是实行“政府引导，村组主导，农民参与”的工作机制，从而确保了工作的顺利推进。“政府引导”是地方政府作为引导者，主要职责是确定试点总体方案，制定相关政策制度，明确“集体性质、村为基础，户有所居、取退有偿，严格规划、坚持标准，只做减法、不做加法（宅基地用地面积只减不增），公平公正、利国利民”的改革纲领；“村组主导”是坚持村民自治原则，把村集体组织（村小组）作为改革的运行主体，由村民事务理事会主导宅基地管理议事机制、民主监督机制、财产管理机制、服务群众机制和调处矛盾纠纷机制，实行改革试点的“一村一案”，本村的宅基地分配方案、宅基地增值分配方案、宅基地有偿使用的起征面积与标准等具体改革内容均由村民事务理事会制定；“农民参与”就是充分尊重村民的主人翁地位，保障农民的宅基地权益，各村改革试点方案中的每项内容都必须广泛征求群众的意见，并经过村民会议或村民代表会议讨论决定。

调研中，对于有着传统习俗的“落叶归根”“解甲归田”的乡贤回乡，能否为其提供宅基地使用权，一直是困扰各地农村土地管理的“合情不合法”难题。由于他们的户口已迁离农村，在现行的法律规定下，不能拥有宅基地，但他们退休回到自己出生的家乡，很多还曾经为家乡的建设做出过贡献，情理上应有居住的地方。现在这一难题有望破解，随着国家对宅基地所有权、资格权、使用权“三权分置”改革方向的明确，这些具有城镇户口的乡贤，虽然没有宅基地的资格权，但可获得使用权。至于哪些乡贤可获得宅基地使用权，具体该如何获得使用权，则可根据村民自治的形式集体讨论决定，这就是政策引导与村民自治有机结合的好处。

三、福利保障与宅基地的资产化

我国现行的限定身份、无偿使用的农村宅基地取得制度，具有鲜明的身份性和福利性，在保障农民的基本居住条件、维持农村社会稳定方面具有特定的功能。在现阶段农村社会经济发展水平下，当前的宅基地取得制度仍然是对农民居住权利的有效保护。然而，这种无偿使用并不利于促进土地资源的节约集约利用，更不利于宅基地的资产化，特别是不利于实现"慎重稳妥探索农民住房财产权抵押担保中宅基地用益物权的实现方式和途径"的改革目标。在本质上，这就是宅基地利用中的"公平"与"效率"的冲突。

那么，如何在宅基地改革中协调"公平"与"效率"的关系？一方面，要强调"公平"取得与占有。公平取得就是坚持同一身份的人群，取得宅基地的过程应一致；公平占有就是占用的宅基地资源数量应一致。从理论上看，我国已明确了"一户一宅、面积法定"宅基地使用基本原则，为宅基地利用"公平"与"效率"的协调提供了依据。但由于"农村宅基地'一户一宅'管理实施细则"的缺失，"一户一宅、面积法定"政策不具可操作性。如何界定"户"？农户通过接受赠予、合法继承、合法购买房屋取得的宅基地，造成的"一户多宅"，该如何处理？建新不拆旧的农户如何处置？旧宅基地又该如何处置？特别是多占宅基地的留置成本几乎为零，在一定程度上也加剧了"一户多宅"现象。另一方面，要鼓励有偿流转，盘活低效闲置宅基地。只有通过流转，才能优化资源配置，才能实现宅基地的资产化。余江县的宅基地改革，一方面通过制定系列"一户一宅"配置政策，为确保农户宅基地的"公平"取得与占有提供了具体的政策依据；同时，通过超起征面积实行阶梯式计费，鼓励通过协商在本村组内符合建房条件的人员中有偿流转，利用经济杠杆来调节宅基地资源的分配，已取得了明显成效。

四、利益得失与村民改革获得感

广大村民的支持是农村宅基地制度改革推进的基础，缺乏农民真心拥护的任何农村改革都难以长久维持。而“改革的本质就是利益调整”，宅基地改革也必定涉及相关主体的利益调整。现实中，因各种历史原因多占宅基地的农户往往占多数比例，在坚持“一户一宅”政策的前提下展开的宅基地改革，必定会对他们的现有利益产生影响，特别受“祖房祖宅是私有的”观念影响，加深了因宅基地改革而导致利益受损的感受。有“失”就必须有“得”，且“得”应大于“失”，这样才能获得这些农户的支持，而这个“得”就是改革获得感。

那么，如何增加村民的改革获得感？在宅基地改革中，生活环境的改善和基础设施的建设往往是增加村民改革获得感的最好路径。调研中发现，余江宅基地改革尤其得到年轻人的支持，究其原因，是因为改革中他们的改革获得感最强：改革以前，每逢过年过节，外出打拼的成功村民满怀自豪与喜悦开车回家，进村后却发现，小轿车带来的不是便利，反而是麻烦，停车难，会车更难；卫生环境问题也是一个影响农村生活环境的“顽症”，“脏、乱、差”几乎成为村庄的代名词。现在通过宅改，统一规划改变了杂乱无章的房屋布局，修建了村庄道路，改善了卫生环境，生活便利多了。不少村民告诉我们，宅改后“这里既有便利的现代生活条件，又可享受农村清新的空气与优美的乡村风光”，流露出满满的改革获得感。

五、宅基地有效利用与农村社会经济的整体发展

宅基地改革自身是个复杂的系统工程,但也是农村社会经济发展这个更高层次系统工程中的组成成分。因此,宅基地改革不能仅限于土地资源利用效益的提升和“生态宜居”农村生活环境的建设,还要有助于农村社会经济的整体发展,促进“产业兴旺、乡风文明、治理有效、生活富裕”其他四个乡村振兴目标的实现。只有坚持系统思维的宅基地改革,才具有生命力,能受到社会各界的认可。

在余江县宅基地改革中,就形成了“一改促六化”的整体改革思路,即以纵深推进农村宅基地制度改革试点为主抓手,结合新农村建设,严格“一户一宅”面积标准,完善生活基础设施,促进“基础设施标准化”“公共服务均等化”和“村庄面貌靓丽化”;通过闲置宅基地的复垦增加耕地面积,结合耕地经营权的流转,促进“农业发展现代化”;通过严格“一户一宅”制度和推行“超面积有偿使用”,协调了宅基地利用中的公平与效率,带动村俗民风的好转,促进“农村治理规范化”;规定农民提供城镇有房居住证明可全部退出宅基地,可保留一定时期的宅基地使用资格权,在15年内无能力继续留在城镇生活的农户,可凭退出宅基地证书回村重新申请宅基地,妥善解决了外出务工经商农民的后顾之忧,推进了“转移人口的市民化”。同样,江西省万年县白云村以“拆‘三房’建‘三园’”(拆空心房、危旧房、违章房,建菜园、果园、花园)开展宅基地改革,落实“一户一宅,面积限标”制度,也是系统思维的体现。全村在拆除54处“三房”,拆除面积达3000余平方米的同时,对全村道路“白改黑”9976平方米,空地及河堤绿化20000余平方米,建设了河堤游步道、村口大桥、洗衣码头长

廊、休闲广场、路灯、儿童农耕体验地，引入了总投资 6000 万元，集生态、休闲、体验为一体的“白云人家”综合型农业项目，在耕地上发展稻蛙、稻鸭共养，山地上发展鸡、羊生态养殖，把宅基地改革与产业培育、村民就业有机地结合在一起，获得了社会各界的充分认可。

构建农村土地多元化治理体系的思考*

农村土地治理是对农村土地利用中各类矛盾与冲突的协调与管制，从而实现在维持土地资源可持续利用基础上的整体福祉最大化。由于位置的固定性和空间的开放性，导致土地利用常常表现出强烈的外部性，不可避免地会对相邻地段或地块的利用产生正面或负面的影响，客观需要科学的治理体系来解决因外部性而带来的“搭便车”之类的问题。我国农村土地实行集体所有制，农用地推行的是所有权、承包权、经营权的“三权分置”，宅基地也明确了所有权、资格权和使用权的“三权分置”改革目标。在具体的农村土地资源利用中，涉及的利益主体多，利益关系错综复杂，对构建农村土地多元化治理体系的需求更加迫切。下面是对如何构建农村土地多元化治理体系的几点思考。

一、壮大村集体经济组织，强化关键主体的治理能力

要对我国农村土地治理中的相关利益主体尽数罗列存在一定的困

---

* 本文曾刊发于《土地科学动态》2018 年第 6 期。

难，组织层面涉及政府、村集体经济组织、各类理事会、合作社、龙头企业，等等，个人则包括普遍村民、拥有承包经营权的村民、只取得农地经营权的村民，还有拥有宅基地使用资格的村民、只有宅基地使用权的外村人，等等。但村集体经济组织作为农村土地的法定主体，理应是多元化治理体系中的核心主体，发挥着关键作用。调研发现，农村土地资源治理成效好，资源利用效果好的村庄，如江西的修水县黄溪村推行“确权不确地、分红按人头、补贴归原户、组级管理、村级整包”的“确权确股不确地”耕地流转模式，以及以土地整治为抓手，实现人、地、钱要素的同步聚集；瑞金市田坞村以“总量控制、自主调配，以建补拆、点内平衡”推进村庄“迁村并点”；优化农村宅基地布局，余江县推行的“一村一案”农村宅基地改革；四川省成都青杠树村以“分别立项、统一管理、同步实施、整村推进、分类验收”的项目管理方式，形成土地综合整治“一盘棋”，推进农村经营性建设用地入市改革，无一例外都是村集体经济组织发挥了至关重要的主体作用。

然而，改革开放以来，我国的村集体经济组织建设总体上呈不断弱化的趋势，特别是在中西部经济欠发达地区，“无资产、无资本、无资金”的村集体经济组织现状很是普遍，大部分村集体组织难以起到农村土地资源治理的主体作用。因此，加强村集体经济组织建设，强化其治理能力是农村土地多元化治理体系的首要任务。首先要选好班子领头人，对乡村有情怀，有奉献精神，有闯劲的人才能成为村集体经济组织主心骨；其次要培养造就一支懂农业、爱农村、爱农民的“三农”管理队伍，特别是要吸引年轻的能人进入村集体班子；再次要改善村干部的待遇，真正留住能人为村集体建设服务；最后要重视对村集体经济组织的能力建设，不断提升其政策解读、参与市场竞争、治理创新的能力，从而胜任农村土地多元化治理体系中的核心主体责任。

二、紧扣新时代治理需求,明确多元协同治理目标

不同的发展阶段,社会对农村土地治理的现实需求不同。从治理的本质内涵看,土地治理的内容集中在土地的资源利用与生态环境保护,以及土地资源利用的局部效益与整体效益、短期效益与长久效益之间的关系协调上。正确把握新时代农村土地治理的现实需求,是完善农村土地多元化治理体系的前提。新时代我国农村土地治理的现实需求与治理目标,源于乡村振兴战略及推进生态文明建设的需求,为实现农业农村现代化、城乡融合发展提供用地保障,为城乡要素的流通创造良好的用地环境,同时为生态文明建设提供良好的土地生态环境,遵循土地伦理利用土地,维持土地健康。具体表现在以下几个方面。

一是确保国家粮食安全,建设生态粮仓。把中国人的饭碗牢牢端在自己手中,始终是我国农村土地所承担的最重要功能,不仅要让全国人民吃饱饭,更要吃好,吃得安全。因此,要利用治理手段,鼓励耕地使用者积极采取"稻虾""稻鱼""稻鸭"等各类生态种养模式和用地养地作物相结合的轮作制度,以及诸如测土配方施肥的环境友好型技术等生态耕种行为,防止农业面源污染、掠夺性耕种等生态环境破坏行为,切实实现耕地数量、质量与生态"三位一体"保护目标。二是满足人们对美好生活的需求,提供良好的乡村生态产品。不仅包括为生态宜居村庄提供建设用地的配置保障,还要针对"人民日益增长的美好生活需要和不平衡不充分的发展之间"的社会主要矛盾,提供各类生态旅游产品。如一三产业融合的农旅结合,即依托传统的农业生产这个第一产业,发展农业观光采摘园、农业科技游、农耕体验、农家乐、农业博览园等第三产业,综合发挥耕地的生

产、农耕文化、农田景观等功能。三是珍惜宝贵的土地资源，提高土地资源的节约集约利用水平。我国是一个人多地少的人口大国，珍惜每一寸土地资源，提高土地节约集约利用水平，是国情的基本要求。然而，随着城镇化的推进，农村居住人口的不断减少，农村建设用地却不减反增，导致土地利用方式日益粗放。因此，应进一步加强农村建设用地节约集约的机制建设，促进土地资源的节约集约。四是针对城乡融合发展目标，构建人地同步城镇化的用地治理机制。乡村振兴追求的是“城乡融合”发展，要使城市与乡村形成相辅相成，互为促进的共生共荣、共享共利关系。城市的发展繁荣不能排斥农村的发展繁荣。应通过有效的治理，实现土地城镇化与人口城镇化的同步协调发展。

三、明确各主体责职定位，形成多元主体协同合力

尽管涉及农村土地治理的相关利益主体众多，但主要治理主体是三个：政府、村集体经济组织和广大农民。强调村集体经济组织是多元化治理体系中的核心主体地位，并不排斥政府与广大农民的作用，但三者的角色定位必须清晰，相互协同，形成农村土地治理合力。村集体经济组织是真正的决策者，政府支持是保障，其主要责职是编制跨村区域的土地利用规划，制定相关土地利用政策，加强农村集体经济组织的建设；而农民的参与与支持是基础，既要防止“塔西佗陷阱”，也要杜绝村民“等、靠、要”的依赖思想。要调动全体农民参与农村土地治理的积极性，必须构建科学的公众参与机制，赋予农民充分的知情权、选择权和话语权。

现阶段，当务之急是要改变基层政府大包大揽农村事务的工作方式。基层地方政府虽具有很强的组织能力，但由基层地方政府完全主导农村

土地治理,存在诸多弊端。一方面,我国广大农村地域广阔,每个地方的自然资源禀赋和社会经济条件不同,但都有自己深厚的历史根源,有其独特的风土人情与传统习俗,"一刀切"的行政手段常导致各地农村土地治理的同质化而治理失效;另一方面,容易导致村民形成对政府依赖的习惯而缺乏主人翁的创新精神,甚至一些地方出现"上热下冷、外热内冷"和"政府干、村民看"的现象,而乡镇干部陷入繁杂的具体事务而压力巨大,"五加二、黑加白"的工作方式成了常态化,等等。

四、构建科学的制度保障体系,健全多元主体协同机制

科学的制度保障是农村土地多元化治理体系有效运行的重要基础,要通过制度来规范各主体的行为,促进主体间的协同。然而,目前我国农村土地治理中的制度保障还不健全,导致不同主体间的协同行为不够和谐。具体表现在以下几个方面:一是缺乏治理目标的共识,共同目标不够清晰。农村土地治理的最终目标是什么?有什么具体要求?这些尚未形成各主体的共识,每一主体都追求自身利益的最大化,这与我国农村治理体系不完善相关。二是行为约束不够。由于多主体在农村土地治理中扮演的角色不同,其具体的行为约束也有所不同,但目前并没有详细的行为约束机制,这与农村土地使用制度不健全相关。三是协同机制不够健全,各主体在土地治理中缺乏相互沟通、相互讨论的平台与有效途径,这与科学的公众参与机制的缺失相关。

要构建科学的制度保障体系,健全多元主体协同机制,一是要强化协同治理的理念,明确农村土地治理的最终目标与具体要求。不可否认,在众多的农村土地治理主体中,不同主体的优势不同,但也存在相应的劣

势，应扬长避短，形成合力。同时要针对区域土地资源利用的生态环境脆弱性特征，结合社会经济的需求，明确当地农村土地治理的最终目标与具体要求。各治理主体扮演的角色不同，作用有区别，但协同的地位应是平等的，协同才能共赢，才能达到土地治理的共同目标。二是制定切实可行的用途管制细则。用途管制是土地利用规划的调控手段，也是土地治理的主要路径，但必须改变目前全国实行统一的土地用途分类体系的现状。应允许各地针对自身的土地利用与治理需求，在全国土地用途分类体系的基础上，因地制宜地制定土地用途分类及其用途管制规则，体现各地用途管制的地域性和可操作性。三是要建立科学的公众参与机制。公众参与是多主体协同的内在需求，缺乏公众参与机制，不可能形成共识。公众参与要贯穿于土地治理的全过程，包括当地土地资源的形势分析、治理目标的确定、治理手段与措施的选择、治理过程的监督、治理效果的评估，等等。四是要重视发挥非正式制度的作用。正式制度具有强制性，其约束或激励方向明确，但也不能忽视非正式制度的作用。我国广大村庄的形成具有鲜明的地域性和血缘特征，有着深厚的历史积累，长期形成的处事风格、村规民约，这些非正式制度具备很强生命力，是村民日常生活中的行为准则，必须正确应用于土地治理之中。